新能源汽车电力电子技术

组　编　北京百通科信机械设备有限公司
主　编　吴书龙　黄维娜
副主编　陈和娟　张　雪　吴　飞
参　编　何兆华　丁丽娟　崔建华　孟范辉　徐利强　邱玉峰
主　审　谭　婷

机械工业出版社

本书是新能源汽车技术专业"岗课赛证"融通教材，面向新能源汽车制造、装调、测试、检修等职业岗位，按照新能源汽车装调与测试职业技能等级证书和全国职业院校技能大赛汽车技术、汽车机电维修、新能源汽车检测与维修等赛项要求编写，主要内容包括电力电子技术基础、电力电子元器件的特性、电力电子技术的应用3个项目，共7个学习情境计17个任务，每个任务都按照学习目标、任务描述、获取信息、学习任务单、任务实施、工作任务单等环节进行教学组织设计，并结合对应的职业技能等级证书考核内容，设计了课证融通考评单，实现课程教学与证书考评有机融合。

本书为校企合作开发教材，按照工作手册式教材形式打造，借助"互联网+"及信息技术，使本书内容呈现立体化、可视化、数字化，能够满足"人人皆学、处处能学、时时可学"的需要，为学习者提供"能学、助教、助训、助考"的课程资源。

本书图文并茂，可操作性强，可用于新能源汽车技术及相关专业的教学用书，也可作为新能源汽车装调与测试职业技能等级证书考证用书。

为方便教学，本书配有电子课件、电子教案、答案等资源，凡选用本书作为教材的教师均可登录www.cmpedu.com，以教师身份注册后免费下载，也可咨询相关编辑，编辑电话：010-88379201。

图书在版编目（CIP）数据

新能源汽车电力电子技术 / 北京百通科信机械设备有限公司组编；吴书龙，黄维娜主编. — 北京：机械工业出版社，2022.11（2025.6重印）

ISBN 978-7-111-72194-9

Ⅰ．①新⋯　Ⅱ．①北⋯ ②吴⋯ ③黄⋯　Ⅲ．①新能源－汽车－电力电子技术－职业教育－教材　Ⅳ．①U469.7

中国版本图书馆CIP数据核字（2022）第231932号

机械工业出版社（北京市百万庄大街22号　邮政编码100037）
策划编辑：师　哲　　　　　责任编辑：师　哲
责任校对：郑　婕　梁　静　封面设计：张　静
责任印制：单爱军
保定市中画美凯印刷有限公司印刷
2025年6月第1版第5次印刷
210mm×285mm·12.25印张·285千字
标准书号：ISBN 978-7-111-72194-9
定价：54.00元

电话服务　　　　　　　　　网络服务
客服电话：010-88361066　　机　工　官　网：www.cmpbook.com
　　　　　010-88379833　　机　工　官　博：weibo.com/cmp1952
　　　　　010-68326294　　金　书　网：www.golden-book.com
封底无防伪标均为盗版　　机工教育服务网：www.cmpedu.com

职业教育新能源汽车技术专业系列教材编审委员会

主　任　吴书龙　戴景岩
副主任　张　萌　邸玉峰
委　员　苏　忆　毕丽丽　程玉光　陈　静　高　武　郭化超
　　　　　龚文资　李志军　黄维娜　牛　伟　郑军武　谭　婷
　　　　　袁　牧　杨效军　王　斌　宋广辉　张凤娇　王　博
　　　　　杨永志　王桂成　薛庆文　吕世敏　马　鑫

前言 PREFACE

随着新能源汽车深化"三纵三横"研发布局，必然离不开新型电子电气架构、电力电子元器件等基础共性技术的研发创新，急需大量掌握新能源汽车电力电子知识的高素质技术、技能型人才。为适应新能源汽车制造、售后服务领域优化升级需要，对接汽车产业电动化、智能化、网联化、共享化发展趋势，对接新产业、新业态、新模式下研发辅助、生产制造、营运服务等岗位（群）的新要求，不断满足新能源汽车制造、售后服务领域高质量发展对高素质技术、技能人才的需求，推动职业教育专业升级和数字化改造，提高人才培养质量，增强高等职业教育的适应性，遵循推进现代职业教育高质量发展的总体要求，编者组织了相关学校教师和企业专家，参照《职业教育专业目录2021》中汽车相关专业名称、国家教学标准要求，结合其多年的教学经验和实践基础编写了本书。

本书吸收了近年来新能源汽车电力电子技术的新技术、新成果、新标准和教育改革所获得的新经验，结合电力电子实验箱，将电路的构建和识图、常用电力电子元器件的特性、电力转换、电力变相、电力控制电路在新能源汽车上的应用与检测等内容进行融合，并融入新能源汽车装调与测试职业技能等级证书、汽车类技能竞赛等的考核内容，实现"岗课赛证"融通。全书分为3个项目，共7个学习情境计17个学习任务，主要进行电路连接与识图，电子元件、半导体器件、功率半导体器件等电力电子元器件的特性解析以及这些电力电子元器件在新能源汽车的变频器、驱动电机、DC/DC 变换器、高低压电源控制中的应用与检测。

本书由无锡商业职业技术学院吴书龙、荆州职业技术学院黄维娜任主编，无锡汽车工程高等职业技术学校谭婷主审。具体编写分工如下：吴书龙编写了项目一和项目三的学习情境1，陈和娟编写了项目二的学习情境1和学习情境2，黄维娜编写了项目二的学习情境3，吴飞编写了项目三的学习情境2，张雪编写了项目三的学习情境3，本书全体编者参与了教材配套资源的制作。

本书在编写及课件制作过程中，得到了北京百通科信机械设备有限公司等单位的大力支持与帮助，检索了大量网站及汽车教材、论文资料，在此对相关单位和资料作者致以深深的谢意。

由于本书内容新、知识面广，限于作者水平和能力，书中误漏之处在所难免，恳请广大读者批评指正。

编 者

二维码索引

名称	图形	页码	名称	图形	页码
电学参数的测量		14	稳压二极管（稳压和限制电压峰值）电路的连接与测量		71
欧姆定律的验证		15	发光二极管电路的连接与测量		72
电路的测量与判断		22	NPN型晶体管放大电路的连接与测量		84
检测可调电阻器		37	PNP型晶体管放大电路的连接与测量		86
检测光敏电阻器		39	电力场效应晶体管G极判断		103
测量充、放电电容		46	电力场效应晶体管好坏判断		104
测量电感		52	IGBT栅极加正电压时检测		109
二极管半波整流电路的连接与测量		67	IGBT的测量		122
二极管全波整流电路的连接与测量		70	测量降压电路		124
稳压二极管的导通性检测		71	半波整流电路的测量		129

（续）

名称	图形	页码	名称	图形	页码
桥式全波整流电路的测量		132	三相星形联结电路连接		166
半桥逆变电路的测量		139	三相三角形联结电路连接		167
全桥逆变电路的测量		140	输入匝数是输出匝数2倍的变压器的测量		175
测量电容的正弦交流电压		151	常开型继电器的检测		182
测量电感的正弦交流电压		153			

目 录 CONTENTS

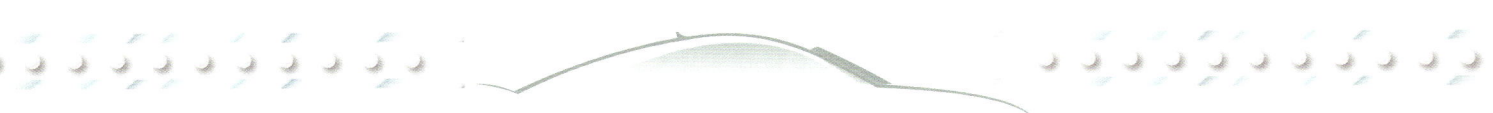

前言
二维码索引

项目一　电力电子技术基础

学习情境　电路基础··2

任务1　电学参数的认知与测量··2
任务2　认知电路的连接方式及故障··19

项目二　电力电子元器件的特性

学习情境1　电子元件的特性与检测··30

任务1　电阻器的认知与检测··30
任务2　电容器的认知与检测··41
任务3　电感器的认知与检测··49

学习情境2　半导体器件的特性与检测··56

任务1　二极管的认知与检测··56
任务2　晶体管的认知与检测··77

学习情境3　功率半导体器件的特性与检测··89

任务 1	晶闸管的认知与检测	89
任务 2	电力场效应晶体管的认知与检测	99
任务 3	绝缘栅双极晶体管的认知与检测	105

项目三　电力电子技术的应用

学习情境 1　电力转换电路的应用 ··········116

　　任务 1　斩波（DC/DC）电路的应用 ··········116

　　任务 2　整流（AC/DC）电路的应用 ··········126

　　任务 3　逆变（DC/AC）电路的应用 ··········134

学习情境 2　电力变相电路的应用 ··········144

　　任务 1　变频电路的应用 ··········144

　　任务 2　三相电路的应用 ··········157

学习情境 3　电力控制电路的应用 ··········170

　　任务 1　变压器电路的应用 ··········170

　　任务 2　继电器电路的应用 ··········178

参考文献 ··········186

项目一
电力电子技术基础

本项目包括 1 个学习情境：电路基础，共 2 个任务：电学参数的认知与测量、认知电路的连接方式及故障。

项目一　电力电子技术基础	学习情境　电路基础	任务1　电学参数的认知与测量
		任务2　认知电路的连接方式及故障

学习情境

电路基础

汽车电路是典型的交直流电路，本学习情境将讲解电路的基础知识，主要内容包括电压、电流与电阻之间的关系（欧姆定律）以及通过识别电路图掌握组件的工作原理。为说明电路原理，讲述了大量实验内容，涉及串联、并联或串并联组合电路。通过导入学习任务，让学生根据具体任务进行练习，完成工作任务，使其具有结合电路图搭建汽车电路和对电路进行测量判断的能力，能总结出不同电学参数测量的注意事项。

任务1 电学参数的认知与测量

【学习目标】

知识目标：
1) 了解常见电学参数的定义和电子特性。
2) 掌握欧姆定律的内容和公式。

技能目标：
1) 具有搭建欧姆定律电路和测量、计算的能力。
2) 具有使用欧姆定律分析和验证电路的能力。

素养目标：
1) 在操作过程中树立电路安全意识。
2) 树立团队协作意识。
3) 让学生经历科学探究的过程，进一步熟悉欧姆定律，学会科学分析和处理实验数据的方法，总结物理规律的研究方法。
4) 引导学生体验探究过程中的快乐，感受科学家得出欧姆定律的不易，学习科学家追求真理、勇攀高峰的精神。

项目一 电力电子技术基础

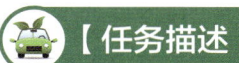
【任务描述】

在电路理论中，元件的伏安关系式称为元件的约束方程，这是各元件电压、电流必须遵守的规律，它表征了元件本身的性质，如电阻元件的电压、电流满足欧姆定律。

【获取信息】

一、电学参数的基本电子特性

1. 电荷

电是电荷运动所带来的现象。电荷为物体或构成物体的质点所带的具有正电或负电的粒子，带正电的粒子称为正电荷（表示符号为"+"），带负电的粒子称为负电荷（表示符号为"–"）。电荷的量称为电荷量。在国际单位制里，电荷量的符号用 Q 表示，单位是库仑（C），简称库。

根据电荷性质，两个带电物体之间会互相施加作用力，所涉及的作用力遵守库仑定律。假若两个物体都带有正电或都带有负电，则称这两个物体同电性，否则称这两个物体异电性。两个同电性物体会相互感受到对方施加的排斥力；两个异电性物体会相互感受到对方施加的吸引力（即同性电荷互相排斥，异性电荷互相吸引，如图 1-1 所示）。吸引或排斥力的大小取决于两个电荷的电荷量大小以及物体之间的距离。如果电荷的电量为 0，则无作用力。力（吸引或排斥）的方向取决于电荷的极性。

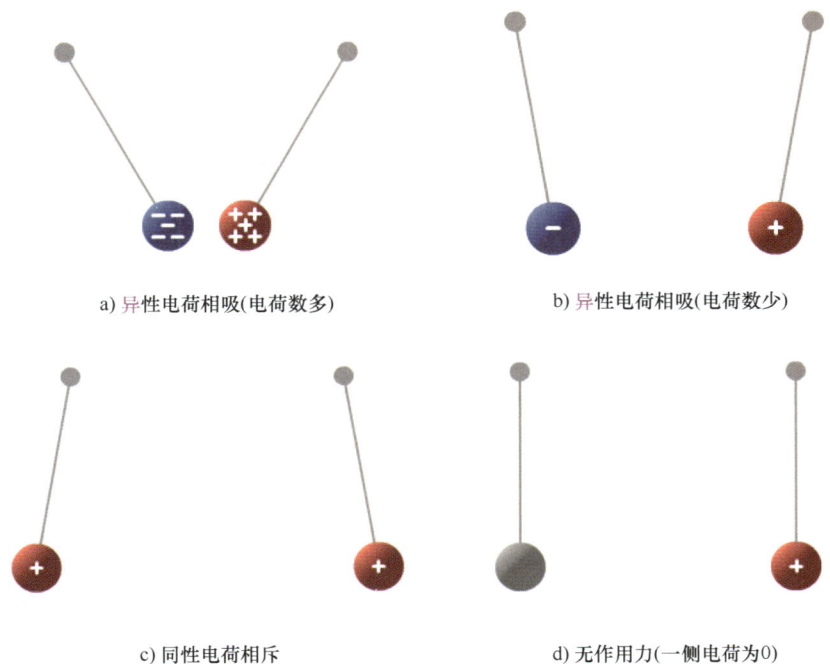

图 1-1 电荷的特性

> **知识拓展**
>
> 库仑定律是关于静止点电荷相互作用力的规律。1785 年法国科学家查尔斯·库仑由实验得出，真空中两个静止的点电荷（忽略体积和大小）之间的相互作用力与它们的电荷量的乘积成正比，与它们的距离的二次方成反比，作用力的方向在它们的连线上，同性电荷相斥，异性电荷相吸。

2. 蓄电池

蓄电池是将化学能直接转化成电能的一种装置，是按可再充电设计的电池，可通过可逆的化学反应来实现再充电。在新能源汽车中蓄电池通常是指12V铅酸蓄电池和几百伏的动力蓄电池。蓄电池具有正极和负极两个接线端子，电流流出的电极电位（或称为电势）较高，为正极，与负极相对。

3. 电流和电压

（1）定义　电场力把单位正电荷从A点移动到B点所做的功称为A点到B点间的电压，也称为电势差或电位差。电压的方向规定为从高电位指向低电位的方向。电压的单位为伏特（V），简称伏。

电磁学上把单位时间里通过导体任一横截面的电量称为电流强度，简称电流，电流符号为I，单位是安培（A），简称安。

> **注意**
>
> "电压"一词一般只用于电路当中，电势差或电位差则普遍应用于电现象中。

（2）直流与交流电压　大小及方向都不随时间变化而变化的电压称为稳恒电压或恒定电压，简称为直流电压，用U表示。在电路中提供电压的装置是电源。图1-2所示为直流电源的电路图符号。

图1-2　直流电源电路图符号

直流电压主要用于电子电路的供电。使用最多的直流电压电源包括电池、发电机（部分接有整流器）、光电池（太阳能系统）和开关模式电源。

大小及方向随时间变化而变化的电压称为变动电压。变动电压中，一种较为重要的变动电压是正弦交流电压（简称交流电压），其大小及方向均随时间按正弦规律作周期性变化。交流电压的瞬时值用u或$u(t)$表示。在我国，交流电压为220V或380V，频率为50Hz，220V和380V为交流电压的有效值。该频率（通常也称为电源频率）表示每秒电流朝相同方向流动的次数。

（3）直流电流与交流电流　电学上规定：正电荷定向流动的方向为电流方向，如图1-3a所示。在电源的外部，电流的方向是从电源正极出发，经用电器回到电源负极。在电源的内部，电子的流动方向从电源负极流向正极，如图1-3b所示。

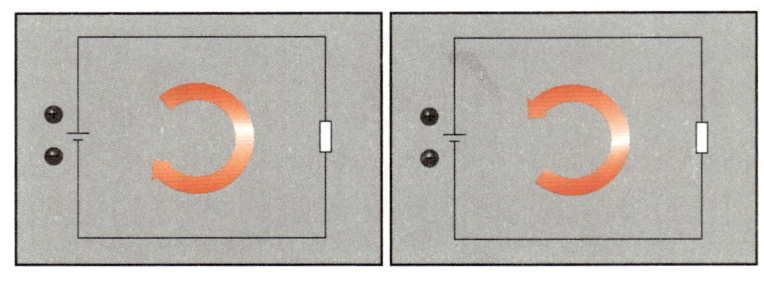

a) 电流方向　　　　b) 电子流动方向

图1-3　电流的方向

除直流电流外还有交流电流（AC）。交流电流是指以周期方式改变其极性（方向）和电流值（强度）的电流。交流电流的特点是其电流方向呈周期性变化。由于其符合正弦函数的数学特点，因此通常使用一个正弦波来表示一个循环，如图1-4a所示。一个循环就是形成完整波形的过程。通常使用赫兹（Hz）来计量每秒的循环次数，称为交流电流的频率。较小的电流具有周期、矩形特征，在这种情况下，电流振幅保持不变，但方向（或信号）呈周期性变化，如图1-4b所示。在本课程中，随时间变化而变化的所有交流电流

都用 i 表示，直流电流都用 I 表示。

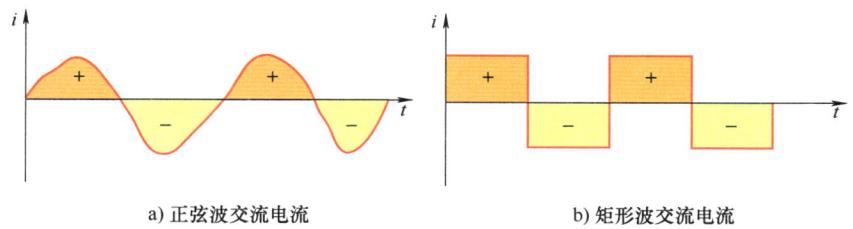

a) 正弦波交流电流　　　　　　b) 矩形波交流电流

图 1-4　交流电流图

（4）电压降　电荷流动时，电荷所具有的能量在电路中释放，电路及电路中所连接的元件将吸收电荷的能量。人们用电压降来衡量电荷在电路中释放能量的能力大小。当电流流过电路时，将在电路的每一小段中产生一定的电压降。电压降用来表示电荷流过该小段释放（吸收）的电能的大小。电压降也可以称为电位差。当某一点的电位为零时，电路中任一点对该参考点的电压即为该点的电位 U。两任意点之间的电位差同时是两点间的电压降。对于元件供电一般需要在线（带负载）测量，使用电压降测量可以发现接触电阻的问题。

4. 电阻器

电阻器在电路中作为元件使用，一般直接称为电阻。阻值不能改变的电阻称为固定电阻；阻值可变的电阻称为电位器或可调电阻。理想的电阻是线性的，即通过电阻的瞬时电流与外加瞬时电压成正比。电阻在电路中通常起分压、分流的作用。

低电阻导体具有较好的导电性，而高电阻导体的导电性则比较差。电阻用符号 R 表示，电阻的基本单位是欧姆（Ω）。图 1-5 所示为基本电阻的电路图符号。

薄膜电阻是在陶瓷管上添加了一层由碳、金属氧化物或金属构成的薄膜。由于电阻尺寸通常很小且电阻值不印出或很难看清电阻值，因此通常用色环来表示电阻值。标准系列薄膜电阻通常有 4 或 5 个色环。碳薄膜电阻通常有 4 个色环。前面 3 个环（从左开始）代表实际电阻值；前 2 个环表示两位十进制数值；第 3 个环表示与十进制数值相乘的因子，该因子可大于 1 或大于 0 小于 1；第 4 个环为偏移环（最右侧），表示电阻值的公差。图 1-6 所示为碳薄膜电阻色码的规律。

 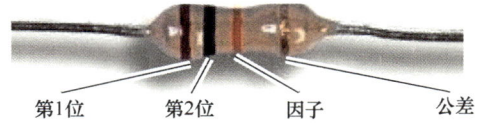

图 1-5　基本电阻的电路图符号　　　图 1-6　碳薄膜电阻色码的规律

每种颜色都代表一个特定的阻值，见表 1-1，可以通过计算色环数值总和得到电阻值。电阻上注明的电阻值仅适用于温度为 20℃ 的条件，这是因为所有材料的电阻都会随温度变化而变化。

对于图 1-6 所示电阻，前 2 个环（棕色和黑色）表示十进制数 10，第 3 个环（橙色）表示系数因子 10^3，这样总电阻值 $R=10×10^3\,\Omega=10000\,\Omega=10\,\mathrm{k}\Omega$。

电阻色环公差的颜色编码见表 1-2。

表 1-1 电阻色环各颜色的阻值

颜色		第 1 位	第 2 位	因子
	银色	—	—	10^{-2}
	金色	—	—	10^{-1}
	黑色	—	0	1
	棕色	1	1	10
	红色	2	2	10^{2}
	橙色	3	3	10^{3}
	黄色	4	4	10^{4}
	绿色	5	5	10^{5}
	蓝色	6	6	10^{6}
	紫色	7	7	10^{7}
	灰色	8	8	10^{8}
	白色	9	9	10^{9}

表 1-2 电阻色环公差的颜色编码

颜色		公差
	无	±20%
	银色	±10%
	金色	±5%
	棕色	±1%
	红色	±2%
	绿色	±0.5%
	蓝色	±0.25%
	紫色	±0.1%

图 1-6 所示电阻的最右侧环的颜色是金色，因而该电阻的公差为 ±5%。

每个导体和每个负载均有电阻。理论上说，人们并不希望连接导体中存在电阻。导体的材料（电阻率 ρ）、长度 l 以及截面面积 A 决定其电阻的大小。导体电阻按下列公式计算

$$R = \rho \frac{l}{A} \tag{1-1}$$

通常还会用到电阻的倒数，即电导。电导用 G 表示，单位是西门子（S）。

$$G=\frac{1}{R} \tag{1-2}$$

根据材料的电导可将其分为导体、绝缘体和半导体。

1）导体分为电子导体和离子导体。电子导体由相互紧密连接的金属原子构成。金属的外壳中只有少量电子（价电子），而且这些电子很容易脱离原子。当导体承受电压时，电子就会朝某个特定方向移动。电子流从负极流向正极。

2）绝缘体内自由电荷载体的数量为零，因此电导也极小。通常使用绝缘体或绝缘材料使导体相互绝缘，包括塑料、橡胶、玻璃、陶瓷、纸等固体以及纯水（H_2O）、油和油脂等液体，也包括特定条件下的真空和气体。

3）半导体的电导介于导体和绝缘体之间。半导体与导体的区别在于，介电子只有在压力、温度、光照或磁场力等外部影响下被释放出来后才具有导电性。半导体材料包括硅、锗和硒等。

5. 电功和电功率

（1）电功 电功是指电流在一段时间内通过某一电路，电场力所做的功。电流做功的多少跟电流的大小、电压的高低、通电时间的长短都有关系。功的单位为焦耳（J）或者千瓦时（kW·h）。生活中常用"度"（即千瓦时，kW·h）做电功的单位。电功的计算公式如下

$$W=QU \text{ 或 } W=UIt \tag{1-3}$$

（2）电功率 为了表示电流做功的快慢，物理学中引入了电功率的概念。电功率即单位时间内电路中电场驱动电流所做的功。电功率用 P 表示计算公式为

$$P=UI \tag{1-4}$$

式（1-4）表明，电功率等于电压与电流的乘积。电功率的基本单位是瓦特（W）或伏安（V·A）。后者通过电压和电流计算出来。计量单位V·A经常可以在变压器和驱动电机上看到。电功率 P、电压 U、电流 I 和电阻 R 之间的数学关系参见图1-7。

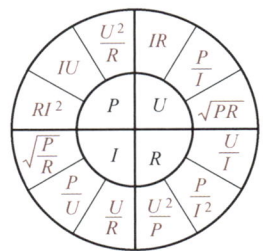

图1-7 电流 I、电压 U、电阻 R 和电功率 P 的换算表

二、电学参数的测量

电流流过的回路称为电路，又称为导电回路。按照流过的电流性质，一般把电路分为两种：直流电通过的电路称为直流电路，交

> **小知识**
>
> 给驱动电机通电时，驱动电机转动，驱动车轮转动。驱动电机消耗电能的同时，车轮的机械能增加。所以，在电流通过驱动电机做功的过程中，电能转化为机械能。电流不仅通过驱动电机时做功，通过前照灯、蓄电池等用电器时都要做功。电流通过前照灯时，灯丝灼热发光，电能转化为热能和光能。电流给蓄电池充电的过程是将电能转化为化学能。

> **小知识**
>
> 实验表明，用电器实际消耗的功率随着加在它两端的电压改变而改变。因此，用电器正常工作时的电压称为额定电压，用电器在额定电压下的功率称为额定功率。使用各种用电器一定要注意它的额定电压，只有在额定电压下用电器才能正常工作。若实际电压偏低，则用电器消耗的功率低，不能正常工作；若实际电压偏高，则长期使用会影响用电器的使用寿命，还可能烧坏用电器。

流电通过的电路称为交流电路。一个简单电路主要由电压或电流源（如蓄电池或电源）、耗能元件或负载（如白炽灯）、电压源与负载之间的连接（如电缆/导线）、开关电路的开关（也可以省略）等元件组成，如图1-8所示。如果用导线将负载连接到电压源，闭合电路，则电流从电压源流向负载。

在电气工程中，通常用电路图表示电路。在电路图中，各个元件用相应的标准符号（电路符号）代替。图1-9所示为图1-8电路的对应电路图。电路中的箭头表示电源电压U与电流I的方向。

图1-8 简单电路的组成

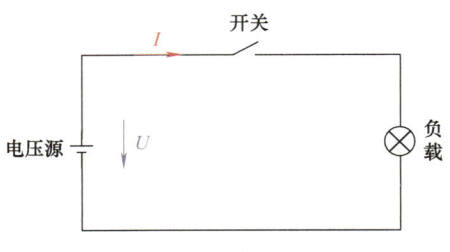

图1-9 电路图

1. 测量电压

用万用表的电压档测量电压，如图1-10所示。将黑表笔插入COM插孔，红表笔插入V/Ω插孔，选择交直流选项以及量程，并将测试表笔连接到被测负载或信号源上。万用表在显示电压读数时，同时会指示出红表笔所接电源的极性。

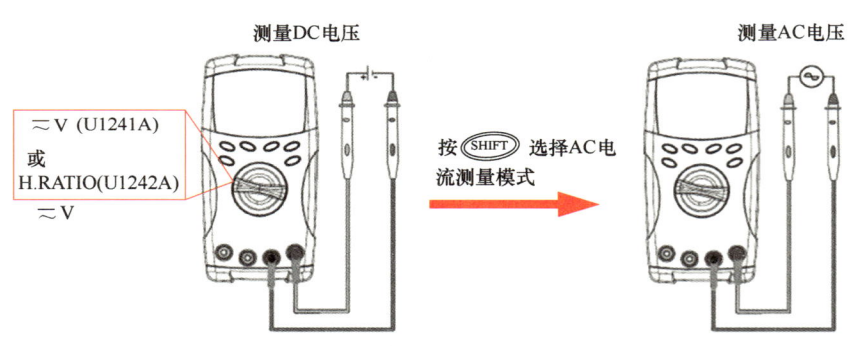

图1-10 用万用表的电压档测量电压

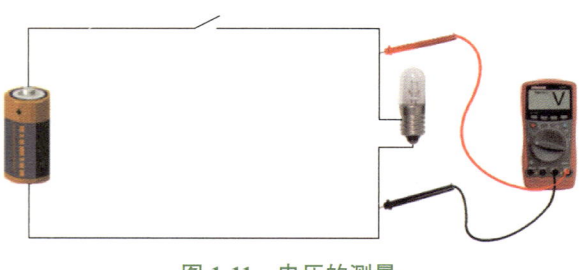

图1-11 电压的测量

进行测量时，须将万用表连接到要测量的电压两端，如图1-11所示。电压只能存在于两点之间，如电压源或负载的两端。为测量电压，需将电压表并联到要测量元件的两端。

电压表的内阻（固有电阻）越大越好，以确保尽可能地减少电压表对待测电压的影响。数字万用表具有非常大的内阻（$R_i > 1 M\Omega$），被测阻值越小，测量的误差越低。

> **注意**

用万用表测量电压时要注意以下几点：
1）必须设置电压类型，即交流电压或直流电压（AC/DC）。

2）测量直流电压时注意极性。

3）如果不知被测电压范围，应先将量程开关置于自动或最大量程，然后视情况降至合适量程。电压表一般有多个可供选择的档位，仪表不同，各档的量程可能不同，所选的量程档应以得到最精确读数为准。当 LCD 只在最高位显示 1 或者 OL 时，说明已超量程，须调高量程。

4）测量时，电压表必须始终与待测量的对象并联。

5）测量电压时，注意电缆或导体的横截面，电气系统发生变动时，例如使用大功率电气负载，必须改变电缆的横截面面积以适应更大的电流。

6）因电缆芯破损而减小横截面面积时，可能会增大电压降。通过测量电阻无法发现该故障，只有通过测量闭合电路中的电压降才能发现。

7）测量高电压时，要避免触电，同时不要输入高于仪表量程的电压，防止损坏仪表内部电路。

8）测量完成后，要将电压表调到最大的交流电压量程。

2. 测量电流

用万用表的电流档测量小电流，如图 1-12 所示。将黑表笔插入 COM 插孔，红表笔插入 mA 或 10A 或 20A 插孔（当测量 200mA 以下的电流时，插入 mA 插孔；当测量 200mA 及以上的电流时，插入 10A 或 20A 插孔）。

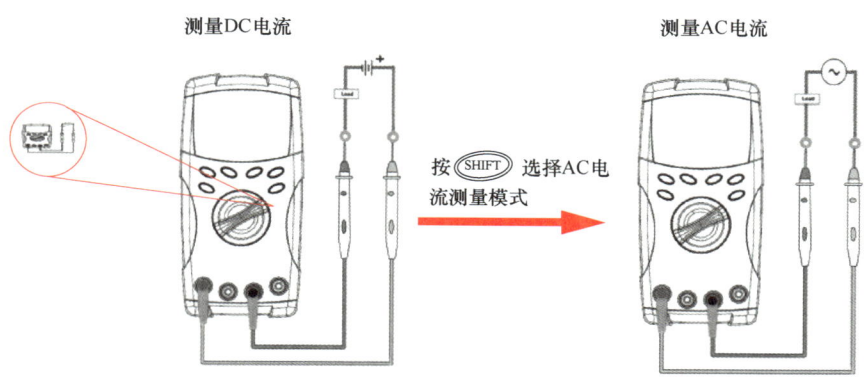

图 1-12　用万用表的电流档测量电流

测量电流时，需要测量的电流必须流过万用表。这意味着在电路中应给万用表预留位置，将万用表在该位置上连接在电路中。与电压表连接方式不同，测量电流时应将万用表串联在要测量电流的支路中，如图 1-13 所示。绝不能与所测电路并联，否则将使原应流经部件的电流绕过该部件直接流入万用表，过大的电流会烧坏万用表和电路。

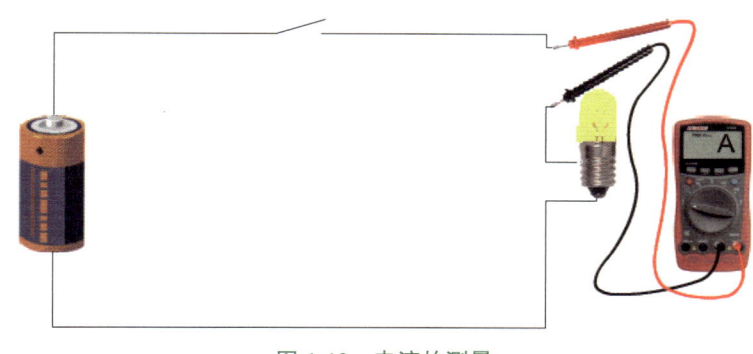

图 1-13　电流的测量

注意

用万用表测量电流时要注意以下几点：

1）注意电流类型，确认电路中流过的是交流电流还是直流电流（AC/DC）。

2）开始测量时，应选择尽可能大的量程。不知被测电流值的范围时，应将量程开关置于自动或高量程档，根据读数需要逐步调低量程。

3）注意直流电流的极性。

4）万用表应始终与用电器串联在一起。测量时，电流必须流经万用表。

5）当开路电压与地之间的电压超过安全电压 DC 60V 或 AC 30V 时，请勿尝试进行电流的测量，以避免损坏万用表或被测设备以及伤人。因为这类电压会有产生电击的危险，在实训或工作过程中一定要注意用电安全及学会必要的急救措施，思想上高度重视，不得麻痹大意。

6）在测量前，一定要切断被测电源，认真检查输入端子及量程开关位置是否正确，确认无误后，才可通电测量。

7）若输入过载，内装熔丝会熔断，须予以更换。

8）测试大电流时，为了安全使用万用表，应根据万用表说明限定每次测量的时间。

9）测量完成后，要将万用表调到最大交流电压量程。

测量电流的另外一种方法是使用感应式电流夹钳，如图 1-14 所示。如果待测电流强度大于 10A，那么用电流夹钳测量电流的优势非常突出，而且测量电流强度时无须打开电路。

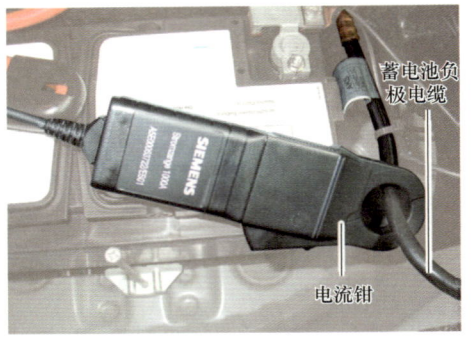

图 1-14 用电流夹钳测量电流

3. 测量电阻

用万用表的电阻档测量电阻，如图 1-15 所示。电阻作为组件在车辆电路中常被使用，同时电路的状态可以通过测量电阻值来判断。将黑表笔插入 COM 插孔，红表笔插入 V/Ω 插孔。将功能开关置于 Ω 档，选择合适的量程，将测试表笔并联到待测电阻上。注意：测量电阻时，电路一定不能通电，否则可能会损坏仪表。

在测量时，要注意两表笔短接时的读数，此读数是一个固定的偏移值（称为"校零"）。为了获得精确的读数，可以将读数减去红、黑两表笔短路读数值作为最终读数。

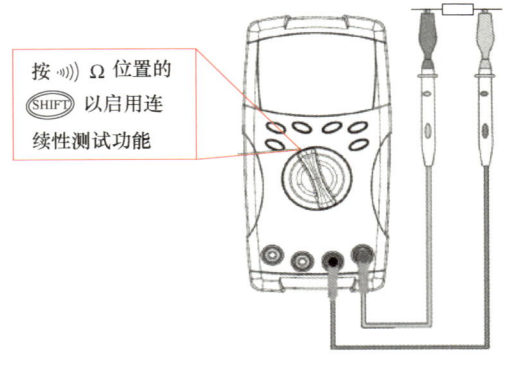

测量范围	蜂鸣器发出声音的条件
1000.0Ω	<10Ω
10.000kΩ	<100Ω
100.00kΩ	<1kΩ
1.0000MΩ	<10kΩ
10.000MΩ	<100kΩ
100.00MΩ	<1MΩ

图 1-15 用万用表的电阻档测量电阻

> **注意**

测量电阻时要注意以下几点：
1）测量期间不得将待测部件连接到电压电源上，因为欧姆表自身需要通过电压或电流确定电阻值。
2）待测部件至少有一侧与电路分离，否则并联的部件会影响测量结果。
3）极性无关紧要。

欧姆表有一块内置蓄电池（工作电压通常为 9V），待测电阻与一个电流表串联到该供电电源。将万用表与待测对象连接在一起并选择正确测量范围后，显示屏上会以数值形式直接显示出电阻值。如果电阻值超出了最高测量范围，则表示电路中断。因此，欧姆表可用于检查电路的导通性。

> **重要提示**
>
> 用数字万用表测量电阻时所用的测量电流非常小，这可能会造成对有关电子部件的显示不正确。数字万用表有检测导通性和二极管的专用档位，导通性测量的档位不能准确测出电阻值。

三、欧姆定律

1. 定义与公式

欧姆定律是指在同一电路中，导体中的电流跟导体两端的电压成正比，跟导体的电阻成反比。该定律可用于计算电路中电压、电流、电阻 3 个物理量。

如果用 U 表示导体两端的电压，R 表示导体的电阻，I 表示导体中的电流，欧姆定律的数学表达式如下

$$I = \frac{U}{R} \tag{1-5}$$

式中，U 的单位为伏特（V），R 的单位为欧姆（Ω），I 的单位为安培（A）。

对于一个导体，只要知道电流、电压、电阻中的两个量，就可以利用欧姆定律求出第 3 个量

$$U = IR \tag{1-6}$$

$$I = \frac{U}{R} \tag{1-7}$$

$$R = \frac{U}{I} \tag{1-8}$$

2. 电流与电压的关系

如图 1-16 所示，保持电阻 $R=10\,\Omega$ 不变，改变电源电压，读出电压表、电流表所示数据，并计算出相应电阻值，见表 1-3。

> **重要提示**
>
> 如果电流表很难接入电路或不允许断开电路，则可测量电路内已知电阻上的电压，随后通过欧姆定律计算出电流值。

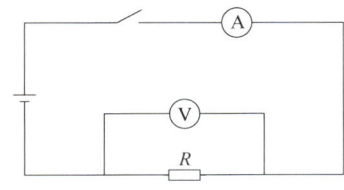

图 1-16　欧姆定律验证电路

表 1-3　$R=U/I$ 计算值

U/V	0	2.00	4.00	6.00	8.00	10.00	12.00
I/A	0	0.21	0.40	0.57	0.78	1.00	1.20
R/Ω	0	9.52	10.00	10.52	10.25	10.00	10.00

以电流值为横坐标、电压值为纵坐标，在坐标轴上描绘这7个点，并将这7个点连成线，如图1-17所示，称为伏安特性曲线。通过曲线发现，这是一条通过坐标原点的直线，它的斜率为电阻的倒数；电阻一定时，导体中的电流与导体两端电压成正比。具有这种性质的电器元件称为线性元件，其电阻称为线性电阻或欧姆电阻。欧姆定律不成立时，伏安特性曲线不是过原点的直线，而是不同形状的曲线，具有这种性质的电器元件称为非线性元件。金属导体通常为欧姆电阻，而导电液体的电阻通常不符合欧姆定律。

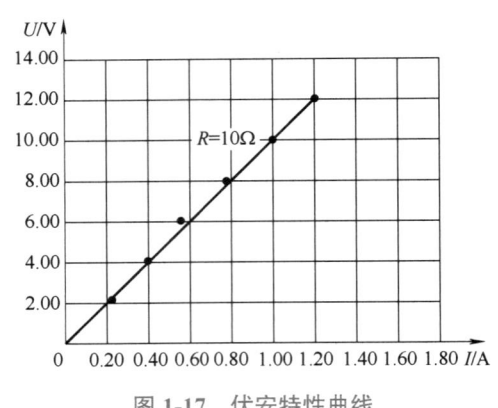

图 1-17　伏安特性曲线

3. 电流与电阻的关系

如图 1-18 所示，保持电阻两端电压 $U=12$V 不变，改变电阻值，读出电流表所示数据，并计算出相应电压，见表1-4。

表 1-4　$U=IR$ 计算值

R/Ω	10	20	30	40	50	60	70
I/A	1.20	0.59	0.40	0.30	0.24	0.20	0.17
U/V	12	≈12	12	12	12	12	≈12

以电流值为横坐标、电阻值为纵坐标，在坐标轴上描绘这7个点，并将这7个点连成线，如图1-19所示。通过曲线发现，电压一定时，导体中的电流与导体的电阻成反比。

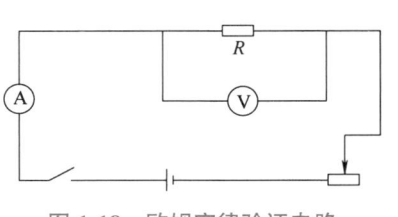

图 1-18　欧姆定律验证电路

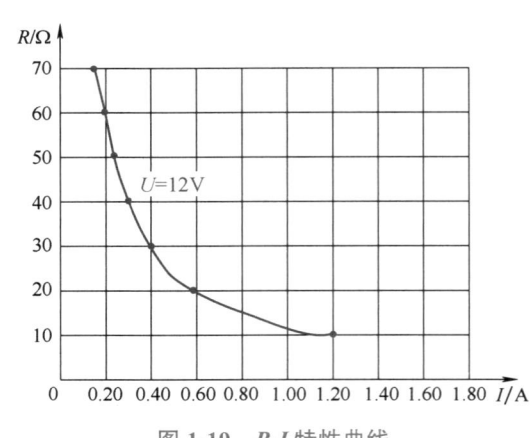

图 1-19　R-I 特性曲线

电学参数的认知与测量	学习任务单	班级： 姓名：

1. 下面关于电荷的说法正确的是（　　　）。

A. 相同极性的电荷相互吸引　　　　B. 不同极性的电荷相互吸引

C. 不同极性的电荷互相排斥　　　　D. 相同极性的电荷互相排斥

2. 电荷的单位是（　　　）。

A. 库仑　　　　　　　　　　　　　B. 安培

C. 伏特　　　　　　　　　　　　　D. 欧姆

3. 下面说法错误的是（　　　）。

A. 电流是指在指定方向下的电子运动　B. 电子所携带的电荷总为负

C. 传统电流从电源的负极流向电源的正极　D. 交流电流方向呈周期性变化

4. 电阻的单位是（　　　）。

A. 库仑　　　　　　　　　　　　　B. 安培

C. 伏特　　　　　　　　　　　　　D. 欧姆

5. 固定电阻的4个色环中，（　　　）。

A. 3个环表示电阻值，1个环表示温度相关性

B. 2个环表示电阻值，2个环表示温度相关性

C. 2个环表示电阻值，2个环表示公差

D. 3个环表示电阻值，1个环表示公差

6. 下图显示的分压器包含电阻 R_1=400Ω、R_2=600Ω 和 R_3=300Ω，电源电压 U=220V。则电压 U_3 为（　　　）。

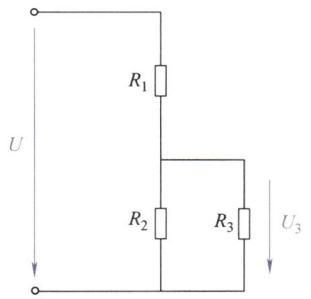

【任务实施】 电路的欧姆定律验证

实训器材

电气实验箱、万用表、电气实验箱使用说明书等。

作业准备

检查电气实验箱电子元器件，连接电路，检查电路能否正常通电，评估周围用电风险等级等。

新能源汽车电力电子技术

【操作步骤】

扫一扫

电学参数的测量

一、电学参数的测量

序号	操作示意图	操作方法	操作标准
1		按左图所示接好测量电路	连接电路并通电后灯泡能亮
2		将黑表笔插入 COM 插孔、红表笔插入 V/Ω 插孔，选择合适的量程。红、黑表笔分别并联在 U_B 两端，读取读数 U_B；红、黑表笔分别与电阻 R 和灯 H 并联，分别读取读数 U_R 和 U_H	应能测量出不同的电压值，且 $U_B=U_R+U_H$

14

（续）

序号	操作示意图	操作方法	操作标准
2	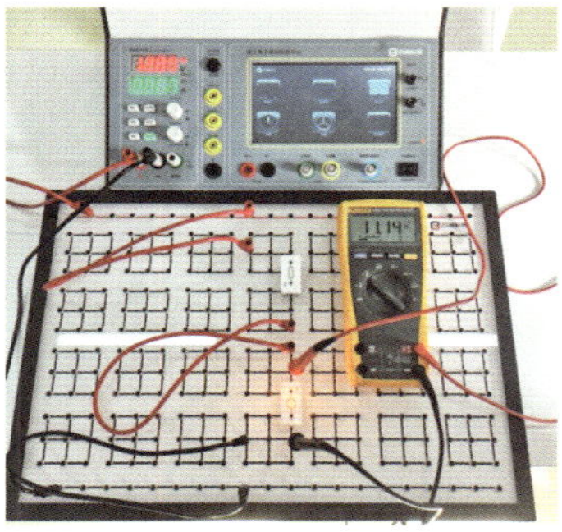	将黑表笔插入 COM 插孔、红表笔插入 V/Ω 插孔，选择合适的量程。红、黑表笔分别并联在 U_B 两端，读取读数 U_B；红、黑表笔分别与电阻 R 和灯 H 并联，分别读取读数 U_R 和 U_H	应能测量出不同的电压值，且 $U_B=U_R+U_H$
3	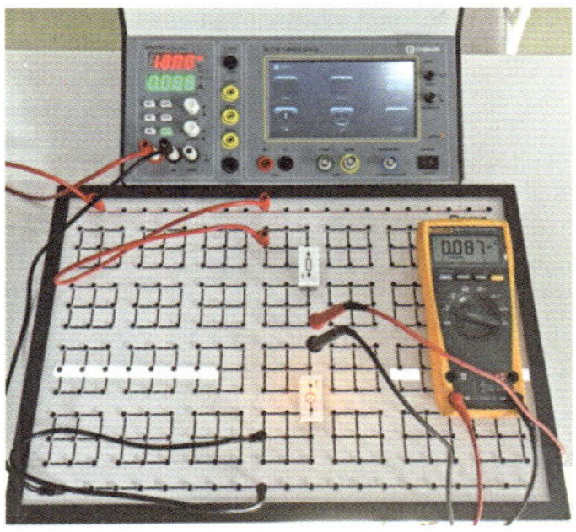	断开电源，将黑表笔插入万用表的 COM 插孔、红表笔插入 20A 插孔，选择最大的量程，再逐渐降低量程进行测量；断开电源，将万用表串联连接于电阻 R 和灯 H 之间，注意电流极性。检查电路无误后，接通电源，读取电流值 I	应能测量出正确的电流值
4	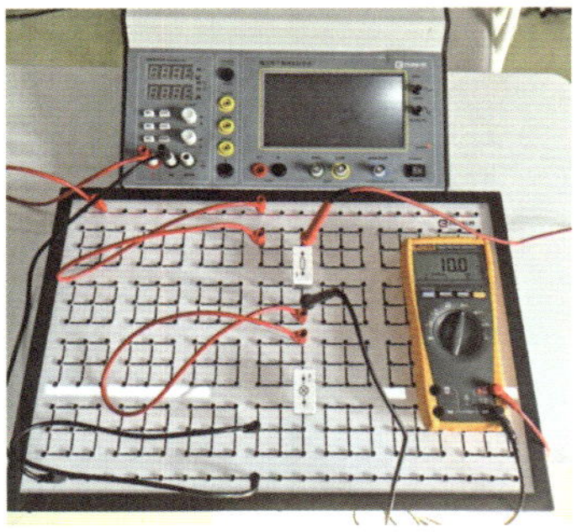	断开电源，将黑表笔插入 COM 插孔、红表笔插入 V/Ω 插孔，选择量程，红、黑表笔接 R 两端，读取 R 的测量值。将 R 的测量值与理论值相比较，可以验证欧姆定律	应能测量出正确的电阻值

二、欧姆定律的验证

序号	操作示意图	操作方法	操作标准
1	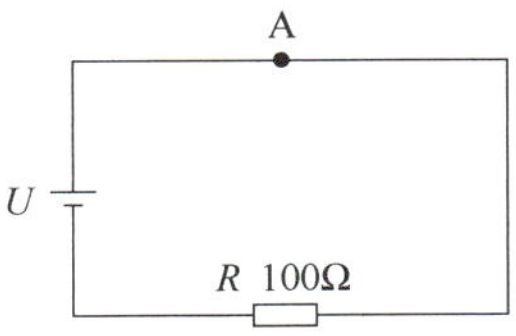 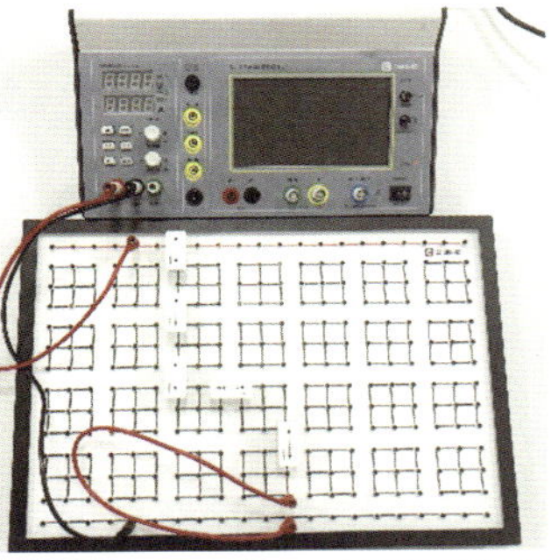	按左图所示接好测量电路	电阻为 100Ω，将电源电压设置为 0V

扫一扫

欧姆定律的验证

(续)

序号	操作示意图	操作方法	操作标准
2		将黑表笔插入 COM 插孔、红表笔插入最大电流插孔，逐步减小量程，断开电路中 A 端子，万用表的红、黑表笔分别与断开端子的两端连接，读取读数 I_A	选择最大电流插孔并逐步减小量程，能正确显示电流值
3		将电源电压设置为 8V，读取读数 I_A，并与使用欧姆定律计算出的 I_A 进行比较	选择最大电流插孔并逐步减小量程，能正确显示电流值
4		将电源电压设置为 12V，读取读数 I_A，比较 3 种情况下电流的大小 想一想： 电阻一定时，导体两端的电压变大，通过导体的电流如何变化	选择最大电流插孔并逐步减小量程，能正确显示电流值
5		将电源电压设置为 12V，将黑表笔插入 COM 插孔、红表笔插入最大电流插孔，逐步减小量程，电阻值为 100Ω 时，断开电路中 A 端子，将万用表的红、黑表笔分别与断开端子的两端连接，读取读数 I_A	选择最大电流插孔并逐步减小量程，能正确显示电流值
6		将电阻更换为 300Ω，读取读数 I_A，与使用欧姆定律计算出的 I_A 进行比较	选择最大电流插孔并逐步减小量程，能正确显示电流值

（续）

序号	操作示意图	操作方法	操作标准
7	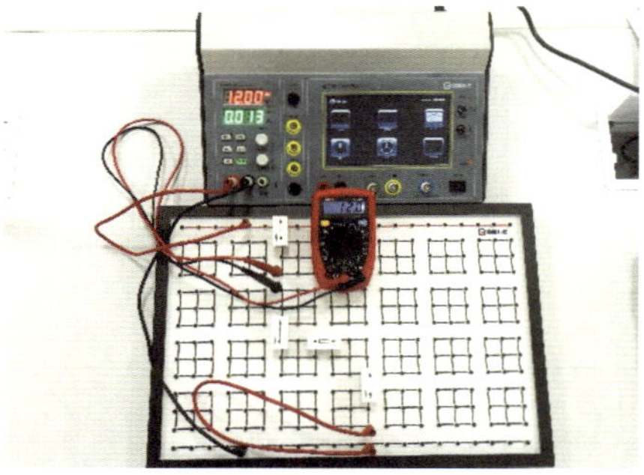	将电阻更换为1kΩ，读取读数I_A，比较3种情况下电流的大小 想一想： 电压一定时，导体的电阻变大，通过导体的电流如何变化	选择最大电流插孔并逐步减小量程，能正确显示电流值

电路的欧姆定律验证	工作任务单	班级： 姓名：

1. 作业场地准备

检查电气实验箱及附件是否齐全	□是 □否
检查实验工位通电是否正常	□是 □否
检查万用表各功能是否正常	□是 □否
评估实验工位区域风险等级是否合格	□是 □否

2. 记录测量数据

电学参数的测量：

1）测量电压 U_B=_____V，U_R=_____V，U_H=_____V。
2）测量流过负载的电流 I=_____mA。
3）测量 R、H 的电阻值 R=_____Ω；R_H=_____Ω，总的电阻值 $R_总$=_____Ω。
4）电压 U_B、U_R 和 U_H 之间有什么关系？
_____
5）分别计算 R 和 H 电阻值，并验证计算值，结果如何？
_____
6）将 R 从电路中拆除，灯泡 H 的亮度如何变化？为什么？
_____

欧姆定律的验证：

	改变电源电压	改变电阻 R
测量电流	U=0V 时，点 A 的电流：_____A U=8V 时，点 A 的电流：_____A U=12V 时，点 A 的电流：_____A	R=100Ω 时，点 A 的电流：_____A R=300Ω 时，点 A 的电流：_____A R=1000Ω 时，点 A 的电流：_____A
画出曲线	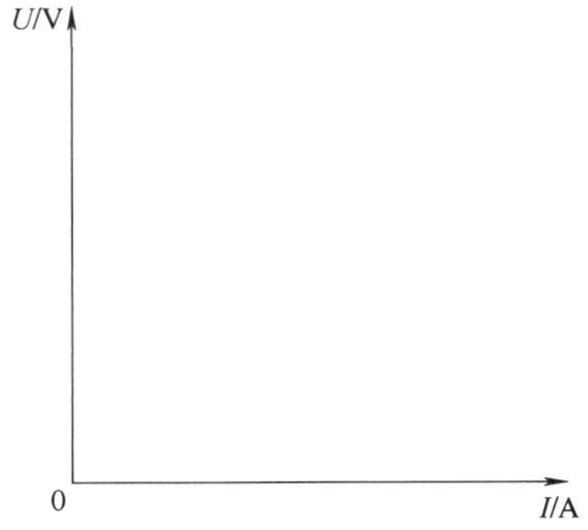 (坐标图：纵轴 U/V，横轴 I/A)	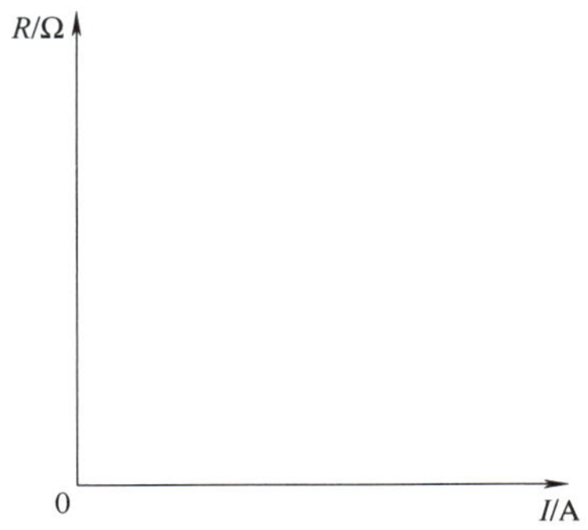 (坐标图：纵轴 R/Ω，横轴 I/A)

（续）

结论：
1）电阻一定时，导体两端电压越大，通过导体的电流越（□大　□小）。
2）电压一定时，导体的电阻越大，通过导体的电流越（□大　□小）。
3）电阻一定时，导体中的电流与导体两端电压成（□正比　□反比）。
4）电压一定时，导体中的电流与导体的电阻成（□正比　□反比）。
＊欧姆定律公式为 $I=$ _____。

3. 作业场地恢复

万用表复位及关闭	□是　□否
恢复电气实验箱内元器件及导线	□是　□否
断电检查	□是　□否
清洁、整理场地	□是　□否

【课证融通考评单】	电路的欧姆定律验证	实习日期：	
姓名：	班级：	学号：	教师签名：
自评：□熟练　□不熟练	互评：□熟练　□不熟练	师评：□合格　□不合格	
日期：	日期：	日期：	

序号	评分项	得分条件	分值	评分标准	自评	互评	师评
1	安全/7S/态度	□1. 能进行工位 7S 操作 □2. 能进行设备和工具安全检查 □3. 能进行工位安全防护操作 □4. 能进行工具清洁、校准、存放操作 □5. 能进行三不落地操作	15	1项未完成扣3分	□熟练 □不熟练	□熟练 □不熟练	□合格 □不合格
2	专业技能能力	□1. 能正确地连接电路并进行电学参数的测量 □2. 能正确地连接欧姆电路并进行验证	50	1项未完成扣25分	□熟练 □不熟练	□熟练 □不熟练	□合格 □不合格
3	工具、设备的使用能力	□1. 能正确地使用电气箱 □2. 能正确地使用万用表	10	1项未完成扣5分	□熟练 □不熟练	□熟练 □不熟练	□合格 □不合格
4	资料、信息查询能力	□1. 能正确地识别常见元件的电路符号 □2. 能正确地使用说明书查询资料 □3. 能正确地记录测量信息	10	1项未完成扣5分	□熟练 □不熟练	□熟练 □不熟练	□合格 □不合格
5	数据判断和分析能力	□1. 能判断电路中电压、电流、电阻间的关系 □2. 能判断电路元件是否为线性元件 □3. 能判断支路电流的实际方向 □4. 能判断元件电压的实际方向 □5. 能判断熔丝的通断状态	10	1项未完成扣2分	□熟练 □不熟练	□熟练 □不熟练	□合格 □不合格
6	表单填写和报告撰写能力	□1. 字迹清晰 □2. 语句通顺 □3. 无错别字 □4. 无涂改 □5. 无抄袭	5	1项不符合扣1分	□熟练 □不熟练	□熟练 □不熟练	□合格 □不合格

总分：

任务 2 认知电路的连接方式及故障

【学习目标】

知识目标：

1）熟悉电路的类型和特点。

2）掌握电路的组成。

3）掌握电路常见故障类型特点。

技能目标：

1）具有搭建各种电路和测量、判断的能力。

2）具有排查电路故障的能力。

素养目标：

1）在操作过程中树立电路安全意识。

2）树立团队协作意识。

3）让学生经历科学探究的过程，进一步熟悉不同电路的组成，学会电路的连接和判断测量数据的方法，总结电路的研究方法。

4）引导学生体验探究过程中的快乐，感受科学家得出电路和电路图的不易，学习科学家艰苦奋斗的精神。

【任务描述】

在实际电路中，常常有不止一个负载，而是有许多负载按照不同的需求连接起来；在连接方式中，应用最广泛的是串联、并联。电路在不同的工作条件下会呈现不同的工作状态，也有不同的特征，为充分了解各元件组成及关系，掌握元件间的工作原理，需要结合电路功能，进行电路故障的测量与判断。

【获取信息】

一、电路的连接方式

在车辆上，一个电压电源（车载网络供电）会同时接有很多用电器，这种电路称为扩展型电路。扩展型电路有并联和串联两种基本连接方式。

下面以电阻为用电器介绍这两种连接方式。与其他用电器连接时，例如驱动电机、白炽灯泡或继电器，情况基本相同。在电子电气系统中，电路常用电路图来表示，与之前所示电路图的唯一区别是未画出回流导线，在车辆中回流导线通过车身即电气接地表示。接地用图 1-20 所示电路符号表示。

提示

车辆上的所有接地连接都通过车身以电气方式相互连接,车身通过一根铜带与蓄电池负极接线柱连接在一起。

1. 串联电路

串联电路中所有电阻依次连接在一起,且共用一个电源,如图 1-21 所示。电流先后经过每个电阻,也就是说必须克服总电阻。

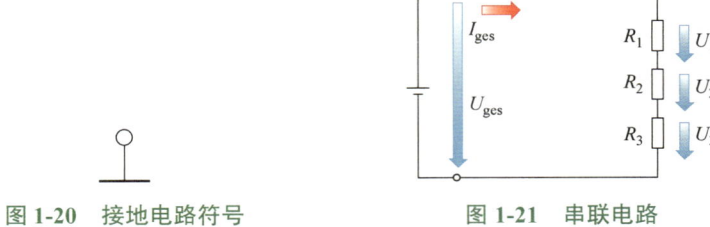

图 1-20　接地电路符号　　　　图 1-21　串联电路

串联电路的主要特点是:

1)总电压 U_{ges} 分布在串联电路的各个电阻上。各部分电压之和等于总电压。

$$U_{ges}=U_1+U_2+U_3 \tag{1-9}$$

2)串联电路内各处的电流大小都相等,不同电阻的电压降不同。

3)电压值与对应的电阻值成正比。

4)串联电路的总电阻等于各串联电阻之和。

$$R_{ges}=R_1+R_2+R_3 \tag{1-10}$$

5)总电压分配在最大电阻上的电压降最大,总电压分配在最小电阻上的电压降最小。

2. 并联电路

并联电路不是将电阻依次连接,而是将其并排连接,如图 1-22 所示。在这个电路中有更大的横截面供电流通过,因此总电阻较小,并联电路的总电阻始终小于最小的单个电阻。电阻并联时,施加在所有电阻上的电压都相同。

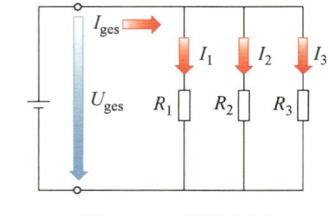

图 1-22　并联电路

并联电路的主要特点是:

1)总电流在电阻的连接点处分为多个分电流,分电流的总和等于总电流。

$$I_{ges}=I_1+I_2+I_3 \tag{1-11}$$

2)并联电路的总电阻小于最小的单个电阻。电流可以更好地通过各个并联电阻,即电导升高。利用下列公式计算 3 个电阻并联时的总电阻。

$$\frac{1}{R}=\frac{1}{R_1}+\frac{1}{R_2}+\frac{1}{R_3} \tag{1-12}$$

二、电路的常见故障

电路的故障主要包括断路、短路和接触电阻(虚接)故障。若修理技师缺乏电路图的分析能力和电路测量的能力,则在实际维修过程中不能合理地规避烧模块或电路的风险。

1. 断路故障

断路时电路无法闭合,即所需电流中断,如图 1-23 所示。断路通常是由连接问题造成的。断路的结果是电气组件(例如白炽灯泡、加热电阻、扬声器等)无法工作。对于断路故障最好的测量方法是通过电阻法测量电路的导通情况,不建议使用数字万用表的蜂鸣档判断电路的导通情况。因为在电路中存在 80Ω 以下的接触电阻时蜂鸣档都会响，无法排除接触电阻故障。

2. 短路故障

在两个电极（例如蓄电池的正极和负极接线柱）之间建立起直接的导电连接（通常是不希望出现的）

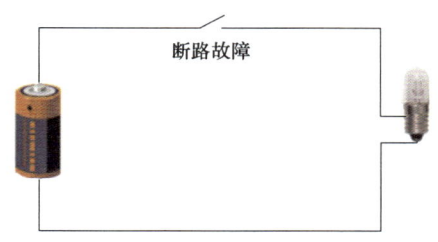

图 1-23 断路故障

时称为电路短路，如图 1-24 所示。短路就是电压电源的突然性电荷平衡。短路通常是由于绝缘不良或电气系统及电路出现电路故障造成的。发生短路时，在电压几乎降为零的同时，电流达到其最大值，即短路电流。该电流只能通过电源内阻 R_i 来限制，因此可能导致没有熔丝保护的导线或电缆过热损坏。出现较高的短路电流时，熔丝必须熔断，以最快的速度将短路部位与其他正常的供电网络断开，以将电压降和短路电流的影响降至最低，否则可能会引起火灾。因此，在车辆熔丝熔断的情况下，必须先检查供电回路中有无短路故障，在确保没有短路故障和不需要对更换的组件进行编程设码后才允许更换组件。

3. 接触电阻（虚接）故障

电路连接部位在空气、湿气、污物和侵蚀性气体的作用下会出现氧化现象，这种氧化作用会使连接部位的接触电阻增大，电阻增大会产生电压降，如图 1-25 所示，电路中的电阻增大导致电流减小，因此用电器内实际消耗的功率减小。例如，因氧化作用造成前照灯导线电压降为 10% 时，前照灯内的实际功率就会减小大约 20%。接触电阻较小且电流只有几安培时，电压降可以忽略不计；电路中接有额定电流较大的用电器时，可能会出现严重影响用电器功能的电压降。由于无法用万用表测量较小的接触电阻，因此必须通过测量闭合电路内的电压来确定该电阻的电阻值。

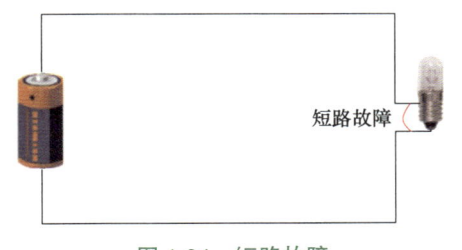

图 1-24 短路故障

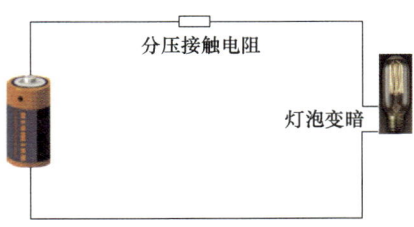

图 1-25 接触电阻（虚接）故障

认知电路的连接方式及故障	学习任务单	班级：
		姓名：

1. 下图显示的分压器包含电阻 $R_1=400Ω$、$R_2=600Ω$ 和 $R_3=300Ω$，电源电压 $U=220V$，则电压 U_3 为（　　　　　）。

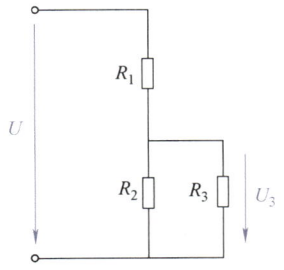

（续）

2. 下图显示的并联电路包含电阻 $R_1=10\Omega$、$R_2=20\Omega$ 和 $R_3=30\Omega$。电路供电电流 $I=11A$，则分支电流 I_1 为（　　　　）。

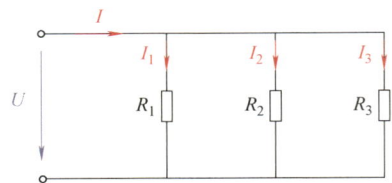

3. 下图显示的电路包含电阻 $R_1=3k\Omega$、$R_2=2k\Omega$ 和 $R_3=1k\Omega$，供电电流 $I=20mA$，则电压 U 为（　　　　）。

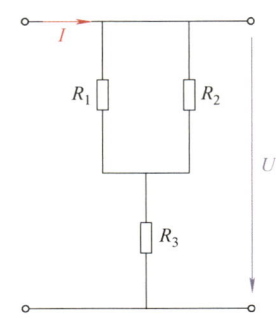

【任务实施】 **电路的测量与判断**

实训器材

电气实验箱、万用表、电气实验箱使用说明书等。

作业准备

检查电气实验箱电子元器件，连接电路，检查电路能否正常通电，评估周围用电风险等级等。

【操作步骤】

扫一扫

电路的测量与判断

电路的测量与判断

序号	操作示意图	操作方法	操作标准
1		按左图所示接好测量电路	连接电路并通电后灯泡能亮

(续)

序号	操作示意图	操作方法	操作标准
1	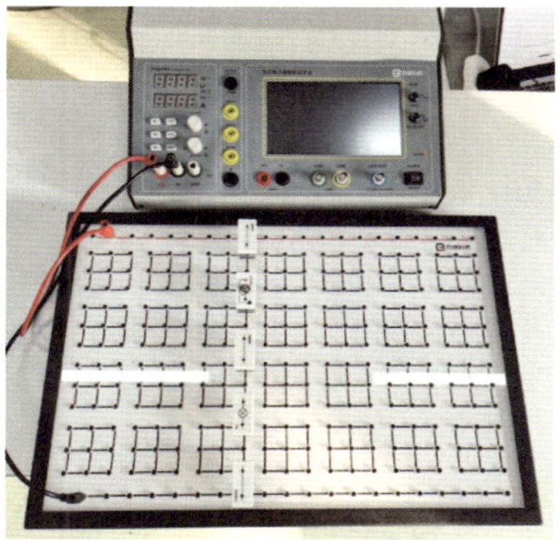	按左图所示接好测量电路	连接电路并通电后灯泡能亮
2	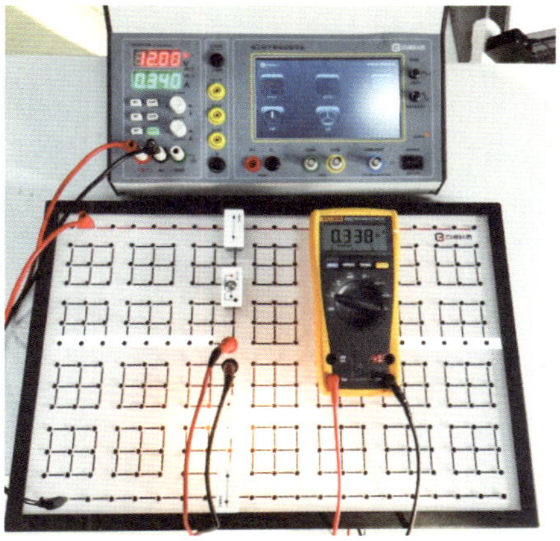	闭合开关 K，将黑表笔插入 COM 插孔、红表笔插入 10A 插孔，断开电路中端子 C、D，将万用表的红、黑表笔分别与端子 C、D 连接，读取读数 I_C	应能测量出正确的 I_C
3	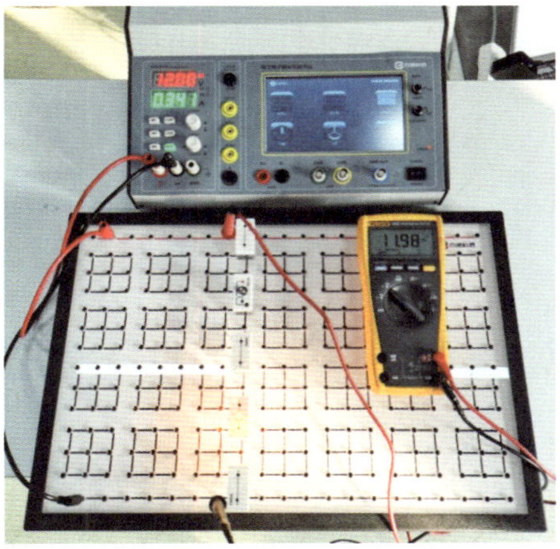	将黑表笔插入 COM 插孔、红表笔插入 V/Ω 插孔，红、黑表笔分别与端子 A、F 连接，读取读数 U_{AF}；用同样方法测出 U_{AD}、U_{DE}、U_{EF}	应能测量出正确的电压值 想一想： 无故障时，D-E、A-D、E-F 的压降中，哪个电压降最大，近似等于电源电压？
4	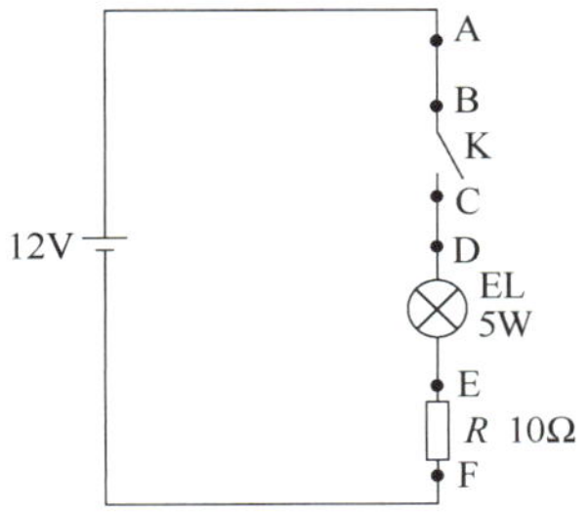	E-F 和 C-D 处分别虚接 10Ω 电阻，闭合开关 K，将黑表笔插入 COM 插孔、红表笔插入 10A 插孔，断开电路中端子 C、D，将万用表的红、黑表笔分别与端子 C、D 连接，读取读数 I_C	应能测量出正确的电流值

（续）

序号	操作示意图	操作方法	操作标准
4	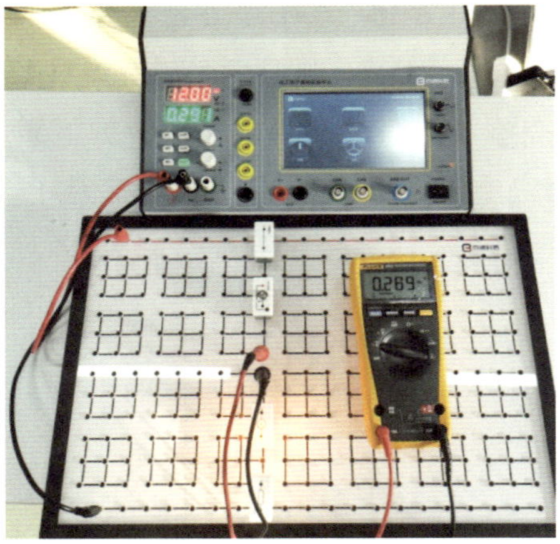	E-F 和 C-D 处分别虚接 10Ω 电阻，闭合开关 K，将黑表笔插入 COM 插孔、红表笔插入 10A 插孔，断开电路中端子 C、D，将万用表的红、黑表笔分别与端子 C、D 连接，读取读数 I_C	应能测量出正确的电流值
5	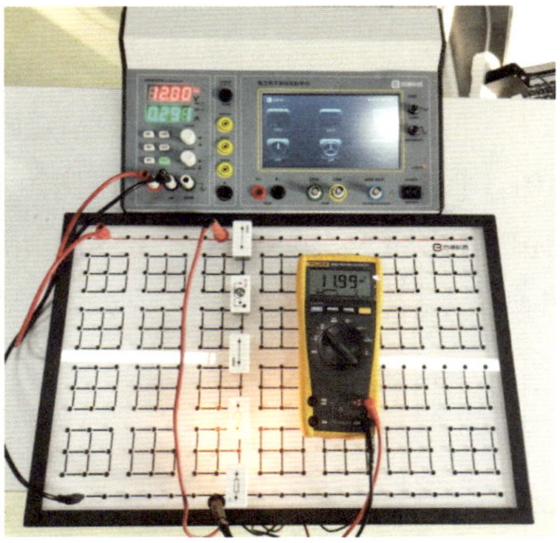	将黑表笔插入 COM 插孔、红表笔插入 V/Ω 插孔，红、黑表笔分别与端子 A、F 连接，读取读数 U_{AF}；用同样方法测出 U_{AD}、U_{DE}、U_{EF}	应能测量出正确的电压值 想一想： 1）E-F、C-D 位置虚接时，灯泡两端电压分别如何变化 2）E-F、C-D 位置虚接时，D-E、A-D、E-F 间电压降哪个变大 3）E-F、C-D 位置虚接时，电路电流分别如何变化
6	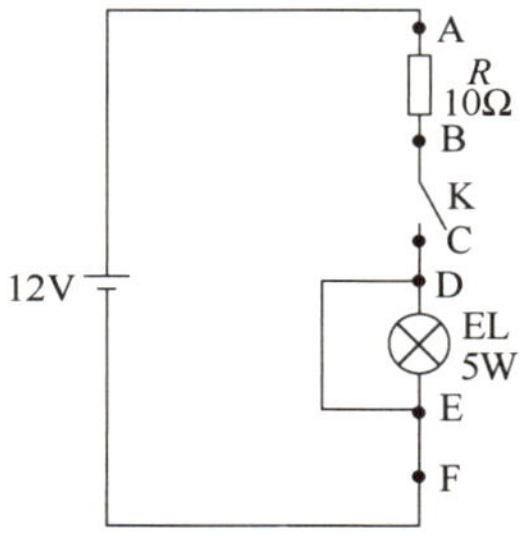 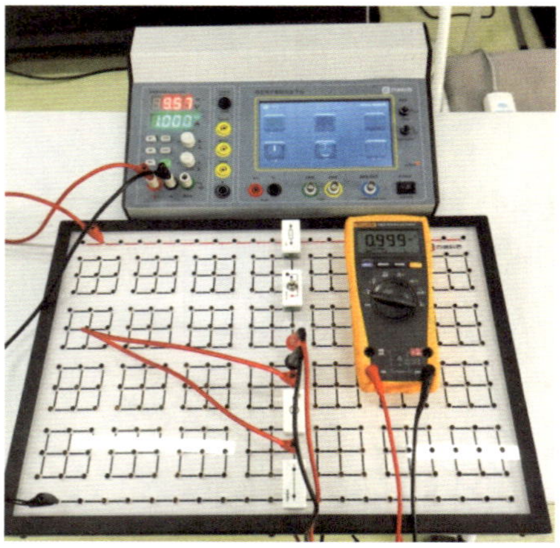	D-E 处短接线，闭合开关 K，将黑表笔插入 COM 插孔、红表笔插入 10A 插孔，断开电路中端子 C、D，将万用表的红、黑表笔分别与端子 C、D 连接，读取读数 I_C	应能测量出正确的电流值

24

（续）

序号	操作示意图	操作方法	操作标准
7		将黑表笔插入 COM 插孔、红表笔插入 V/Ω 插孔，红、黑表笔分别与端子 A、F 连接，读取读数 U_{AF}；用同样方法测出 U_{AD}、U_{DE}、U_{EF}	应能测量出正确的电压值 想一想： 1）负载灯泡短路时，灯泡两端电压如何变化 2）负载灯泡短路时，电路电流如何变化
8		E-F 处电路断开，闭合开关 K，将黑表笔插入 COM 插孔、红表笔插入 10A 插孔，断开电路中端子 C、D，将万用表的红、黑表笔分别与端子 C、D 连接，读取读数 I_C	应能测量出正确的电流值
9		将黑表笔插入 COM 插孔、红表笔插入 V/Ω 插孔，红、黑表笔分别与端子 A、F 连接，读取读数 U_{AF}；用同样方法测出 U_{AD}、U_{DE}、U_{EF}	应能测量出正确的电压值 想一想： 1）E-F、C-D 位置断路时，灯泡两端电压分别如何变化 2）E-F、C-D 位置断路时，D-E、A-D、E-F 间电压降哪个变大 3）E-F、C-D 位置断路时，电路电流分别如何变化

电路的测量与判断	工作任务单	班级：
		姓名：

1. 作业场地准备

检查电气实验箱及附件是否齐全	□是 □否
检查实验工位通电是否正常	□是 □否
检查万用表各功能是否正常	□是 □否
评估实验工位区域风险等级是否合格	□是 □否

2. 记录测量数据

1）无故障时电路。

观察现象	灯泡：□亮 □不亮 □变暗
测量电流	测量点 C：_____ A
测量电压	U_{AF}：____V；U_{AD}：____V；U_{DE}：____V；U_{EF}：____V

结论：
无故障时，（□U_{AD} □U_{DE} □U_{EF}）电压降最大，近似等于电源电压。

2）虚接时电路。

虚接位置	E-F	C-D
观察现象	灯泡：□亮 □不亮 □变暗	灯泡：□亮 □不亮 □变暗
测量电流	测量点 C：_____ A	测量点 C：_____ A
测量电压	U_{AF}：____V；U_{AD}：____V U_{DE}：____V；U_{EF}：____V	U_{AF}：____V；U_{AD}：____V U_{DE}：____V；U_{EF}：____V

结论：
1）E-F 位置虚接时，灯泡两端电压（□变大 □变小 □不变）。
2）E-F 位置虚接时，（□U_{AD} □U_{DE} □U_{EF}）电压降变大。
3）E-F 位置虚接时，电路电流（□变大 □变小 □不变）。
4）C-D 位置虚接时，灯泡两端电压（□变大 □变小 □不变）。
5）C-D 位置虚接时，（□U_{AD} □U_{DE} □U_{EF}）电压降变大。
6）C-D 位置虚接时，电路电流（□变大 □变小 □不变）。

3）短路时电路。

观察现象	灯泡：□亮 □不亮 □变暗
测量电流	测量点 C：_____ A
测量电压	U_{AF}：____V；U_{AD}：____V；U_{DE}：____V；U_{EF}：____V

结论：
1）负载灯泡短路时，灯泡两端电压（□变大 □变小 □不变）。
2）负载灯泡短路时，电路电流（□变大 □变小 □不变）。

4）断路时电路。

断路位置	E-F	C-D
观察现象	灯泡：□亮 □不亮 □变暗	灯泡：□亮 □不亮 □变暗
测量电流	测量点 C：_____ A	测量点 C：_____ A
测量电压	U_{AF}：____V；U_{AD}：____V U_{DE}：____V；U_{EF}：____V	U_{AF}：____V；U_{AD}：____V U_{DE}：____V；U_{EF}：____V

（续）

结论：
1）E-F 位置断路时，灯泡两端电压（□变大　□变小　□不变）。
2）E-F 位置断路时，（□ U_{AD}　□ U_{DE}　□ U_{EF}）电压降变大。
3）E-F 位置断路时，电路电流（□变大　□变小　□不变）。
4）C-D 位置断路时，灯泡两端电压（□变大　□变小　□不变）。
5）C-D 位置断路时，（□ U_{AD}　□ U_{DE}　□ U_{EF}）电压降变大。
6）C-D 位置断路时，电路电流（□变大　□变小　□不变）。

3. 作业场地恢复	
万用表复位及关闭	□是　□否
恢复电气实验箱内元器件及导线	□是　□否
断电检查	□是　□否
清洁、整理场地	□是　□否

【课证融通考评单】 电路的测量与判断			实习日期：			
姓名：	班级：		学号：		教师签名：	
自评：□熟练　□不熟练	互评：□熟练　□不熟练		师评：□合格　□不合格			
日期：	日期：		日期：			

序号	评分项	得分条件	分值	评分标准	自评	互评	师评
1	安全/7S/态度	□ 1. 能进行工位 7S 操作 □ 2. 能进行设备和工具安全检查 □ 3. 能进行工位安全防护操作 □ 4. 能进行工具清洁、校准、存放操作 □ 5. 能进行三不落地操作	15	1 项未完成扣 3 分	□熟练 □不熟练	□熟练 □不熟练	□合格 □不合格
2	专业技能能力	□ 1. 能正确地连接简单电路并进行电压、电流、电阻的测量 □ 2. 能正确地根据测量数据进行故障类型判断和总结故障判断要点	50	1 项未完成扣 25 分	□熟练 □不熟练	□熟练 □不熟练	□合格 □不合格
3	工具、设备的使用能力	□ 1. 能正确地使用电气箱 □ 2. 能正确地使用万用表	10	1 项未完成扣 5 分	□熟练 □不熟练	□熟练 □不熟练	□合格 □不合格
4	资料、信息查询能力	□ 1. 能正确地识别常见元件的电路符号 □ 2. 能正确地使用电路图查询资料 □ 3. 能正确地记录测量信息	10	1 项未完成扣 5 分	□熟练 □不熟练	□熟练 □不熟练	□合格 □不合格
5	数据判断和分析能力	□ 1. 能判断串联电路中电压、电流、电阻间的关系 □ 2. 能判断并联电路中电压、电流、电阻间的关系 □ 3. 能判断电路中断路、短路、接触电阻（虚接）故障 □ 4. 能排除电路中断路、短路、接触电阻（虚接）故障	10	1 项未完成扣 3 分	□熟练 □不熟练	□熟练 □不熟练	□合格 □不合格
6	表单填写和报告撰写能力	□ 1. 字迹清晰 □ 2. 语句通顺 □ 3. 无错别字 □ 4. 无涂改 □ 5. 无抄袭	5	1 项不符合扣 1 分	□熟练 □不熟练	□熟练 □不熟练	□合格 □不合格
总分：							

项目二
电力电子元器件的特性

本项目包括 3 个学习情境：电子元件的特性与检测、半导体器件的特性与检测、功率半导体器件的特性与检测，共 8 个任务：电阻器、电容器、电感器、二极管、晶体管、晶闸管、电力场效应晶体管、绝缘栅双极晶体管。

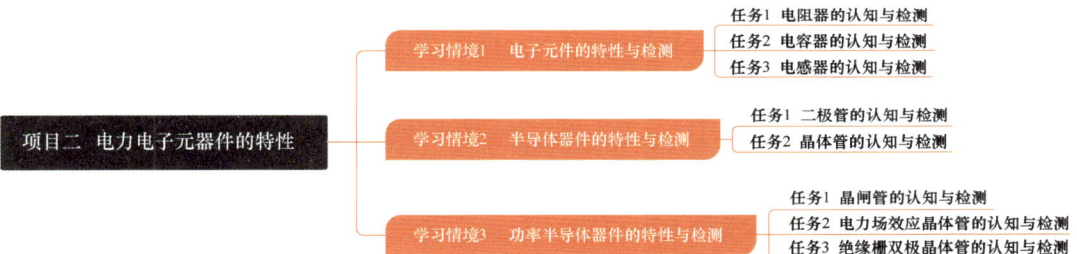

学习情境 1
电子元件的特性与检测

电子元件是电子电路中的基本元素,具有两个或以上的引线或金属接点,可以是单独封装的(电阻器、电容器、电感器等),也可以是各种不同复杂度的群组(集成电路)。电子元件须相互连接以构成一个具有特定功能的电子电路。通过导入学习任务,让学生根据具体任务进行练习,完成工作任务,使其具有运用电子元件的特性进行检测、判断的能力,能总结出不同电子元件的特点和在汽车上的应用。

任务 1 电阻器的认知与检测

【学习目标】

知识目标:
1)了解电阻器的基础知识。
2)掌握电阻器的类型、特性及应用。

技能目标:
1)具有搭建电位计电路和测量、计算的能力。
2)具有搭建光敏电阻电路和测量、计算的能力。
3)具有在新能源汽车上检测、判断电阻器的能力。

素养目标:
1)在操作过程中树立电路安全意识。
2)树立团队协作意识。
3)让学生经历科学探究的过程,进一步熟悉电阻器在汽车上的应用,学会科学分析和处理实验数据的方法,总结物理规律的研究方法。
4)引导学生体验探究过程中的快乐,通过多次检测电路的连接,让学生在更短时间达到更好的工艺要求目标,培养走向成功的精益求精的匠人精神。

项目二 电力电子元器件的特性

【任务描述】

在电子产品生产、检测维护中，会发现电路板上有很多电子元器件，每一种元器件都有特定的功能和作用。我们先来认识一下电阻，它是电子产品中的主要元器件之一。

【获取信息】

一、电阻器的基础知识

1. 定义

电阻器是一个限流元件，电阻的电阻值是固定的，一般是两个引脚。将电阻器接在电路中后，它可限制通过它所连支路的电流大小。

2. 单位

电阻器的基本单位是欧姆（Ω），常使用还有由欧姆导出的单位：千欧（kΩ）和兆欧（MΩ）。

3. 作用

在电子系统中，电阻器常用作分流器、分压器、耦合器件、负载、保护元件、检测元件等。

4. 符号

电阻器的电路符号如图 2-1 所示，当加上限定符号后，可表示不同特性的电阻。

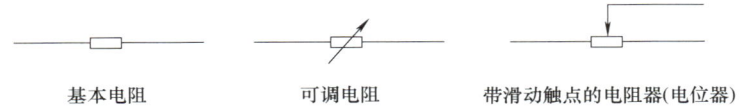

基本电阻　　　　可调电阻　　　带滑动触点的电阻器(电位器)

图 2-1　不同电阻器的电路符号

二、电阻器的类型与特性

对大多数导体来说，在一定的温度下，其电阻几乎维持不变，为一个定值，这类电阻称为线性电阻，如固定电阻器、可调电阻器。有些材料的电阻明显地随着电流（或电压）的变化而变化，其伏安特性是一条曲线，这类电阻器称为非线性电阻器，如热敏电阻器、压敏电阻器和敏感元件，其电压与电流的关系是非线性的。电阻器在电路中主要用来调节和稳定电流与电压，可作为分流器和分压器，也可作电路匹配负载。根据电路要求，电阻器还可用于放大电路的负反馈或正反馈、电压-电流转换、输入过载时的电压或电流保护元件，又可组成 RC 电路作为振荡、滤波、旁路、微分、积分和时间常数元件等。

1. 固定电阻器

固定电阻器可分为碳膜电阻器、金属膜电阻器等。

（1）碳膜电阻器　碳膜电阻器是将在真空高温的条件下分解的结晶碳蒸镀沉积在陶瓷骨架上制成的，引线两端都有端帽。它是一种膜式电阻器，其表面常涂以绿色保护漆，具有电压稳定性好、成本低、用量大的特点，但误差和噪声大。

碳膜电阻器常用符号RT作标志，R代表电阻器，T代表材料是碳膜，例如，一只电子枪外壳上标有RT47kI的字样，就表示这是一只阻值为47kΩ，允许偏差为±5%的碳膜电阻器。碳膜的厚度决定阻值的大小，通常通过控制膜的厚度和刻槽来控制电阻器。碳膜电阻器如图2-2所示。

（2）金属膜电阻器　金属膜电阻器是将金属或合金材料在真空高温的条件下加热蒸发沉积在陶瓷骨架上制成的，具有较高的耐高温性能、活度系数小、热稳定性好、噪声小、电压系数好等优点，但造价高，脉冲负荷稳定性差。

金属膜电阻器有普通金属膜电阻器、半精密金属膜电阻器、低阻半精密金属电阻器、高精密金属膜电阻器、高阻金属膜电阻器、高压金属膜电阻器、超高频金属膜电阻器、无引线精密金属膜电阻器等，如图2-3所示。

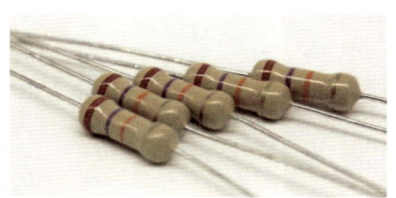

图2-2　碳膜电阻器　　　　　　　　　图2-3　金属膜电阻器

2. 可调电阻器

可调电阻器的电阻值大小可以人为调节，以满足电路的需要。常见的可调电阻主要通过改变电阻接入电路的长度来改变电阻值。

（1）电位器　电位器即机械可调电阻，有3个引脚，其中两个引脚之间的电阻值固定，该电阻值称为这个电位器的标称阻值。第3个引脚与任一引脚间的电阻值可以随着转轴臂的旋转而改变。这样，可以调节电路中的电压或电流，达到调节的效果，其外形如图2-4所示。电位器按调节方式的不同，分为旋转式电位器和直滑式电位器两种。

电位器的电阻值可随时改变，电位器的电路符号如图2-5所示。

图2-4　常见电位器的外形　　　　　　　图2-5　电位器的电路符号

线绕电位器仅在汽车电气系统内使用；碳膜电位器或导电塑料电位器在汽车电子系统内使用。电位器可以作为角度传感器使用，它利用旋转角度与电位器电阻上的电压降之间的关系计量角度。电位器在汽车中的主要应用有燃油液位传感器、加速踏板位置传感器、制动踏板位置传感器、节气门位置传感器等。现在除了燃油液位传感器还在使用电位器外，其他的传感器都已经逐渐使用非接触式的传感器。

加速踏板位置传感器如图2-6所示，它通过驾驶人控制踏板臂的旋转角度来控制位置传感器输出的电压，然后将电压信号传递给ECU，ECU根据位置传感器输出电压信号控制电机电流的大小，达到控制电机转矩的目的。

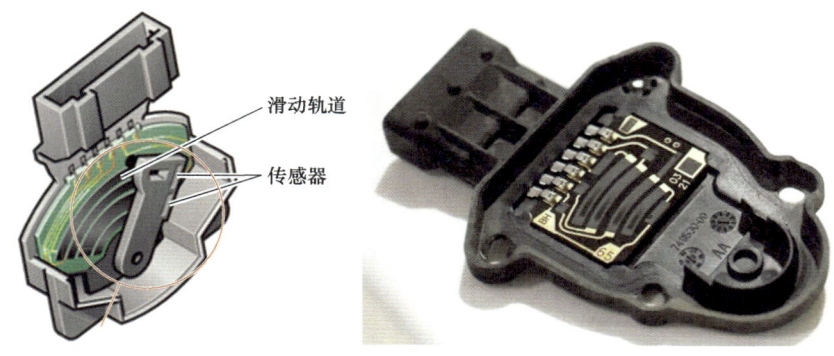

图 2-6　加速踏板位置传感器

（2）敏感电阻器　敏感电阻器是指对温度、电压、湿度、光通量、气体流量、磁通量和机械力等外界因素表现比较敏感的电阻器。这类电阻既可以作为把非电信号转换为电信号的传感器，也可以作为自动控制电路中的功能元件。常用的敏感电阻器有热敏电阻器、光敏电阻器、压敏电阻器和气敏电阻器等。

1）热敏电阻器。热敏电阻器是一种传感器电阻，其电阻值随着温度的变化而改变。按照温度系数不同，热敏电阻器分为正温度系数热敏电阻（PTC）器和负温度系数热敏电阻（NTC）器。正温度系数热敏电阻器的电阻值随温度的升高而增大，在汽车上主要应用于加热类元件；负温度系数热敏电阻器的电阻值随温度的升高而减小，在汽车上主要应用于温度传感器。热敏电阻器最常见的形态为圆形并引出两根引脚，如图 2-7 所示。

图 2-7　常见热敏电阻器的外形

① NTC 电阻器。NTC（负温度系数）电阻器由诸如多晶硅、混合氧化物陶等半导体材料制成，主要用于测量温度。其工作方式如下：在半导体内，自由载流子的数量随着温度的升高而增加，导致电阻减小。因此，这种材料具有负温度系数。在室温下，该值约为 –5%～–3%/ 度，温度范围通常为 –60～+200℃。表 2-1 列举了 NTC 电阻器的基本值，参考温度为 T_0=25℃，相应的电阻为 R_{25}=5kΩ。

表 2-1　NTC 电阻器的基本值

测量温度 /℃	0	20	25	40	60	80	100	120
基本电阻值 /Ω	16325	6245	5000	2663	1244	627.5	339	194.7

由于 NTC 电阻器比金属热敏电阻器更敏感，因此 NTC 电阻器适用于各种类型的温度测量与控制。NTC 电阻器的电路符号如图 2-8 所示，两个反向箭头表示电阻与温度之间成反比：温度越高，电阻越低；温度越低，电阻越高。

图 2-9 所示为 NTC 电阻器与温度变化关系。

无固有加热特性的 NTC 电阻器在测量温度时作为温度传感器使用，如图 2-10 所示，在模拟电路中用于稳定温度。

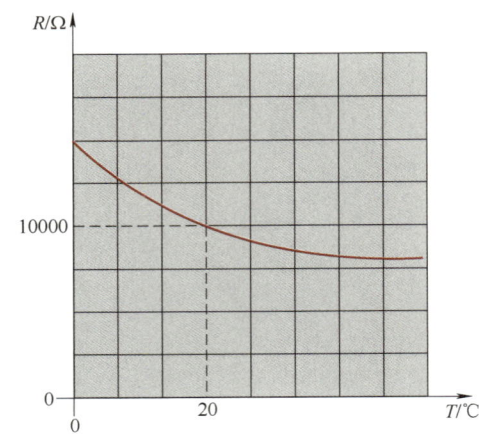

图 2-8　NTC 电阻器的电路符号

图 2-9　NTC 电阻器与温度变化关系

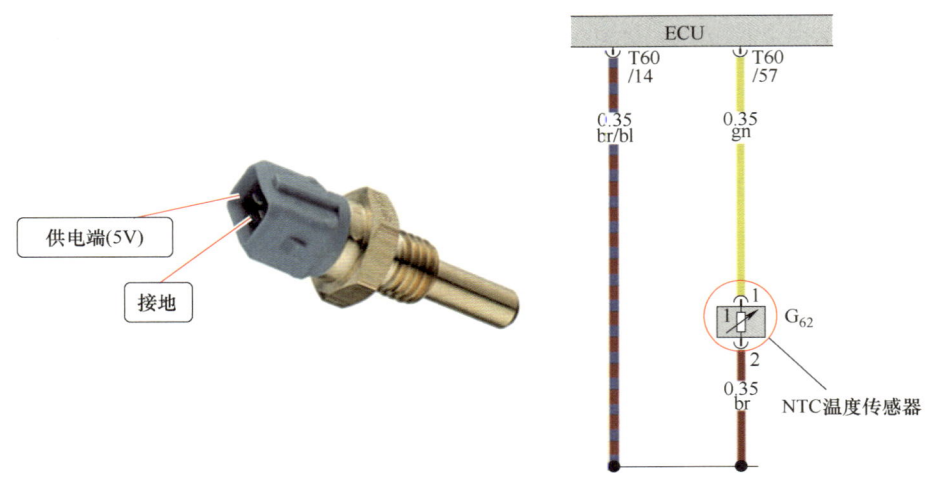

图 2-10　温度传感器管脚及电路图

② PTC 电阻器。由铂或镍等制成的金属电阻具有正温度系数，即其电阻随着温度的升高而增大，其电阻特性以线性为主。PTC 电阻器的电路符号如图 2-11 所示。

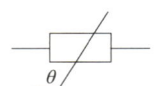

图 2-11　PTC 电阻器的电路符号

铂电阻具有极高的精度，首选用于实际测量；镍电阻具有相对较高的温度系数，可用于低温和差分温度测量；铜电阻只用于特殊类型的测量，例如利用铜电阻的特性测量电机绕组的温度，这时绕组本身作为测量电阻。PTC 电阻器随温度变化的电阻曲线如图 2-12 所示。

达到初始温度 T_A 时，PTC 电阻器的电阻值开始增大，此时为初始电阻 R_A，直至标称温度 T_N 时电阻都是非线性增长。自标称电阻 R_N 起，电阻显著增大，直至达到最终温度 T_E。在汽车上 PTC 电阻器可用来控制加热装置电流，如车外后视镜内的加热电流，如图 2-13 所示。

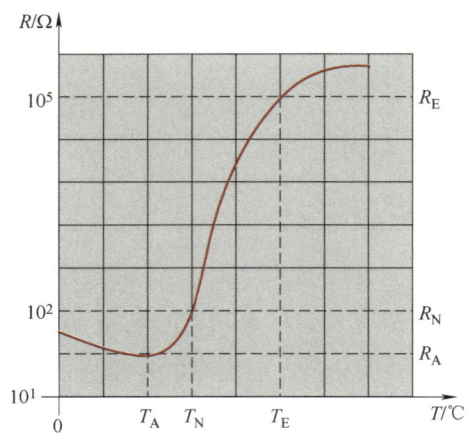

图 2-12　PTC 电阻器随温度变化的典型电阻曲线

T_A—初始温度　T_N—标称温度　T_E—最终温度
R_A—初始电阻　R_N—标称电阻　R_E—最终电阻

2）光敏电阻器。光敏电阻器是一种电阻值随外界光照强弱（明暗）变化而变化的元件，其电路符号如图2-14所示。这种无源的光电元件经常缩写为LDR（光敏电阻）。光照越强，其阻值越小；光照越弱，其阻值越大。利用这一特性，可以制作各种光控电路，如自动空调上的日光传感器、灯光自动控制传感器等。

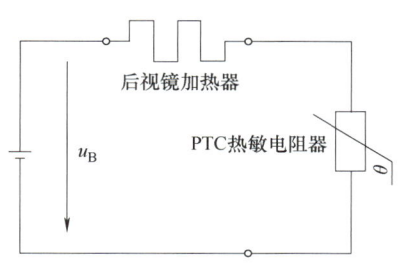

图 2-13　车外后视镜内加热控制电路

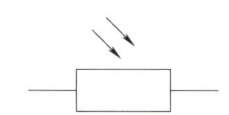

图 2-14　光敏电阻器的电路符号

光敏电阻器采用半导体材料制造，利用内部光电效应（即光辐射导致材料中的自由载荷电子数量增加）使元件的绝缘部分变为导电。当光敏电阻器暴露于光照下时，其电阻值急剧减小，因此如果光照强烈时，有必要保护光敏电阻器，防止其由于电流过大而损坏。

光敏电阻器的缺点是其相对延迟响应，该响应与亮度成反比，通常达几毫秒。因此，对于配有光敏电阻器的电路，其开关频率只能达到约100Hz。

3）压敏电阻器。电阻值随着压力的变化而变化的电阻称为压敏电阻（VDR）器。压敏电阻器对电压敏感，是一种很好的固态保险元件，常用于过电压保护电路、消火花电路、能量吸收回路和防雷电路中。

压敏电阻器主要有碳化硅压敏电阻器和氧化锌压敏电阻器两种，最常用的是氧化锌压敏电阻器。氧化锌与其他金属氧化物（如氧化铋、氧化铬或氧化锰）混合，将半导体粉末压制并烧结为片剂，用银或铝将坯件的两侧粘接到一起并装上接头。压敏电阻器在电路中用RV或R表示，其电路符号如图2-15所示。

汽车上常见的压敏电阻器主要有半导体式压力传感器、真空膜盒式压力传感器、应变片式压力传感器及膜片弹簧式压力传感器4种。

半导体式压力传感器由于体积小，精度高，成本低，响应性、再现性和稳定性好，在汽车上得到广泛应用，其结构和电路符号如图2-16所示。

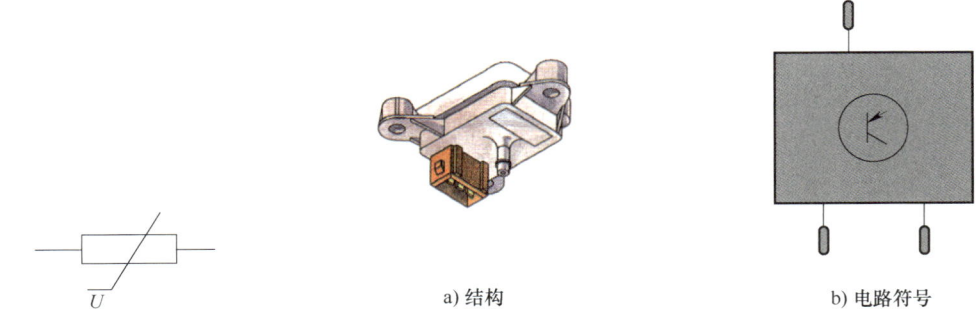

图 2-15　压敏电阻器的电路符号　　图 2-16　半导体式压力传感器结构和电路符号

压力传感器的管脚及电路如图2-17所示。

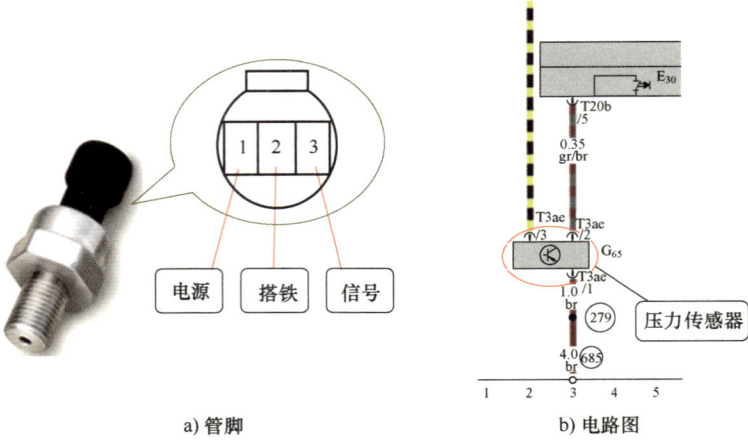

a) 管脚　　　　　　　　b) 电路图

图 2-17　压力传感器的管脚及电路

图 2-18 所示空调压力传感器为压敏电阻式传感器，电动汽车广泛使用它来检测空调管道中制冷剂的压力。当系统压力过低时，切断压缩机电路，防止压缩机回油润滑差导致卡死；当系统压力过高时，切断压缩机电路，防止压缩机排气压力大及温度过高，润滑油黏度下降，压缩机内部抱死，同时可以反馈信号回 ECU，及时调整散热风扇的转速。

图 2-18　空调压力传感器

电阻器的认知与检测	学习任务单	班级：
		姓名：

1. 下列对可调电阻器描述正确的是（　　）。

 A. 可调电阻器通过改变滑片的位置来改变电压

 B. 可调电阻器的电路符号为 ——▭——

 C. 可调电阻器的好坏可以通过测量电阻来判断

 D. 可调电阻器在电路中只有分压作用

2. 下面描述正确的是（　　）。

 A. 负温度系数温度传感器，加热温度与电阻值为正比关系

 B. 正温度系数温度传感器，加热温度与电阻值为反比关系

 C. 负温度系数温度传感器的电路符号为 ——▭——

 D. 负温度系数温度传感器含有半导体材料

3. LDR 的（　　）部分使其具有相关特性。

 A. 导体　　　　　　　B. 半导体材料　　　　　　　C. 绝缘层

4. 常见压力传感器不包括（　　）。

 A. 半导体式压力传感器　　　B. 真空膜盒式压力传感器

 C. 应变片式压力传感器　　　D. 霍尔传感器

5. 判断压力传感器好坏的方法有（　　）。

 A. 离线测量电阻　　　　　　B. 在线测量电压

（续）

C. A 与 B　　　　　　　　　D. 在线测量电流

6. 下图各元件中包含压力传感器的是（　　）。

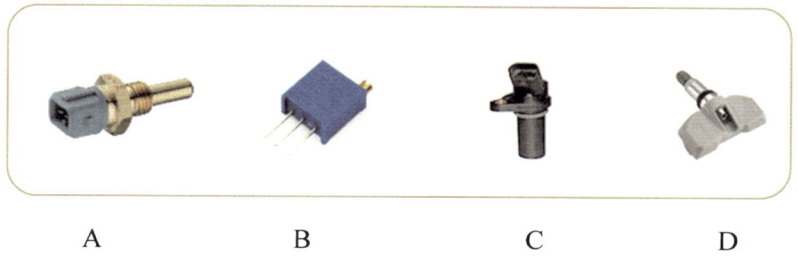

A　　　　　　B　　　　　　C　　　　　　D

【任务实施】 电阻器的检测

实训器材

电气实验箱、万用表、常用工具等。

作业准备

检电源主机，检查电子元器件。

【操作步骤】

一、检测可调电阻器

序号	操作示意图	操作方法	操作标准
1		按左图所示接好测量电路	将电源电压设置为15V，可调电阻 R_1 为 100kΩ，$R_2=R_3=1$kΩ，LED1 为绿色发光二极管，LED2 为红色发光二极管

扫一扫

检测可调电阻器

（续）

序号	操作示意图	操作方法	操作标准
2		电位计旋钮处于中间位置，将旋钮充分向左旋转（逆时针）。观察 LED1 和 LED2 如何响应	LED1 变亮，LED2 变暗
3		将电位计旋钮充分向右旋转（顺时针），观察 LED1 和 LED2 如何响应	LED1 变暗，LED2 保持亮度不变
4		将电位计旋钮置于"左侧"位置，测量电位器电阻值	应能正确显示相应电阻值
5		将电位计旋钮置于"中间"位置，测量电位器电阻值	应能正确显示相应电阻值

项目二　电力电子元器件的特性

（续）

序号	操作示意图	操作方法	操作标准
6		将电位计旋钮置于"右侧"位置，测量电位器电阻值	应能正确显示相应电阻值

二、检测光敏电阻器

检测光敏电阻器

序号	操作示意图	操作方法	操作标准
1		按左图所示接好测量电路	电阻 $R=1\text{k}\Omega$，LDR 为光敏电阻器，LED 为发光二极管
2		用万用表测量 LDR 在正常环境下（阳光或人造光）的电阻值	应能正确显示相应电阻值

（续）

序号	操作示意图	操作方法	操作标准
3	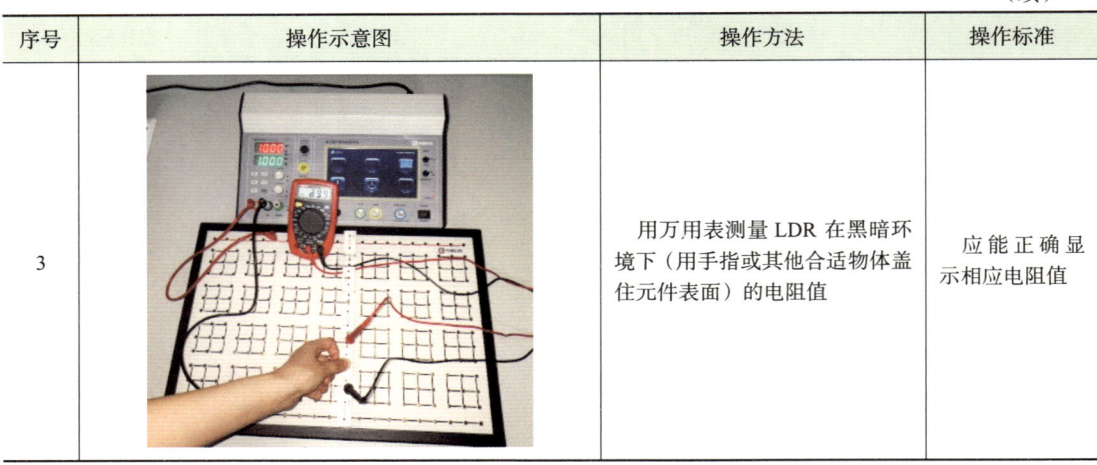	用万用表测量 LDR 在黑暗环境下（用手指或其他合适物体盖住元件表面）的电阻值	应能正确显示相应电阻值

电阻器的检测	工作任务单	班级： 姓名：

1. 作业场地准备

检查电气实验箱及附件是否齐全	□是　□否
检查实验工位通电是否正常	□是　□否
检查万用表各功能是否正常	□是　□否
评估实验工位区域风险等级是否合格	□是　□否

2. 记录测量数据

检测可调电阻：

电位计位置	始位	中位	末位
观察现象	LED1：□亮　□暗	LED1：□亮　□暗	LED1：□亮　□暗
	LED2：□亮　□暗	LED2：□亮　□暗	LED2：□亮　□暗
电阻值	R：_____ Ω	R：_____ Ω	R：_____ Ω

结论：
1）可调电阻器对电流（　　）阻碍作用。　　A. 有　　B. 没有
2）可调电阻（　　）改变电路中电流大小。　　A. 能　　B. 不能

检测光敏电阻器
1）LED 在初始状态是否变亮（　　）？　　A. 是　　B. 否
2）挡住照射在 LDR 上的光线，LED（　　）。　　A. 变亮　　B. 熄灭，没有变化
3）在明亮环境时，LDR 的电阻是（　　）Ω；在黑暗环境时，LDR 的电阻是（　　）Ω。
结论：
1）环境（　　）导致 LDR 的电阻增大。　　A. 亮度增加　　B. 光线变暗、温度变低
2）黑暗和明亮环境的电阻差异（　　）。　　A. 非常大　　B. 较大　　C. 较小
3）电路中的 LED 在 LDR 的电阻值（　　）时，变亮。　　A. 大　　B. 小
4）这种电路实际应用有（　　）传感器。　　A. 微光　　B. 温度、速度

3. 作业场地恢复

万用表复位及关闭	□是　□否
恢复电气实验箱内元器件及导线	□是　□否
断电检查	□是　□否
清洁、整理场地	□是　□否

【课证融通考评单】 电阻器的检测			实习日期：				
姓名：		班级：		学号：		教师签名：	
自评：□熟练 □不熟练		互评：□熟练 □不熟练		师评：□合格 □不合格			
日期：		日期：		日期：			
序号	评分项	得分条件	分值	评分标准	自评	互评	师评
1	安全/7S/态度	□1. 能进行工位7S操作 □2. 能进行设备和工具安全检查 □3. 能进行工位安全防护操作 □4. 能进行工具清洁、校准、存放操作 □5. 能进行三不落地操作	15	1项未完成扣3分	□熟练 □不熟练	□熟练 □不熟练	□合格 □不合格
2	专业技能能力	□1. 能正确地测量电位计的电压、电流 □2. 能正确地测量光敏电阻器的电阻值	50	1项未完成扣25分	□熟练 □不熟练	□熟练 □不熟练	□合格 □不合格
3	工具、设备的使用能力	□1. 能正确地使用电气箱 □2. 能正确地使用万用表	10	1项未完成扣5分	□熟练 □不熟练	□熟练 □不熟练	□合格 □不合格
4	资料、信息查询能力	□1. 能正确地识别常见元件的电路符号 □2. 能正确地使用电路图查询资料 □3. 能正确地记录测量信息	10	1项未完成扣5分	□熟练 □不熟练	□熟练 □不熟练	□合格 □不合格
5	数据判断和分析能力	□1. 能判断电位器是否工作正常 □2. 能判断光敏电阻器是否工作正常	10	1项未完成扣3分	□熟练 □不熟练	□熟练 □不熟练	□合格 □不合格
6	表单填写和报告撰写能力	□1. 字迹清晰 □2. 语句通顺 □3. 无错别字 □4. 无涂改 □5. 无抄袭	5	1项不符合扣1分	□熟练 □不熟练	□熟练 □不熟练	□合格 □不合格
总分：							

任务2 电容器的认知与检测

【学习目标】

知识目标：

1）了解电容器的结构、分类及作用。

2）掌握电容器的电路连接特点。

3）掌握电容器在汽车上的应用。

技能目标：

1）具有搭建电容器电路和测量、计算的能力。

2）具有在新能源汽车上检测判断电容器的能力。

素养目标：

1) 在操作过程中树立电路安全意识。

2) 树立团队协作意识。

3) 让学生经历科学探究的过程，进一步熟悉电容器在汽车上的应用，学会科学分析和处理实验数据的方法，总结物理规律的研究方法。

4) 引导学生体验探究过程中的快乐，通过电容器充放电电路的连接，让学生在更短时间达到更好的工艺要求目标，培养走向成功的精益求精的匠人精神。

【任务描述】

电容器是电子技术中常用的主要元件之一，在汽车电路中的应用很广，可以辅助起动，改善车载电器用电性能，在新能源汽车中常用电容器来进行能量回收以及功率补偿以保护蓄电池。因此，要熟练掌握电容器的结构、特性及测量方法，这样才能准确、快速地排除电容器的相关故障。

【获取信息】

一、电容器的基本知识

1. 定义

电容器是可以存储电荷或电能的器件，用 C 表示，电容的单位是 F（法拉），常用单位有 mF、μF、PF、nF。最简单的电容器如图 2-19 所示，由两个对置的金属板和金属板之间的一个绝缘体组成。

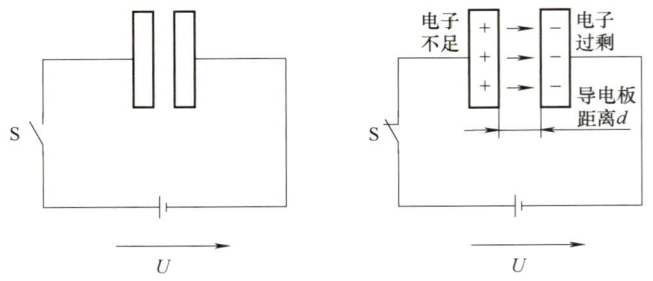

图 2-19 电容器上的电荷分布

电容器的存储能力称为电容。电容器的容量取决于导电板的面积、导电板之间的距离和两板之间绝缘材料（电介质）的性质。电容器在电路中主要起隔直流、耦合交流、旁路交流、滤波、定时、振荡等作用。

2. 类型

电容器通常分为非极化电容器和极化电容器两种，其电路符号如图 2-20 所示。

非极化电容器的两个接头相同，即可以相互调换，可用直流和交流电压驱动；极化电容器有一个正极接头和一个负极接头，这两个接头不能互换，极化电容器不能用交流电压驱动，其实物图如图 2-21 所示。

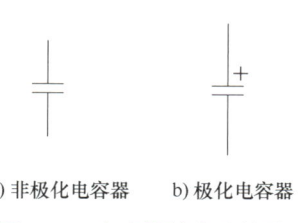
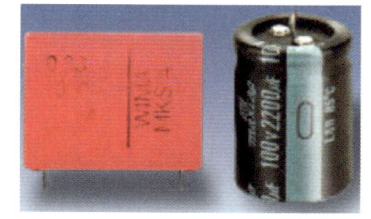

a) 非极化电容器　　b) 极化电容器

图 2-20　电容器的电路符号

图 2-21　非极化电容器和极化电容器

二、电容器的连接方式

1. 电容器的串联

把两个或两个以上的电容器连接成一串，使电荷分布到每个电容器的极板上，这种连接方式称为电容器的串联，如图 2-22 所示。多个电容器构成的串联电路，可以用一个等效电容来代替。

电容器串联时，总电容量 C 与各电容之间的关系为

$$\frac{1}{C}=\frac{1}{C_1}+\frac{1}{C_2}+\frac{1}{C_3} \qquad (2-1)$$

串联电容器的总电容小于最小的单个电容器的电容，每增加一个串联电容器，总电容就会随之减小。总电压 U 分布在串联电容器上，局部电压之和等于总电压，最小电容器上的电压降最大，最大电容器上的电压降最小。

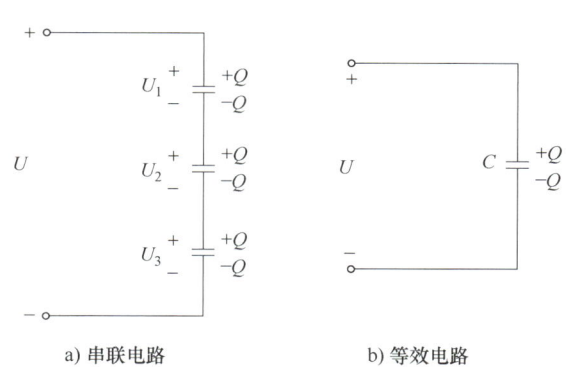

a) 串联电路　　　　b) 等效电路

图 2-22　电容器的串联及其等效电路

2. 电容器的并联

把两个或两个以上的电容器并列地连接在两点之间，使每一电容器两端承受电压相同的连接方式称为电容器的并联，如图 2-23 所示。多个电容器构成的并联电路，可以用一个等效电容来代替。

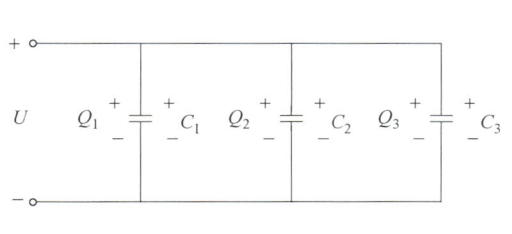

a) 并联电路　　　　b) 等效电路

图 2-23　电容器的并联及其等效电路

电容器并联时，总电容量 C 与各电容之间的关系为

$$C=C_1+C_2+C_3 \qquad (2-2)$$

并联电容器的总电容等于各个电容器的电容之和，总电荷量等于各个电容器的带电荷量之和。通常采用并联方式，以增大电容。电容器并联时，每个电容器两端承受的电压相等。

三、电容器在汽车电路中的应用

1. 高通滤波器

电容器在车辆上常作为短时电荷存储器使用，用于电压滤波和减小过压峰值。带有 RC 元件的高通滤波器电路如图 2-24 所示，通过高通滤波器可分开 DC 电压和 AC 电压。

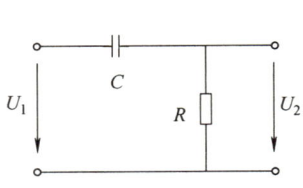
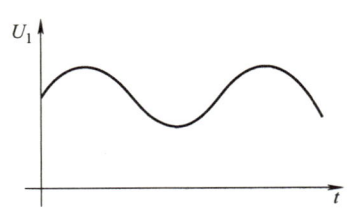
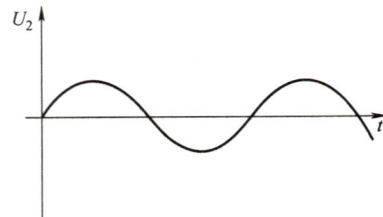

图 2-24　带有 RC 元件的高通滤波器电路

输入端电压 U_1 是一种混合电压或波动电压。它由一个带有叠加 AC 电压的 DC 电压构成。充电后，电容器发挥直流断续器的作用。只有 AC 电压组件可促使电容器反复进行电荷交换。在此过程中，通过的电流会在电阻 R 上产生 AC 电压。这种电路用在带有晶体管的放大器系统内，用于从混合电压中过滤出 AC 电压。

2. 低通滤波器

带有 RC 元件的低通滤波器电路及电压平滑处理波形如图 2-25 所示。

通过 RC 组件对仅由正值半正弦波构成的 AC 电压进行平滑处理，可以降低电压波动。输出电压已非常接近恒定 DC 电压。输出电压平滑处理程度取决于电容 C 和电路中通过的负载电流。这种电路在机动车电子系统内用于降低控制单元内 DC 供电电源的波动，并过滤掉干扰电压。

3. 车内照明灯关闭延迟

汽车车内照明灯关闭延迟电路如图 2-26 所示。

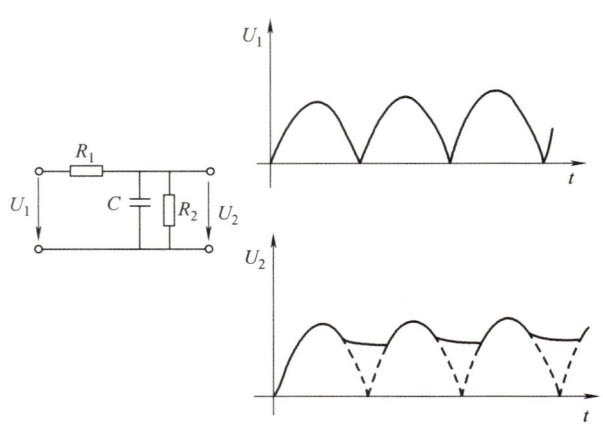

图 2-25　带有 RC 元件的低通滤波器电路

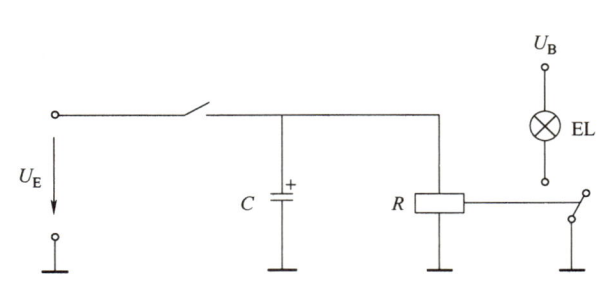

图 2-26　汽车车内照明灯关闭延迟电路

电容器 C 与继电器的线圈并联在一起，释放开关后仍有电流通过继电器，从而通过照明灯。通过继电器的励磁线圈使电容器放电后，继电器就会关闭照明灯电路，照明灯中的电流在开关释放后延迟一小段时间才中断。

电容器的认知与检测	学习任务单	班级： 姓名：

1. 填写电容符号的对应的电容器种类。

符号	电容器种类
⊥⊤	
⊥+⊤	

2. 电容器中（　　　　　）是电介质。

3. 电容的单位是（　　　　　）。

4. （　　）与电容器最接近。

　A. 可充电蓄电池　　　　　　B. 磁铁　　　　　　C. 灯

5. 在直流电路中，充满电的电容器类似（　　）。

　A. 短路　　　　　　　　　　B. 断路　　　　　　C. 电阻

6. （　　）电流流过电容器。

　A. 充电或放电时

　B. 充电或放电完成时

　C. 从不

7. 在参数表或者在电容器外部，一般会标有一个允许电压值，以确保原件的工作安全。如果超过该电压值，（　　）。

　A. 将产生火花，从而破坏电容器

　B. 元件电容量减半

　C. 电容器电极温度高

【任务实施】 电容器的检测

实训器材

电工电子基础实验平台、电源主机、电容、开关、发光二极管、连接线束、万用表、示波器等。

作业准备

检查电源主机，检查电子元器件。

新能源汽车电力电子技术

【操作步骤】

扫一扫

测量充、放电电容

测量充、放电电容

序号	操作示意图	操作方法	操作标准
1		按左图所示接好测量电路	电路由 1 个双向开关、1 个 1kΩ 电阻、1 个 470μF 电解电容器和 2 个红色 LED 组成。$R=1\text{k}\Omega$，$C_1=470\mu\text{F}$
2		将双向开关移向左侧，电容器充电，使用示波器记录一段电容器充电过程波形	应能正确地显示相应波形

46

（续）

序号	操作示意图	操作方法	操作标准
3		将电路与电源断开，双向开关移向右侧，电容器放电，使用示波器记录一段电容器充电过程波形	应能正确地显示相应波形
4		在电容器 C_1 的两端并联同样大小的电容器，将双向开关移向左侧，2个电容器同时充电，使用示波器再次记录一段电容器充电过程波形	应能正确地显示相应波形

电容器的检测	工作任务单	班级：
		姓名：

1. 作业场地准备

检查电气实验箱及附件是否齐全	□是 □否
检查实验工位通电是否正常	□是 □否
检查万用表各功能是否正常	□是 □否
评估实验工位区域风险等级是否合格	□是 □否

2. 记录测量数据

	充电	放电	2个电容器充电
波形			
时间常数	T:_____ ms	T:_____ ms	T:_____ ms

本实验使用哪种电容器？

为什么放电过程中电压不降为零？

增加电容量有什么影响？

(续)

电流曲线（□和电压曲线完全一样　□呈水平镜像　□呈垂直镜像）

结论：

1）两个电容器并联时的时间常数更大，是因为两个电容量相加使电流流动受阻变大并且电流减小。

2）这些实验中仅记录电压曲线。

3. 作业场地恢复

示波器复位及关闭	□是	□否
恢复实验平台内元器件及导线	□是	□否
断电检查	□是	□否
清洁、整理场地	□是	□否

【课证融通考评单】 电容器的检测			实习日期：			
姓名：	班级：		学号：		教师签名：	
自评：□熟练　□不熟练	互评：□熟练　□不熟练		师评：□合格　□不合格			
日期：	日期：		日期：			

序号	评分项	得分条件	分值	评分标准	自评	互评	师评
1	安全/7S/态度	□1. 能进行工位 7S 操作 □2. 能进行设备和工具安全检查 □3. 能进行工位安全防护操作 □4. 能进行工具清洁、校准、存放操作 □5. 能进行三不落地操作	15	1项未完成扣3分	□熟练 □不熟练	□熟练 □不熟练	□合格 □不合格
2	专业技能能力	□1. 能正确地连接测量电路 □2. 能正确地使用示波器 □3. 能正确地测量充电电容 □4. 能正确地测量放电电容 □5. 能正确地读取时间常数	50	1项未完成扣10分	□熟练 □不熟练	□熟练 □不熟练	□合格 □不合格
3	工具、设备的使用能力	□1. 能正确地使用电气箱 □2. 能正确地使用万用表	10	1项未完成扣5分	□熟练 □不熟练	□熟练 □不熟练	□合格 □不合格
4	资料、信息查询能力	□1. 能正确地识别常见元件的电路符号 □2. 能正确地使用电路图查询资料 □3. 能正确地记录测量信息	10	1项未完成扣5分	□熟练 □不熟练	□熟练 □不熟练	□合格 □不合格
5	数据判断和分析能力	□1. 能判断电容器充电回路 □2. 能判断电容器放电回路 □3. 能判断电容器充电是否正常 □4. 能判断电容器放电是否正常	10	1项未完成扣3分，扣分不得超过10分	□熟练 □不熟练	□熟练 □不熟练	□合格 □不合格
6	表单填写和报告撰写能力	□1. 字迹清晰 □2. 语句通顺 □3. 无错别字 □4. 无涂改 □5. 无抄袭	5	1项不符合扣1分	□熟练 □不熟练	□熟练 □不熟练	□合格 □不合格

总分：

任务 3　电感器的认知与检测

【学习目标】

知识目标：

1）了解电感器的结构、分类及作用。

2）掌握电感器的电路连接特点。

3）掌握电感器在汽车上的应用。

技能目标：

1）具有搭建电感器电路和测量、计算的能力。

2）具有在新能源汽车上检测、判断电感器的能力。

素养目标：

1）在操作过程中树立电路安全意识。

2）树立团队协作意识。

3）让学生经历科学探究的过程，进一步熟悉电感器在汽车上的应用，学会科学分析和处理实验数据的方法，总结物理规律的研究方法。

4）引导学生体验探究过程中的快乐，通过电感器自感应电路的连接，让学生在更短时间达到更好的工艺要求目标，培养走向成功的精益求精的匠人精神。

【任务描述】

在汽车上，很多传感器或执行器元件都是跟电感密切相关的，通过电磁原理来实现汽车上的各种功能。例如，控制前照灯的点亮和熄灭的继电器，获取车速的车速传感器等。因此，汽车技术人员需要理解电感器的基本工作原理，并能对照简单电路图连接电感电路，运行并检查其功能。

【获取信息】

一、电感器的基本知识

1. 线圈与电感

基本线圈是指缠绕在一个固体上的导线（但不一定要有这个固体，它主要用于固定较细的导线）。线圈有不同的电路符号，如图 2-27 所示。

线圈最重要的物理特性是其电感，一个线圈的电感是在自身绕组中将电能转化为磁能的能力。电感用 L 表示，单位

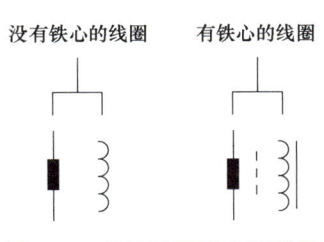

图 2-27　线圈的两种电路符号

是 H（亨利）。实际使用的线圈电感值低于 1H，常用的单位有 mH（毫亨）和 μH（微亨）。

电感器是一个电抗器件。在电路中，一条特殊的印制铜线就可以构成一个电感器。电感器的主要特性是将电能转化为磁能，它是一个储存磁场能量的元件。电感通低频，阻高频；通直流，阻交流。电感器通常用作扼流圈。在高频电路中，电感器常被用作高频放大器的负载。电感对信号有阻碍作用，称为感抗。

除电感外，实际线圈还具有其他一些（通常是不希望出现的）特性，例如电阻或电容。在线圈中放入一个铁心可使磁场强度增大 1000 倍（铁心不是电路的一部分）。带有铁心的线圈称为电磁铁。只有当电流 I 经过线圈时，铁心才保持磁性。在汽车应用中，这个原理用于继电器、电磁阀等各种器件。

2. 电磁学工作原理

在每个载流导体周围都有一个磁场，磁力线的形状为闭合的圆圈。载流导体周围磁力线的方向可通过右手螺旋定则确定。

导体或线圈在磁场中移动时，导体或线圈内就会产生一个电压。磁场强度改变时，导体或线圈内也会产生电压。该过程称为电磁感应，产生的电压称为感应电压。感应电压的大小取决于磁场强度、导体或线圈在磁场中的移动速度、线圈的圈数。在汽车上应用这个原理的器件和部件有电磁感应式传感器、点火线圈和发电机等。

> **提示**
>
> 流入导体的电流用⊗表示，流出导体的电流用⊙表示。

不断变化的电流经过线圈时，线圈周围就会产生一个不断变化的磁场。电流每变化一次，线圈内都会产生一个自感应电压，产生该电压的目的是抵消电流变化。电感对磁场变化（建立和消失）的反作用与物理学中的惯性原理相似。例如赛车加速时，其惯性就会克服加速效果；制动时，由于赛车的惯性，需要一段时间赛车才能完全静止。自感应电压越来越大的条件是电感 L 越来越大、电流变化越来越大、电流变化时间越来越短。

二、电感器的连接

1. 电感器的串联

把两个或两个以上的电感器连接成一串，这种连接方式称为电感器的串联，如图 2-28 所示。多个电感器构成的串联电路，可以用一个等效电感来代替。两个电感器串联的等效电感为

$$L = L_1 + L_2 \tag{2-3}$$

2. 电感器的并联

把两个或两个以上的电感器并列地连接在两点之间，使每一个电感器两端承受的电压相同的连接方式称为电感器的并联，如图 2-29 所示。多个电感器构成的并联电路，可以用一个等效电感来代替。两个电感器并联的等效电感为

$$\frac{1}{L} = \frac{1}{L_1} + \frac{1}{L_2} \tag{2-4}$$

$$L = \frac{L_1 L_2}{L_1 + L_2} \tag{2-5}$$

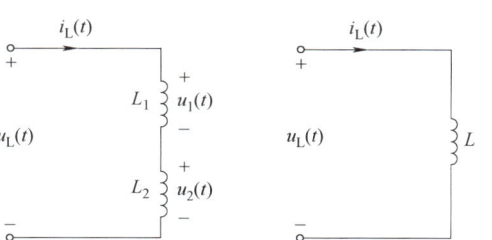
图2-28 电感器的串联及其等效电路

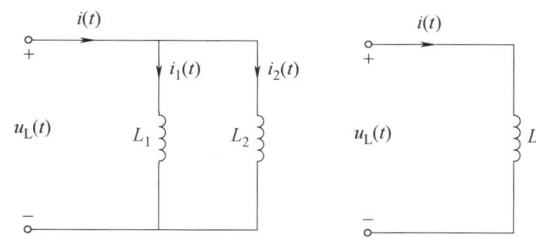
图2-29 电感器的并联及其等效电路

三、电感器在汽车电路中的应用

电感线圈广泛应用在汽车电路中，如汽车的曲轴位置传感器、电磁阀、继电器、电喇叭、喇叭继电器、热线式闪光继电器等。汽车的点火系统就是基于点火线圈的自感电动势产生过电压，储存点火能量进行点火的。汽车单火花塞点火线圈电路图如图2-30所示。点火线圈的任务是将蓄电池电压转化成所需的点火电压。在此过程中，点火能量（通过初级绕组的电流）作为磁能临时存储在点火线圈的铁心内。初级绕组电流切断后，磁场削弱并在次级绕组内产生约30kV高电压。

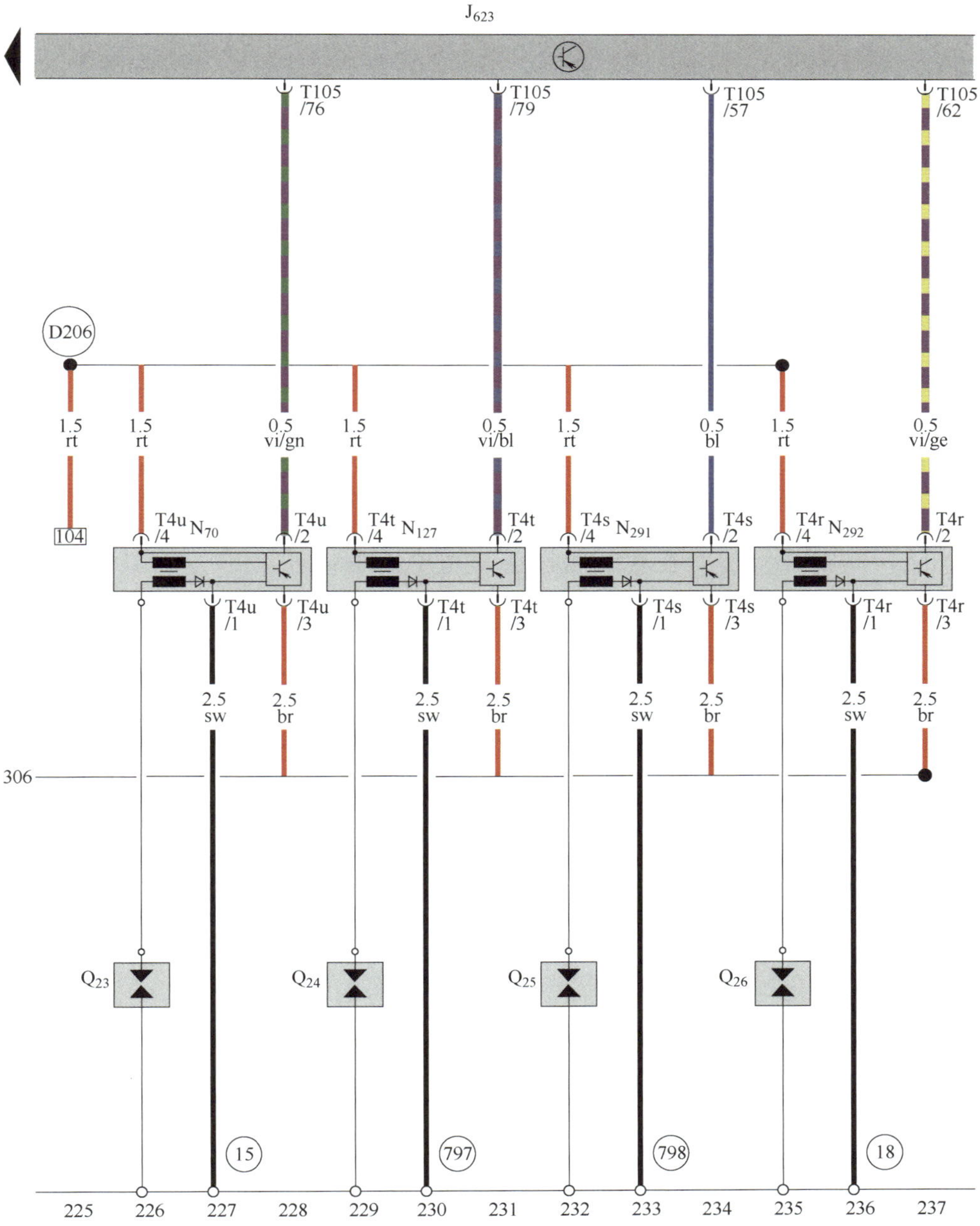

图2-30 汽车单火花塞点火线圈电路图

电感器的认知与检测	学习任务单	班级：
		姓名：

1. 磁力线离开的地方为（　　　　）极，进入的地方为（　　　　）极。
2. 单位换算：1H=（　　　　）mH，1mH=（　　　　）μH。
3. 感应电压的大小取于（　　　　）、（　　　　）和（　　　　）。
4. 自感应电压越来越大的条件是（　　　　）、（　　　　）和（　　　　）。
5. 填写 2 个电感串、并联时的等效电感。

	L_1 和 L_2 串联	L_1 和 L_2 并联
等效电感 L		

6. 影响线圈磁场强度的因素是（　　　　）。

A. 电流　　　　B. 结构　　　　C. 匝数　　　　D. 方向

7. 影响线圈感应电压的因素是（　　　　）。

A. 线圈的电感　　　　　　　　B. 线圈中磁场变化的时间

C. 通过线圈的电流强度　　　　D. 线圈中的磁通量变化率

 **电感器的检测**

实训器材

电工电子基础实验平台、电源主机、电感器、开关、发光二极管、连接线束、万用表、示波器等。

作业准备

检查电源主机，检查电子元器件。

测量电感

扫一扫

测量电感

序号	操作示意图	操作方法	操作标准
1	（电路图：U_S、S、L、R、EL）	按左图所示，将电感器、电阻、灯泡连接好，然后测量电路	电源电压为 10V，电感器 L 的电感为 330μH，电阻 R 的电阻值为 100Ω，灯泡 EL 的功率为 5W

项目二 电力电子元器件的特性

（续）

序号	操作示意图	操作方法	操作标准
1	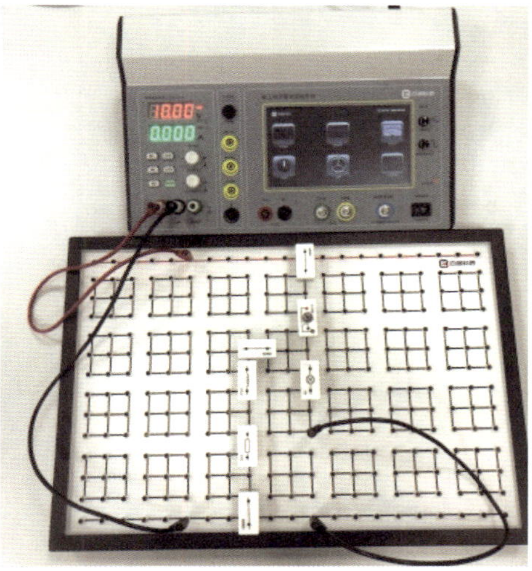	按左图所示，将电感器、电阻、灯泡连接好，然后测量电路	电源电压为10V，电感器 L 的电感为 $330\mu H$，电阻 R 的电阻值为 100Ω，灯泡 EL 的功率为 5W
2	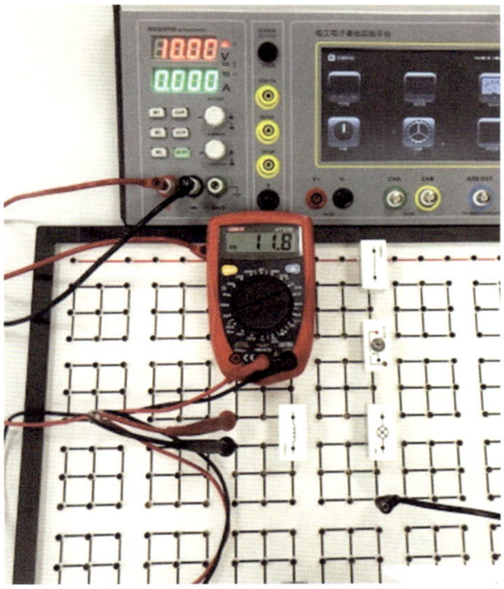	将电感器与电路其他元件隔开，测量电感器电阻	应能正确地显示相应电阻值
3	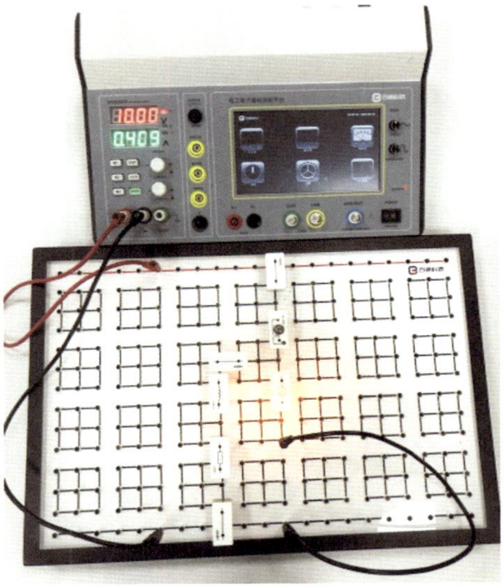	拨动开关 S，观察灯泡的亮度变化	开关 S 拨动时，灯泡缓慢变亮、缓慢熄灭

53

电感器的检测	工作任务单	班级：
		姓名：

1. 作业场地准备

检查电气实验箱及附件是否齐全	□是	□否
检查实验工位通电是否正常	□是	□否
检查万用表各功能是否正常	□是	□否
评估实验工位区域风险等级是否合格	□是	□否

2. 记录测量数据

1）将线圈与电路其余部分隔离，测量其电阻为_____Ω。
2）电路中，开关 K 闭合瞬间，灯泡的亮度变化情况为_____。
A. 不亮　　　　　　B. 突然变亮　　　　　　C. 缓慢变亮
3）电路中，开关断开瞬间，灯泡的亮度变化情况为_____。
A. 一直亮　　　　　B. 突然变暗　　　　　　C. 缓慢变暗

3. 作业场地恢复

万用表复位及关闭	□是	□否
恢复电气实验箱内元器件及导线	□是	□否
断电检查	□是	□否
清洁、整理场地	□是	□否

【课证融通考评单】 电感器的检测

姓名：	班级：	学号：	教师签名：
自评：□熟练 □不熟练	互评：□熟练 □不熟练	师评：□合格 □不合格	
日期：	日期：	日期：	

序号	评分项	得分条件	分值	评分标准	自评	互评	师评
1	安全/7S/态度	□1. 能进行工位 7S 操作 □2. 能进行设备和工具安全检查 □3. 能进行工位安全防护操作 □4. 能进行工具清洁、校准、存放操作 □5. 能进行三不落地操作	15	1 项未完成扣 3 分	□熟练 □不熟练	□熟练 □不熟练	□合格 □不合格
2	专业技能能力	□1. 能正确地连接测量电路 □2. 能正确地测量电感器的电阻	50	1 项未完成扣 25 分	□熟练 □不熟练	□熟练 □不熟练	□合格 □不合格
3	工具、设备的使用能力	□1. 能正确地使用电气箱 □2. 能正确地使用万用表	10	1 项未完成扣 5 分	□熟练 □不熟练	□熟练 □不熟练	□合格 □不合格
4	资料、信息查询能力	□1. 能正确地识别常见元件的电路符号 □2. 能正确地使用电路图查询资料 □3. 能正确地记录测量信息	10	1 项未完成扣 5 分，扣分不得超过 10 分	□熟练 □不熟练	□熟练 □不熟练	□合格 □不合格

（续）

序号	评分项	得分条件	分值	评分标准	自评	互评	师评
5	数据判断和分析能力	□ 1. 能判断电路连接是否正常 □ 2. 能判断开关是否通断正常 □ 3. 能判断电阻是否工作正常 □ 4. 能判断电感器是否工作正常	10	1项未完成扣3分，扣分不得超过10分	□熟练 □不熟练	□熟练 □不熟练	□合格 □不合格
6	表单填写和报告撰写能力	□ 1. 字迹清晰 □ 2. 语句通顺 □ 3. 无错别字 □ 4. 无涂改 □ 5. 无抄袭	5	1项不符合扣1分	□熟练 □不熟练	□熟练 □不熟练	□合格 □不合格

总分：

学习情境 2

半导体器件的特性与检测

电力电子设备的工作状况是通过控制半导体器件的开关状态来实现的。本学习情境将讲解半导体器件的特性，主要内容包括二极管、晶体管的基础知识、特性及应用，并通过实验对元件进行检测，进一步验证其特性。通过导入学习任务，让学生根据具体任务进行练习，完成工作任务，使其掌握半导体器件的特性与检测方法，并能选择合理的测量方法和规范地进行测量。

任务 1 二极管的认知与检测

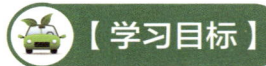【学习目标】

知识目标：

1）掌握二极管的基础知识。
2）掌握二极管的类型和特性。
3）了解二极管的主要参数。
4）了解二极管的应用。

技能目标：

1）具有识别各种二极管图形符号的能力。
2）具有搭建半波整流电路和测量输入与输出电压波形的能力。
3）具有搭建全波整流电路和测量输入与输出电压波形的能力。
4）具有区别半波整流电路和全波整流电路的能力。
5）具有测量稳压二极管导通性的能力。
6）具有搭建稳压电路和测量输出电压的能力。
7）具有搭建发光二极管电路和测量二极管两端电压的能力。

项目二 电力电子元器件的特性

素养目标：

1）在操作过程中树立电路安全意识。

2）树立团队协作意识。

3）让学生经历科学探究的过程，进一步熟悉二极管的特性，学会科学分析和处理实验数据的方法，总结物理规律的研究方法。

4）我国半导体器件技术还有较长的路要走，引导学生树立正确的奋斗目标，激发自身为国家富强而努力学习的热情，不断创新、不断突破，为我国的科技发展不懈努力的精神。

【任务描述】

二极管是最常见的电子器件，在汽车上二极管的应用随处可见，如发电机整流器、发光二极管应用在仪表板上作为指示信号灯或报警信号灯。掌握二极管的相关知识是学习电力电子技术和分析电路必备的基础。

【获取信息】

一、二极管的基础知识

自然界的物质按导电能力的强弱可分为导体、绝缘体和半导体 3 类。导体是容易导电的物质；绝缘体是电流几乎不能通过的物质；半导体是导电性能介于导体和绝缘体之间的物质。半导体的导电能力会根据周围状态或条件的改变而改变，如温度、光照、掺杂质等。

1. 载流子

在导体和半导体中能够承载定向电流的带电粒子称为载流子。半导体中的载流子是自由电子和空穴。半导体的导电性能与载流子的数目相关。半导体中的载流子如图 2-31 所示。

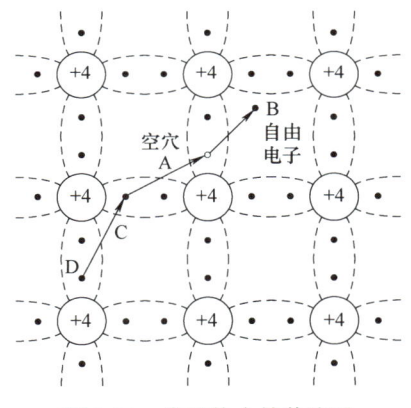

图 2-31 半导体中的载流子

如果在半导体两端外加一个电场，一方面自由电子会产生定向移动形成电子流，另一方面由于空穴带正电，电子受到空穴的吸引会按一定的方向依次填补空穴，电子填补各空穴后，会在原来位置形成一个空穴，这样相当于空穴产生定向移动，形成空穴流。如图 2-31 所示，电子移动的方向是 D→C→A→B，空穴移动的方向是 A→C→D。半导体中的电流是由电子流和空穴流共同构成的，即半导体有自由电子和空穴两种粒子参与导电。

晶格完整且不含杂质的晶体半导体称为本征半导体。通过扩散工艺，在本征半导体中掺入少量合适的杂质元素，便可得到杂质半导体。按掺入的杂质元素不同，可形成 N 型半导体和 P 型半导体。控制掺入杂质元素的浓度，就可控制杂质半导体的导电性能。

在硅晶体中掺入微量的五价元素（如磷），磷原子持有的 5 个价电子中的 4 个和硅（Si）原子一样，通过其价键与邻接原子紧密结合。剩下的 1 个价电子不发生共价键，而是根据室温高低成为自由电子。这个自由电子将旁边的价电子赶出，取代它的位置，而原有价电子变为自由电子，再将旁边的其他价电子赶出。这样，晶体中自由电子数目要比空穴数目多，故称自由电子为多数载流子（简称为多子），而空穴为少数载流子（简称为少子）。这种杂质半导体为电子型半导体，简称为 N 型半导体，如 2-32 所示。

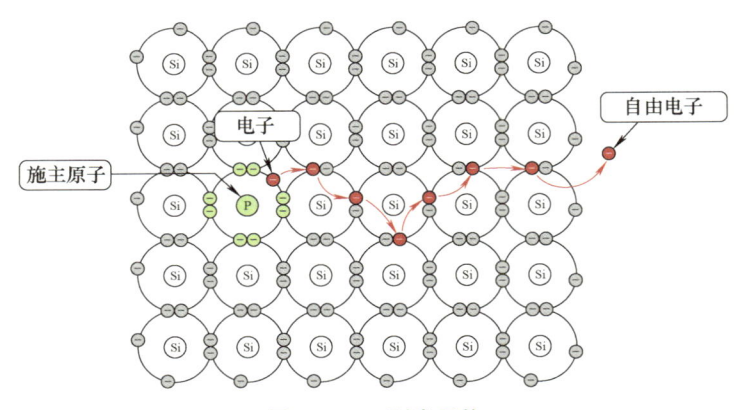

图 2-32　N 型半导体

在硅晶体中掺入微量的三价元素（如硼），硼元素具有 3 个价电子，与硅相比少 1 个价电子。邻接硅原子中的价电子通过微量热能变为自由电子，被受主原子吸收。被吸收的价电子的原有位置成为空穴，进一步吸收邻接硅原子中的价电子。这样，空穴数目将显著增多，自由电子数目相对则很少。这时，空穴为多子，自由电子为少子。这种杂质半导体为空穴型半导体，简称为 P 型半导体，如图 2-33 所示。

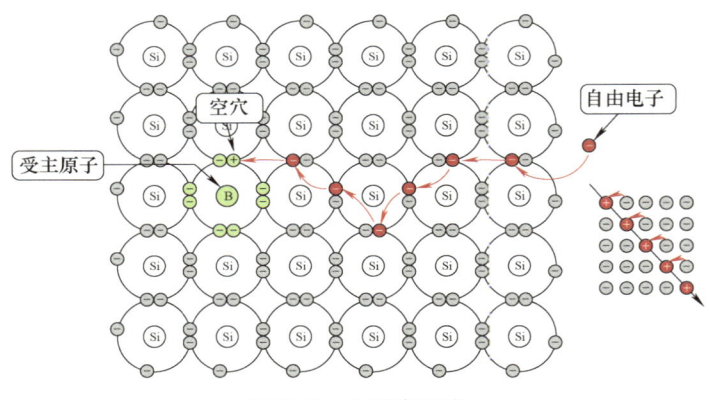

图 2-33　P 型半导体

2. PN 结

半导体元件由 P 型掺杂材料和 N 型掺杂材料制造。掺杂部位的过渡区对于半导体元件的功能而言至关重要。在过渡接合界面上，形成了一个区域，游离载流子从该区域越过界面扩散出来。于是，电子穿越进 P 区，而空穴穿越进 N 区，这就引起重组现象，结果几乎所有游离载流子均被键合，会形成一个耗尽层，其中不存在任何游离载流子。P 区和 N 区载流子运动如图 2-34 所示。

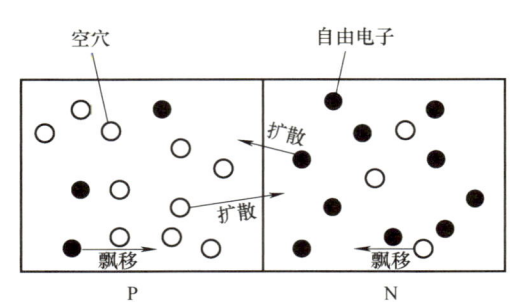

图 2-34　P 区和 N 区载流子运动

3. 正、反向偏置

（1）**正向偏置** 如果一个电压源的负极端被连接至 N 区，而正极端连接至 P 区，会形成一个电场。该电场使来自负极端的额外游离电子被推入 N 区，而 P 区中的电子则被拉至正极端，于是空穴移向正极端，耗尽层就会变薄，如图 2-35 所示。

如果电压升高，耗尽层会完全消失，于是电流开始流动。形成电流时所施加的电压取决于该半导体材料，电压称为正向电压 U_F。

典型情况下，锗二极管的正向电压约为 0.3V，硅二极管的正向电压约为 0.7V。

（2）**反向偏置** 如果一个电压源的正极端被连接至 N 区，而负极端连接至 P 区，就形成一个电场。该电场使 N 区中的游离电子流向正极端，而 P 区中的空穴被来自负极端的电子充斥，耗尽层就会变宽，如图 2-36 所示。

如果电压升高，耗尽层也会相应变宽。一旦耗尽层膨胀至填满晶体的整个宽度，电压的进一步上升将引起一个突发的强劲电流，该电流会击穿 PN 结。耗尽层扩大至充满整个晶体时的电压被称为最大反向电压。

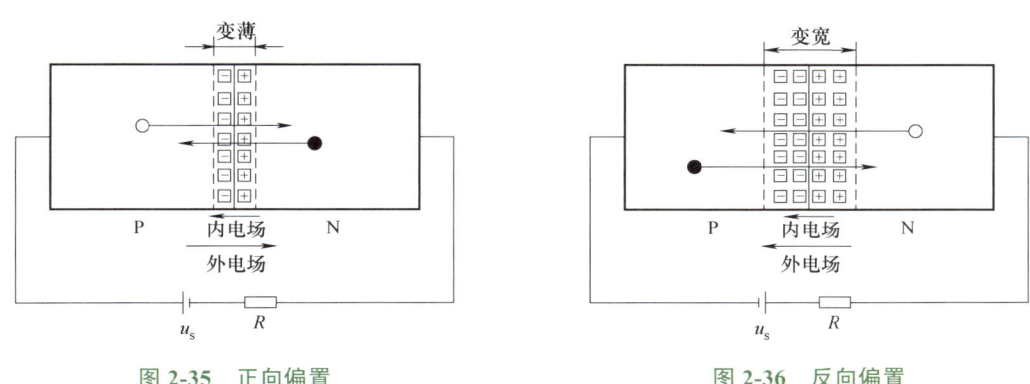

图 2-35　正向偏置　　　　　　　　图 2-36　反向偏置

二、二极管的类型和特性

将 PN 结用外壳封装起来并加上电极引线就构成了半导体二极管，简称二极管。由 P 区引出的电极称为阳极，由 N 区引出的电极称为阴极。二极管的结构示意图及符号如图 2-37 所示。

图 2-37　二极管的结构示意图及符号

1. 二极管的分类

二极管的种类很多，按材料分，主要有硅二极管（简称硅管）和锗二极管（简称锗管）；按结构分，有点接触型、面接触型和平面型，如图 2-38 所示；按用途分，有整流二极管、稳压二极管、发光二极管、光电二极管和检波二极管等。常见二极管的外形如图 2-39 所示。

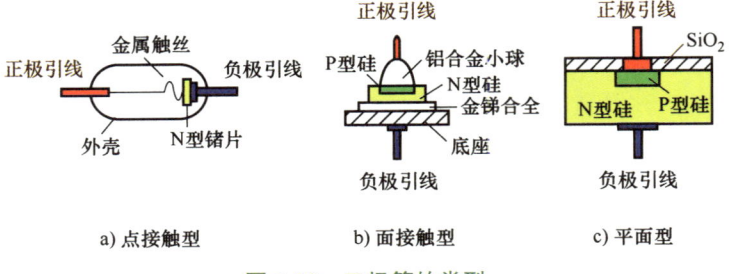

a) 点接触型　　b) 面接触型　　c) 平面型

图 2-38　二极管的类型

2. 二极管伏安特性

二极管伏安特性是指加在二极管两端的电压 U 和在此电压作用下通过二极管的电流 I 之间的关系曲线。图 2-40 所示为硅管和锗管的伏安特性曲线，从图中可以看出，二极管是非线性元件。

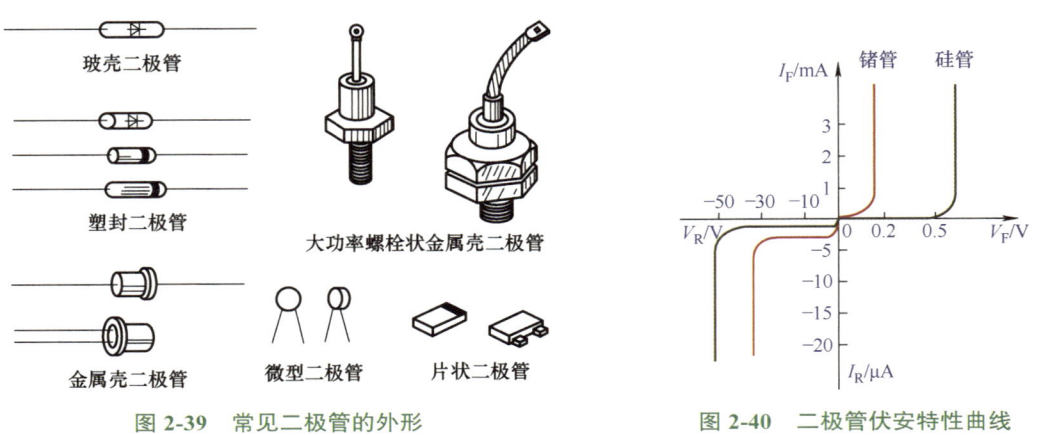

图 2-39　常见二极管的外形　　　　　图 2-40　二极管伏安特性曲线

由图 2-40 可知，二极管的伏安特性有如下特点：

1）当二极管两端电压 U 为零时，通过二极管的电流 I 也为零。

2）当外加正向电压很小时，外加电压不足以克服内电场对多数载流子扩散运动的阻力，正向电流很小，近似为零。当外加正向电压超过某数值后，内电场被大幅削弱，多数载流子的扩散运动增强，电流 I 随电压增大而迅速增大，二极管才真正导通。这个电压值称为死区电压，其大小与二极管的材料及环境温度有关。在室温下，硅管的死区电压约为 0.5V，锗管的死区电压约为 0.1V。

3）二极管正向导通后，当正向电流在一定范围内变化时，二极管的正向压降基本不变，硅管为 0.6~0.8V，锗管为 0.2~0.3V。这是因为外电场极大地削弱了内电场后，正向电流的大小仅仅取决于半导体材料的电阻。

4）当外加反向电压不是很大时，由于少数载流子的飘移运动形成很小的反向电流。温度一定时，少数载流子的数目基本恒定，反向电流不随外加反向电压的大小变化而变化，故称它为反向饱和电流，常用 I_{RM} 表示。温度升高时，I_{RM} 按指数规律增大。

5）当外加反向电压超过某一定值时，反向电流急剧增大，这种现象称为反向击穿，对应的反向电压值称为二极管的反向击穿电压。二极管的反向击穿电压通常为几十到几百伏，最高可达千伏以上。

综上所述，二极管具有单向导电性。

3. 二极管的主要参数

（1）最大整流电流 I_F　最大整流电流是二极管长期运行时允许通过的最大正向平均电流，其值与 PN 结面积及外部散热条件等有关。在规定散热条件下，二极管正向平均电流若超过此值，将因结温过高而烧坏。

（2）最高反向工作电压 U_{RM}　最高反向工作电压是二极管工作时允许外加的最大反向电压，超过此值时，二极管有可能因反向击穿而损坏。

（3）最大反向电流 I_{RM}　最大反向电流是二极管在一定的环境温度下，加最高反向工作电压 U_{RM} 时所测得的反向电流值（又称为反向饱和电流）。I_{RM} 越小，说明二极管的单向导电性越好，其对温度很敏感。常温下，硅管的 I_{RM} 一般不到 10μA，锗管的 I_{RM} 较大，约为几十到几百微安。

4．二极管的应用

二极管是电子电路中最常见的半导体器件，利用其单向导电性及导通时正向压降很小的特点，可用来进行钳位、限幅、元器件保护、整流、检波等各项工作。

（1）钳位　利用二极管正向导通时压降很小的特性，可组成钳位电路，如图 2-41 所示。图中若 A 点电位 $V_A=0$，因二极管 VD 正向导通，其压降很小，故 F 点的电位也被钳制在零伏左右，即 $V_F \approx 0V$。

（2）限幅　利用二极管正向导通后其两端电压很小且基本不变的特点，可以组成各种限幅电路，即使输出电压的幅值不超过某一数值。如图 2-42a 所示，图中两个二极管反向并联，设输入电压 u_i 为正弦波，其幅值大于 0.7V。当 $u_i \geq 0.7V$ 时，二极管 VD_1 导通；当 $u_i<0.7V$ 时，二极管 VD_2 导通。输出电压 u_o 的值被限制在 −0.7~+0.7V 之间。二极管双向限幅电路输入、输出波形如图 2-42b 所示。

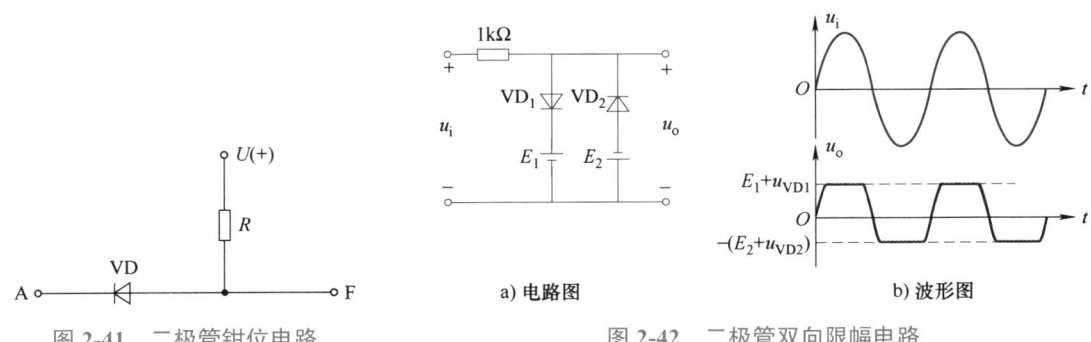

图 2-41　二极管钳位电路

图 2-42　二极管双向限幅电路

（3）元器件保护　在电子电路中，常用二极管来保护其他元件、器件免受过高电压的损害。图 2-43 所示为二极管保护作用电路。开关 S 接通时，电源 E 给线圈供电，L 中有电流流过，储存了磁场能量。在开关 S 由接通到断开的瞬间，电流突然中断，L 中将产生一个高于电源电压许多倍的自感电动势 e_L。自感电动势 e_L 与电源电动势 E 叠加后作用在开关 S 的端子上，可能在 S 的两端子间产生电弧，电火花放电，它将严重干扰设备

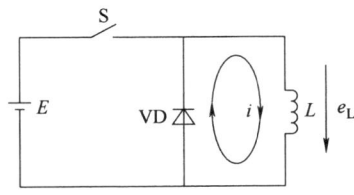

图 2-43　二极管保护作用电路

的正常工作，甚至将开关 S 烧坏。接入二极管 VD 后，e_L 将通过 VD 产生放电电流 i，使 L 中储存的磁场能量得到释放，线圈两端的电压被抑制在 0.7V 左右，从而保护了开关 S。

三、稳压二极管

1. 稳压二极管的定义

稳压二极管（少数情况下简称为 Z 型二极管）也称为齐纳二极管，是一种硅材料制成的面接触型晶体二极管，其电路符号和外形如图 2-44 所示。

2. 稳压二极管的功能

稳压二极管作为电压限制元件具有非常重要的地位，其伏安特性曲线如图 2-45 所示。从特性曲线可以看出，稳压二极管的正向特性和普通二极管相近，当反向电压达到反向击穿电压时，稳压二极管两端电压基本恒定在击穿电压左右，而流过稳压二极管的反向电流可在很大范围内变化。

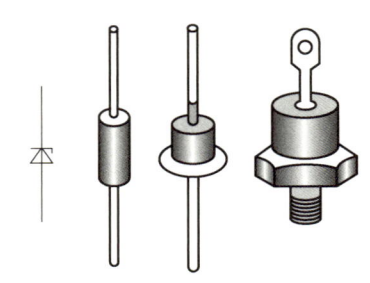

图 2-44 稳压二极管的电路符号和外形

交流电经过整流和滤波电路后，波形有较小的波动，为了得到更加平直的直流电，在滤波电路和负载之间还应接入稳压电路，以保证输出稳定的电压。由稳压二极管和限流电阻组成的稳压电路是最简单的稳压电路，如图 2-46 所示。

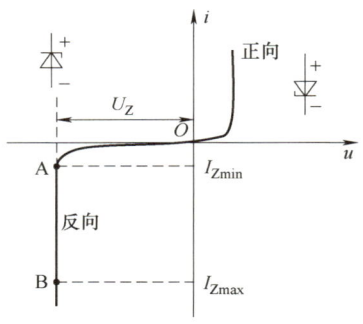

图 2-45 稳压二极管的伏安特性曲线

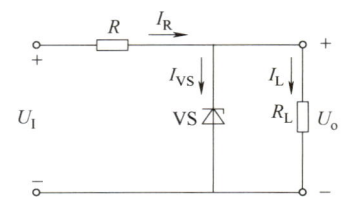

图 2-46 稳压二极管和限流电阻组成的稳压电路

3. 稳压二极管的主要参数

（1）**稳定电压 U_{VS}**　稳定电压 U_{VS} 是在规定电流下稳压二极管的反向击穿电压。

（2）**稳定电流 I_{VS}**　稳定电流是指工作电压等于 U_{VS} 时的工作电流。常常将 I_{VS} 记作 I_{Zmin}，电流低于此值时稳压效果不好。

（3）**最大稳定电流 I_{VSmax}**　最大稳定电流是稳压二极管的最大允许工作电流。在使用时，实际电流不能超过此值。

（4）**额定功率 P_{VSm}**　P_{VSm} 等于稳压管的稳定电压 U_{VS} 与最大稳定电流 P_{VSm} 的乘积。稳压管的功耗超过此值时，会因结温升高而损坏。

4. 稳压二极管的工作原理

在稳压电路中，整流滤波后输出电流 I_R 经 R 分别流过 VS 和 R_L，即 $I_R = I_{VS} + I_L$。当 U_I 增大时，I_R 增大，输出电压 U_o 随之增大，由于 $U_o = U_{VS}$，所以 U_{VS} 增大。根据稳压二极管的伏安特性，U_{VS}的增大将使I_{VS}增大，U_R会同时随着I_R的增大而增大；由稳压电路图可知，$U_I=U_R+U_O$，而U_R的增大必将使输出电压U_O减小，只要参数选择合适，R上的电压增量就可以与U_I的增量近似相等，从而使U_O基本不变。

当U_I减小时，各电量的变化与上述过程相反，以保证U_O基本不变。

当负载R_L减小而使负载电流I_L增大时，根据$I_R=I_{VS}+I_L$，知I_R增大，U_R也随之增大；根据$U_I=U_R+U_O$，U_O必然下降，即U_{VS}下降；根据稳压二极管的伏安特性，U_{VS}的下降使I_{VS}急剧减小，从而I_R随之减小，使U_O基本不变。当R_L增大时，I_L减小，则I_{VS}增大，同样使I_R基本不变，从而保证U_O基本不变。

通过上面的分析得出，在稳压二极管构成的稳压电路中，利用稳压二极管的电流调节作用，通过限流电阻R上电压或电流的变化进行补偿，来达到稳压的目的。

四、发光二极管

1. 发光二极管的定义

发光二极管（Light Emitting Diode，LED）由含镓（Ga）、砷（As）、磷（P）及氮（N）等的化合物制成。发光二极管没有灯丝而且不会发热，由半导体材料里的电子移动而使其发光。常见发光二极管的外形图、结构和符号如图2-47所示。

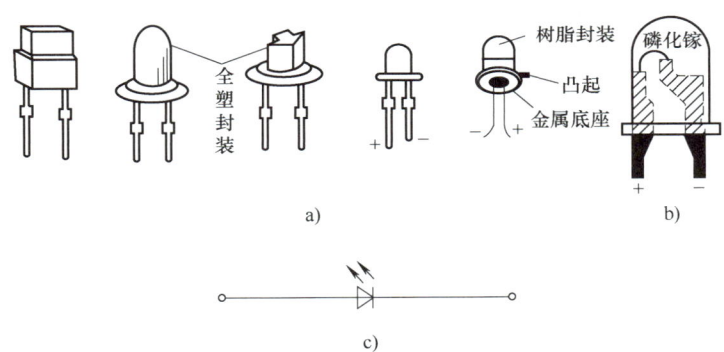

图2-47 常见发光二极管的外形图、结构和符号

2. 发光二极管的特性

发光二极管和普通二极管一样是由一个PN结组成，具有单向导电性，只有在正向导通时才能发光。将发光二极管正向连接在电路中，如图2-48所示，二极管发光；将发光二极管反向连接在电路中，如图2-49所示，二极管不发光，测得二极管的压降为电源电压，说明电路为断路状态。

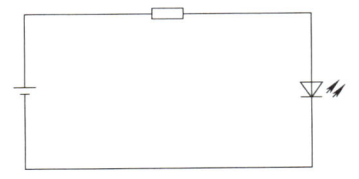

图2-48 发光二极管正向连接电路

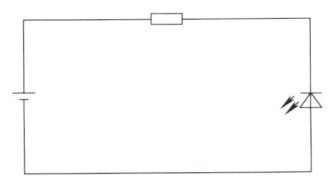

图2-49 发光二极管反向连接电路

发光二极管的特性曲线的阈值电压取决于所采用的半导体材料以及颜色，具体见表2-2。

表2-2 发光二极管的阈值电压

颜色	半导体	阈值电压
红色	磷化镓	1.6~2.1V
橙色	砷化镓磷	2.0V
黄色	磷化镓	2.2V
绿色	磷化镓	2.4V
蓝色	氮化镓	4.0~4.5V
白色	铟镓氮	3.5V

3. 发光二极管的主要参数

（1）极限参数

1）允许功耗 P_M：允许加于发光二极管两端的正向直流电压与流过它的电流之积的最大值。超过此值，发光二极管发热、损坏。

2）最大正向直流电流 I_{FM}：允许加的最大正向直流电流。若超过此值，可损坏发光二极管。

3）最大反向电压 V_{RM}：允许加的最大反向电压。若超过此值，发光二极管可能被击穿损坏。

4）工作环境温度 T：发光二极管可正常工作的环境温度范围。若低于或高于此温度范围，发光二极管将不能正常工作，效率大大降低。

（2）电参数

1）正向工作电流 I_F：发光二极管正常发光时的正向电流值。在实际使用中，应根据需要选择 I_F，一般小于 $0.6I_{FM}$。

2）正向工作电压 V_F：在 I_F=20mA 时测得的发光二极管两端的电压。一般发光二极管正向工作电压 V_F 为 1.4~3V。在外界温度升高时，V_F 将下降。

3）伏安特性：在正向电压小于某一值（或阈值）时，电流极小，不发光；当电压超过某一值后，正向电流随电压的增大而迅速增大，发光。

4. 发光二极管的应用

发光二极管在汽车中的应用较多，主要应用在仪表板上的状态指示灯、警告灯和信号灯。部分现代汽车上使用发光二极管做近光灯等照明装置。

二极管的认知与检测	学习任务单	班级： 姓名：

1. 以下关于下图中显示的二极管的描述正确的是（　　）。（单选题）

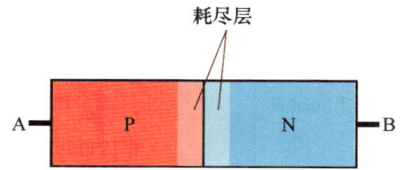

A. 如果将端子 A 连接至电源的正极端，端子 B 连接至电源的负极端，会形成正向电流

（续）

B. 如果将端子 A 连接至电源的负极端，端子 B 连接至电源的正极端，耗尽层会消失

C. 如果将端子 A 连接至电源的正极端，端子 B 连接至电源的负极端，耗尽层会扩大

D. 如果将端子 A 连接至电源的正极端，端子 B 连接至电源的负极端，会形成一股小的反向电流

E. 如果将端子 A 连接至电源的负极端，端子 B 连接至电源的正极端，会形成正向电流

2. 半导体二极管在（　　）时很容易损坏。

A. 频率过高　　　　　　B. 环境温度过低　　　　　　C. 负载电流过小

D. 灰尘过多　　　　　　E. 负载电流过高和过电压

3. 下列（　　）电路中灯泡会发亮。

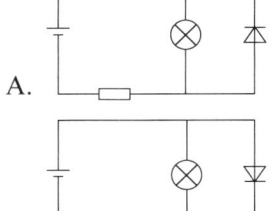
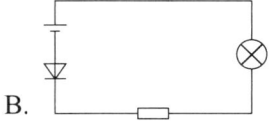
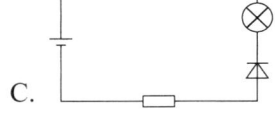
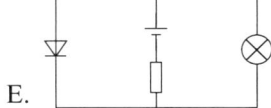

4. 在电路中，电阻器 R_L 的电压需要稳定在 12V。从原理上看，这可以通过以下（　　）电路来实现。

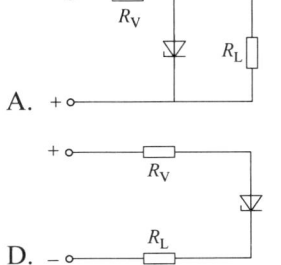
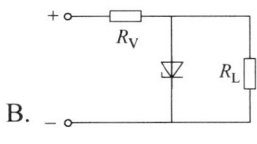
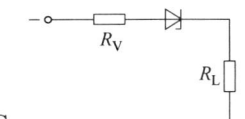
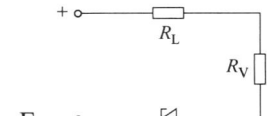

5. 下图电路中的测量仪器显示 U_2 的电压值是（　　）。

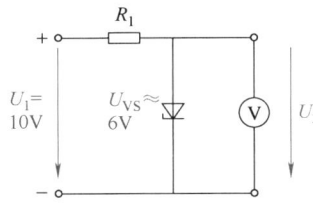

A. 0.7V　　　　B. 4V　　　　C. 6V　　　　D. 10V　　　　E. 16V

6. 关于下图电路的描述正确的是（　　）。

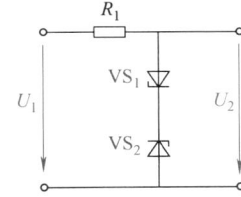

(续)

A. 该电路仅限制直流电压

B. 该电路对直流电压和交流电压都进行限制

C. 该电路仅限制交流电压

D. 只有 VS_1 是限制交流电压必需的

E. VS_1 和 VS_2 都是限制直流电压必需的

7. 关于发光二极管（LED）的运行与功能，（　　）是正确说法。

A. 它们以正向方式工作并用于测量光照强度

B. 它们以正向方式工作并作为低功率光源使用

C. 它们以反向方式工作并用于测量光照强度

D. 它们以反向方式工作并作为低功率光源使用

E. 当采用反向工作方式时，发光二极管作为低功率光源使用；当采用正向工作方式时，发光二极管用于测量光照强度

8. 以下关于半导体导电性的描述中，（　　）是正确说法。

A. 半导体在高温条件下是非常好的绝缘体

B. 半导体在低温条件下是非常好的导体

C. 半导体的导电性好于绝缘体的导电性，但比金属的导电性差

D. 半导体只能单向导电

E. 半导体在低温条件下的导电性更好

F. 半导体在高温条件下导电性更好

G. 半导体的导电性与温度无关

9. 在（　　）电路中灯泡会发亮。（多选题）

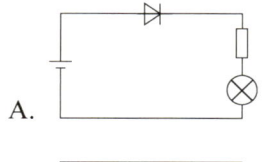
A.

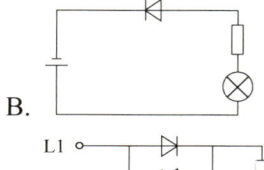
B.

C.

D.

E.

10. 以相应的二极管类型匹配下列说法。

项目	锗二极管	硅二极管
适用于较高电流		
阈值电压为0.7V		
阈值电压为0.3V		
设计用于较高反向电压的情形		
在反向偏置时电流较小		

（续）

11. 在下图所示稳压电路中，电阻器 R_1=100Ω。如果 U_{VS}=9.1V，电流 I_1 是多少（单位为 mA）？

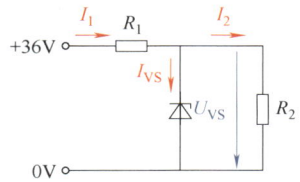

【任务实施】 二极管电路的连接与测量

实训器材

电工电子基础实验平台、电源主机、二极管、齐纳二极管、发光二极管、电阻、灯泡、连接线束。

作业准备

检查电源主机，检查电子元器件。

【操作步骤】

一、二极管半波整流电路的连接与测量

序号	操作示意图	操作方法	操作标准
1		按左图所示，用二极管、灯泡、线束连接好测量电路	输入 6V/1A 的交流电，灯泡亮
2		使用电源主机示波器检测输入交流电波形	应能正确地显示相应波形

扫一扫

二极管半波整流电路的连接与测量

（续）

序号	操作示意图	操作方法	操作标准
2	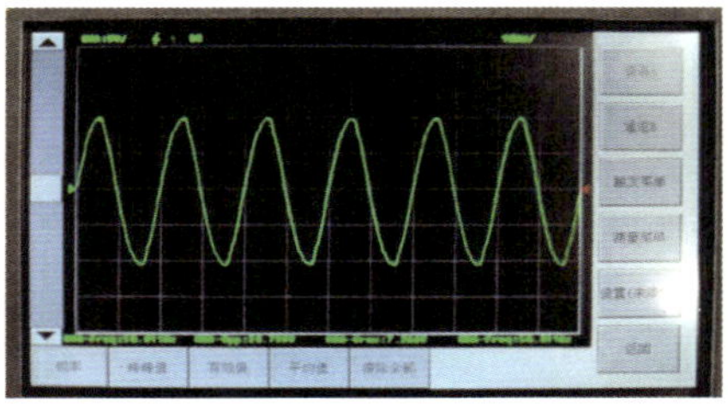	使用电源主机示波器检测输入交流电波形	应能正确地显示相应波形
3	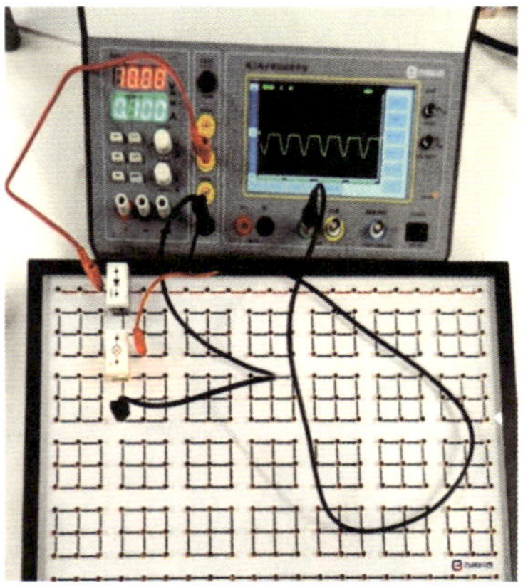 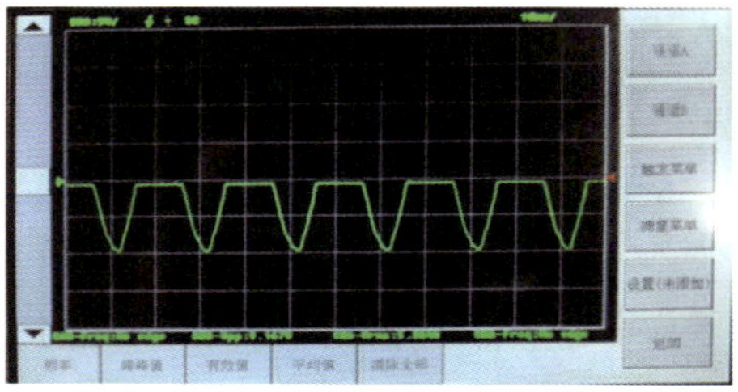	使用电源主机示波器检测输入灯泡波形	应能正确地显示相应波形
4	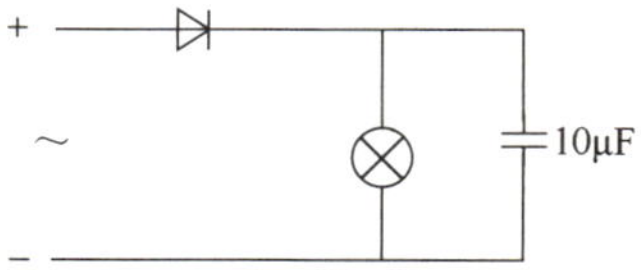 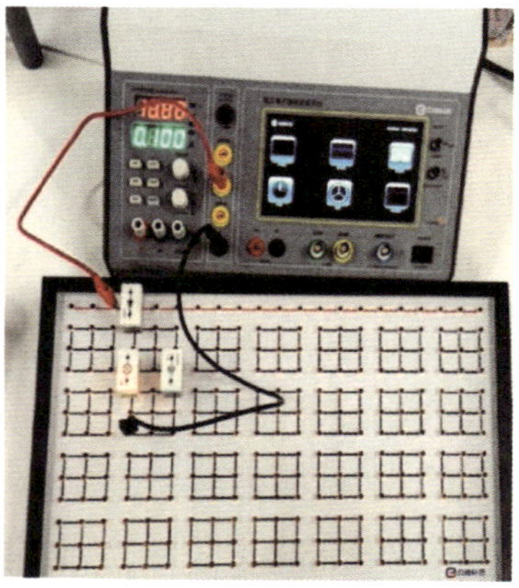	按左图所示，用二极管、灯泡、电容、线束连接好测量电路	输入交流电：6V/1A，电容：10μF/3V，灯泡亮

项目二 电力电子元器件的特性

（续）

序号	操作示意图	操作方法	操作标准
5	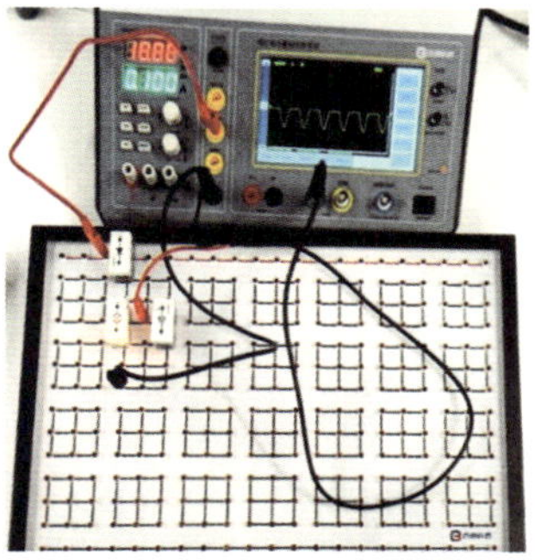 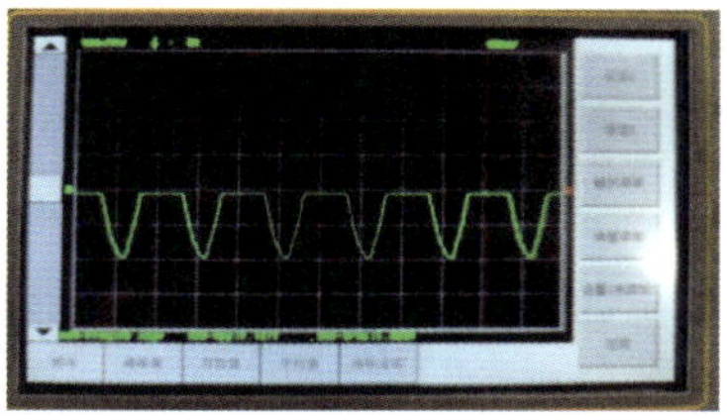	使用电源主机示波器检测并联小电容灯泡波形	应能正确地显示相应波形
6	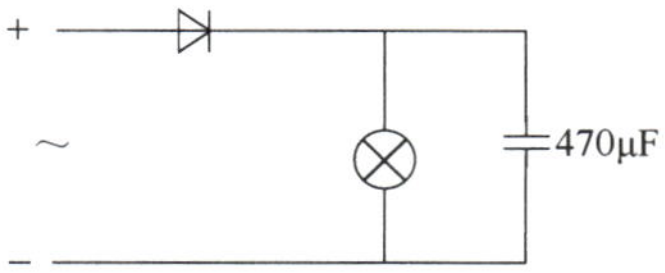 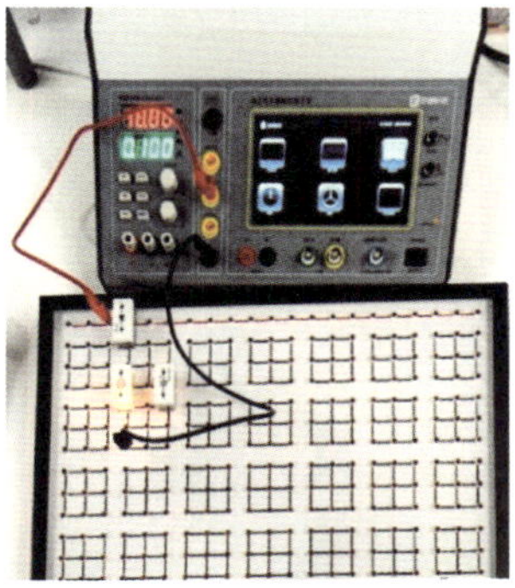	按左图所示，用二极管、灯泡、电容、线束连接好测量电路	输入交流电：6V/1A，电容：470μF/50V，灯泡相比上图亮度变大
7	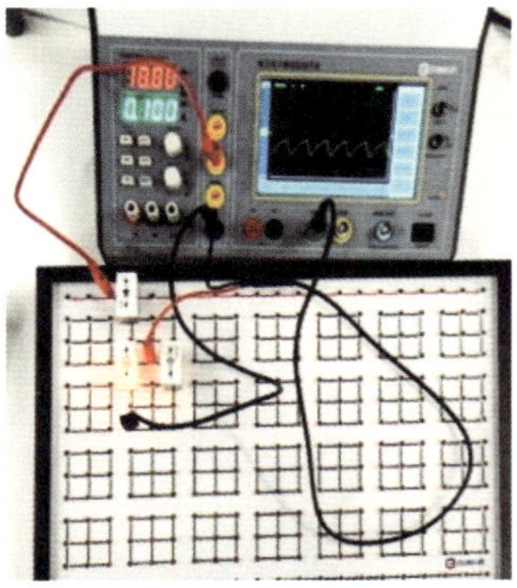 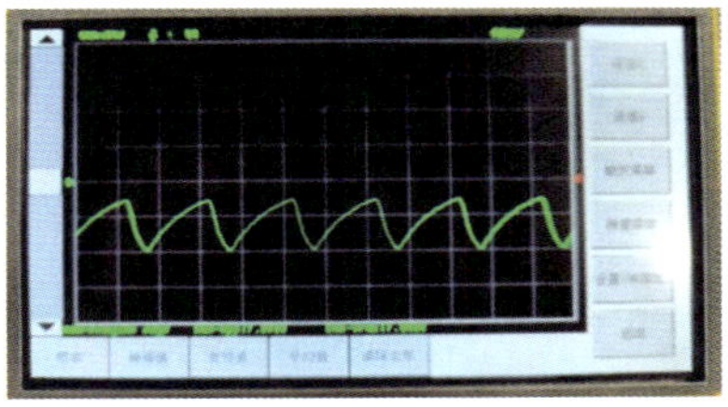	使用电源主机示波器检测并联大电容灯泡波形	应能正确地显示相应波形

69

二、二极管全波整流电路的连接与测量

序号	操作示意图	操作方法	操作标准
1		按左图所示，用4个二极管、灯泡、线束连接好测量电路	输入交流电：12V/1A，灯泡亮
2		使用电源主机示波器检测输入交流电波形	应能正确地显示相应波形
3		使用电源主机示波器检测输入灯泡波形	应能正确地显示相应波形

项目二　电力电子元器件的特性

三、稳压二极管的导通性检测

序号	操作示意图	操作方法	操作标准
1		按左图所示接好测量电路。万用表选择二极管档位，将红表笔接稳压二极管阳极、黑表笔接稳压二极管阴极，观察万用表显示电压值	应能正确地显示相应电压值
2		按左图所示接好测量电路。万用表选择二极管档位，将红表笔接稳压二极管阴极、黑表笔接稳压二极管阳极，观察万用表显示电压值	应能正确地显示相应电压值

扫一扫

稳压二极管的导通性检测

四、稳压二极管（稳压和限制电压峰值）电路的连接与测量

序号	操作示意图	操作方法	操作标准
1		按左图所示，用稳压管、灯泡、线束、电阻连接好测量电路	输入12V的直流电，灯泡亮
2		使用电源主机电压表测量灯泡两端电压	应能正确地显示相应电压值
3		将稳压电路中的二极管进行反向连接，利用电源主机电压表测灯泡两端电压	应能正确地显示相应电压值

扫一扫

稳压二极管（稳压和限制电压峰值）电路的连接与测量

71

（续）

序号	操作示意图	操作方法	操作标准
4		分别输入 8V、12V、15V 电压	灯泡两端电压变化不大

五、发光二极管电路的连接与测量

扫一扫

发光二极管电路的连接与测量

序号	操作示意图	操作方法	操作标准
1		按左图所示连接好测量电路	输入 12V 的直流电，二极管亮

项目二　电力电子元器件的特性

（续）

序号	操作示意图	操作方法	操作标准
2	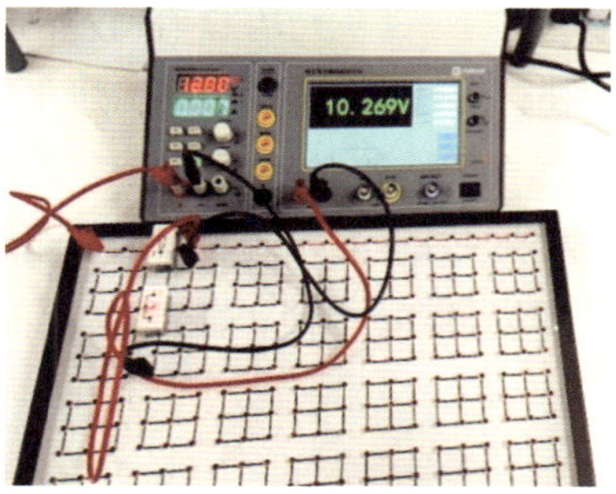	用电源主机电压表测量电阻两端电压	应能正确地显示相应电压值
3	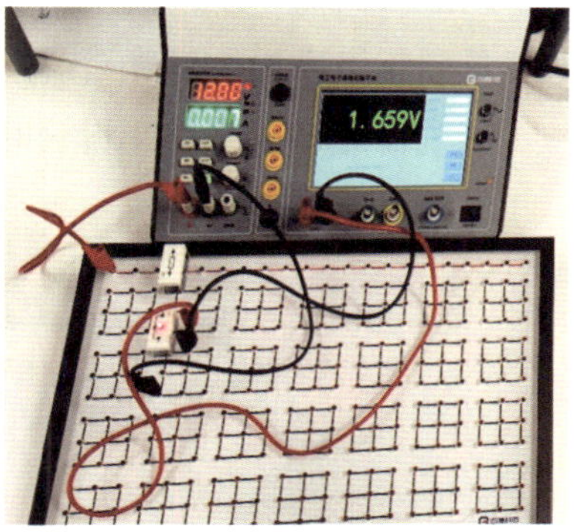	用电源主机电压表测量发光二极管两端电压	应能正确地显示相应电压值
4	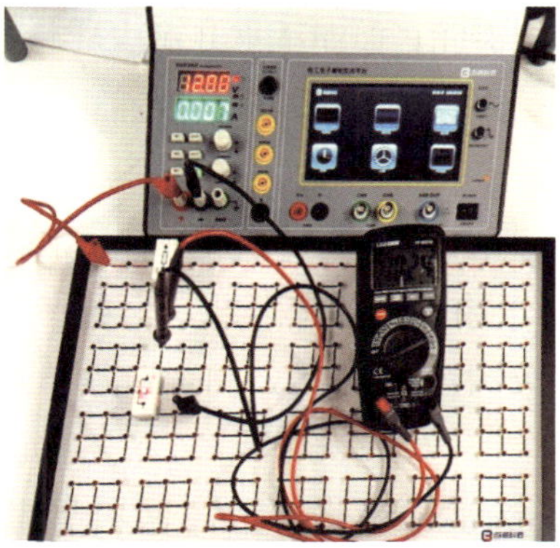	将万用表串联在电路中，测电路电流	选择最大电流插孔，逐步减小量程，能正确地显示电流值
5	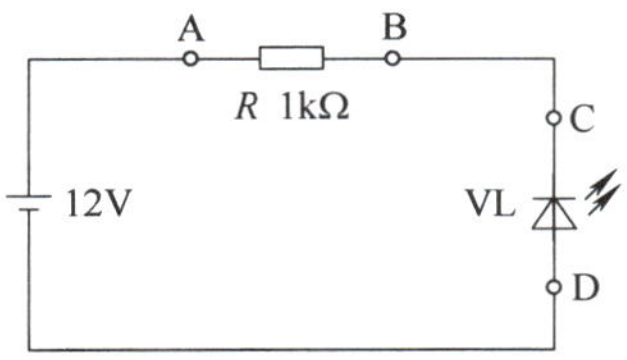 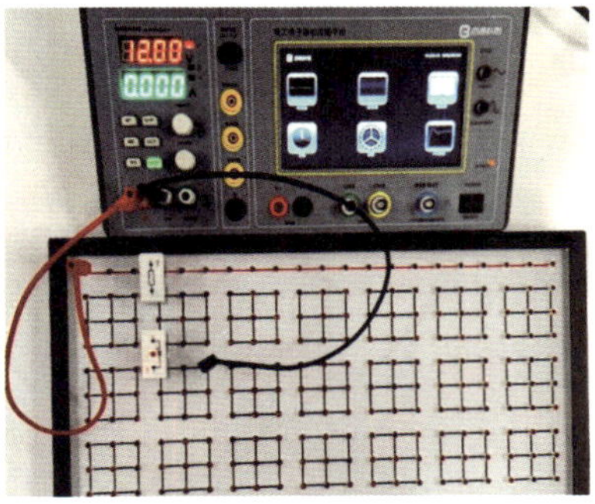	按左图所示连接好测量电路	输入 12V 的直流电，二极管不亮

73

(续)

序号	操作示意图	操作方法	操作标准
6	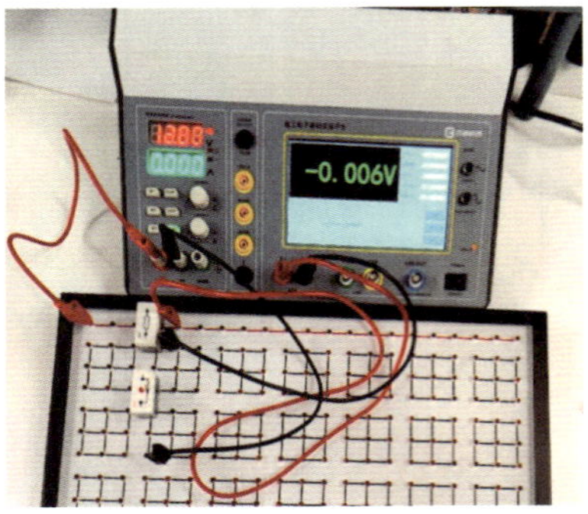	用电源主机电压表测量电阻两端电压	应能正确地显示相应电压值
7	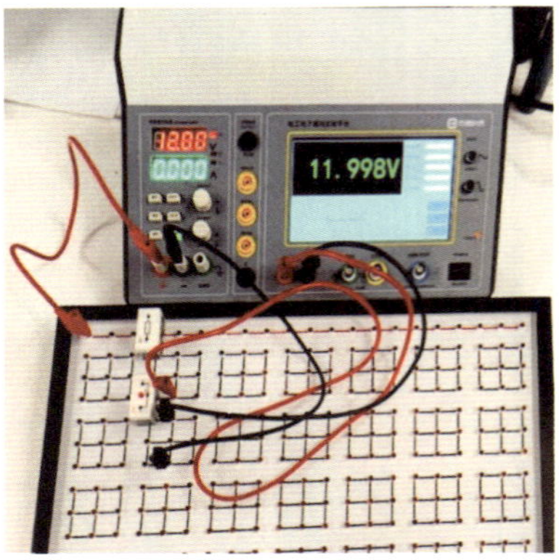	用电源主机电压表测量发光二极管两端电压	应能正确地显示相应电压值
8	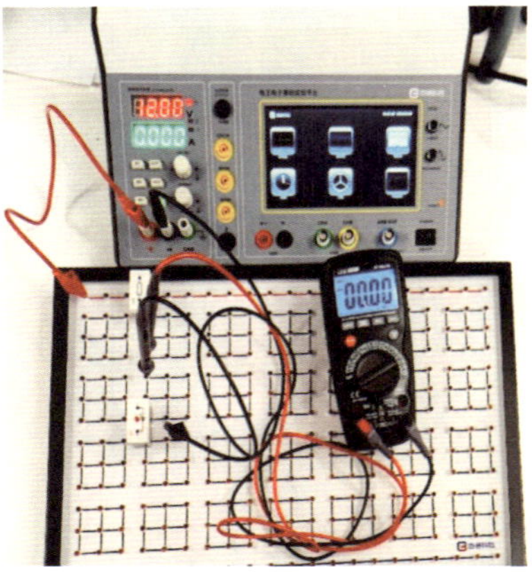	将万用表串联在电路中,测电路电流	选择最大电流插孔,逐步减小量程,能正确地显示电流值

二极管电路的连接与测量	工作任务单	班级:
		姓名:

1. 作业工具准备

检查电气实验箱及附件是否齐全	□是 □否
检查实验工位通电是否正常	□是 □否
检查万用表各功能是否正常	□是 □否
评估实验工位区域风险等级是否合格	□是 □否

（续）

2. 记录测量数据

二极管半波整流电路的连接与测量
1. 电路中只串联二极管时的半波整流电路
1）观察灯泡是否亮。（□是　□否）
2）画出输入电压的波形和灯泡的波形。

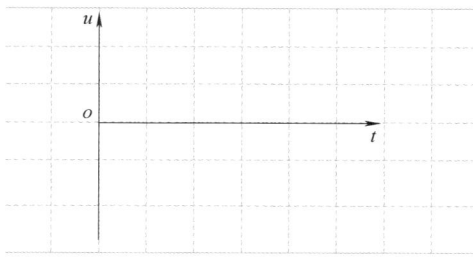

2. 电路中再并联一个小电容时的半波整流电路
1）观察灯泡是否亮。（□是　□否）
2）画出灯泡的波形。

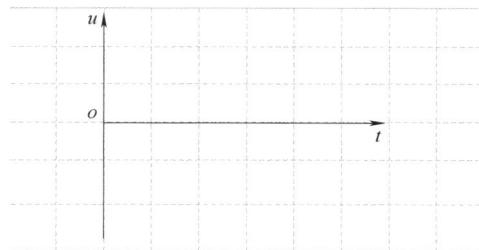

3. 电路中再并联一个大电容时的半波整流电路
1）观察灯泡是否亮。（□是　□否）
2）画出灯泡的波形。

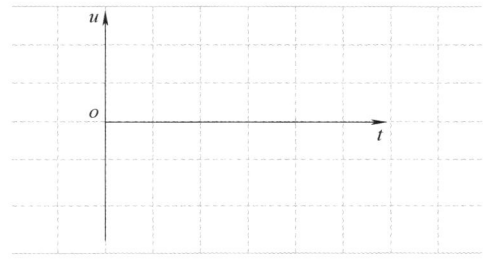

二极管全波整流电路的连接与测量
1. 观察灯泡是否亮。（□是　□否）
2. 画出输入电压的波形和灯泡的波形。

（续）

稳压二极管的导通性检测
1）稳压二极管正向测量，电阻值为（　　　　）Ω。
2）稳压二极管反向测量，电阻值为（　　　　）Ω。
结论：稳压二极管正向（□导通　□截止）；反向（□导通　□截止）。

稳压二极管（稳压和限制电压峰值）电路的连接与测量
1）观察灯泡是否亮。（□是　□否）
2）稳压二极管正向连接，输入电压为8V时，灯泡两端的电压值为（　　　　）V。
3）稳压二极管正向连接，输入电压为12V时，灯泡两端的电压值为（　　　　）V。
4）稳压二极管正向连接，输入电压为15V时，灯泡两端的电压值为（　　　　）V。
5）稳压二极管反向连接，灯泡两端的电压值为（　　　　）V。
结论：改变输入电压，灯泡两端电压发生变化。（□差异不大　□差异较大）

发光二极管电路的连接与测量
1. 发光二极管正向连接
1）观察二极管是否亮。（□是　□否）
2）测量电阻两端电压，电压值为（　　　　）V。
3）测量发光二极管两端电压，电压值为（　　　　）V。
4）电路电流为（　　　　）A。
2. 发光二极管反向连接
1）观察二极管是否亮。（□是　□否）
2）测量电阻两端电压，电压值为（　　　　）V。
3）测量发光二极管两端电压，电压值为（　　　　）V。
结论：发光二极管正向（□导通　□截止）；反向（□导通　□截止）。

3. 作业场地恢复

万用表复位及关闭	□是　□否
恢复电气实验箱内元器件及导线	□是　□否
断电检查	□是　□否
清洁、整理场地	□是　□否

【课证融通考评单】 二极管的电路连接与测量			实习日期：				
姓名：	班级：		学号：		教师签名：		
自评：□熟练　□不熟练	互评：□熟练　□不熟练		师评：□合格　□不合格				
日期：	日期：		日期：				
序号	评分项	得分条件	分值	评分标准	自评	互评	师评
1	安全/7S/态度	□1. 能进行工位7S操作 □2. 能进行设备和工具安全检查 □3. 能进行车辆安全防护操作 □4. 能进行工具清洁、校准、存放操作 □5. 能进行三不落地操作	15	1项未完成扣3分	□熟练 □不熟练	□熟练 □不熟练	□合格 □不合格
2	专业技能能力	□1. 能正确地连接半波整流电路 □2. 能正确地连接全波整流电路 □3. 能正确地连接稳压电路 □4. 能正确地连接二极管电路 □5. 能正确地测量输入电压波形 □6. 能正确地测量灯泡两端电压、波形 □7. 能正确地测量稳压二极管的导通性	50	1项未完成扣8分，扣分不得超过50分	□熟练 □不熟练	□熟练 □不熟练	□合格 □不合格

(续)

序号	评分项	得分条件	分值	评分标准	自评	互评	师评
3	工具、设备的使用能力	□ 1. 能正确地使用电气箱 □ 2. 能正确地使用示波器	10	1 项未完成扣 5 分	□熟练 □不熟练	□熟练 □不熟练	□合格 □不合格
4	资料、信息查询能力	□ 1. 能正确地识别常见元件的电路符号 □ 2. 能正确地查询资料 □ 3. 能正确地记录测量信息	10	1 项未完成扣 5 分，扣分不得超过 10 分	□熟练 □不熟练	□熟练 □不熟练	□合格 □不合格
5	数据判断和分析能力	□ 1. 能比较并联电容器后灯泡的明亮变化 □ 2. 能判断半波整流后的波形 □ 3. 能判断全波整流后的波形 □ 4. 能正确判断二极管的好坏 □ 5. 能判断输入电压的影响 □ 6. 能比较发光二极管正向连接和反向连接的工作状态 □ 7. 能判断二极管的导通性	10	1 项未完成扣 2 分，扣分不得超过 10 分	□熟练 □不熟练	□熟练 □不熟练	□合格 □不合格
6	表单填写和报告撰写能力	□ 1. 字迹清晰 □ 2. 语句通顺 □ 3. 无错别字 □ 4. 无涂改 □ 5. 无抄袭	5	1 项不符合扣 1 分	□熟练 □不熟练	□熟练 □不熟练	□合格 □不合格

总分：

任务 2　晶体管的认知与检测

【学习目标】

知识目标：

1）掌握晶体管的结构及类型。

2）掌握晶体管的工作特性曲线。

3）了解晶体管的主要参数。

4）了解晶体管的应用。

5）掌握晶体管放大电路的基本原理。

技能目标：

1）具有识别晶体管图形符号的能力。

2）具有搭建 NPN 型、PNP 型晶体管电路的能力。

3）具有判断 PNP 型晶体管放大特性的能力。

素养目标：

1）在操作过程中树立电路安全意识。

2）树立团队协作意识。

3）让学生经历科学探究的过程，进一步熟悉晶体管的特性，学会科学分析和处理实验数据的方法，总结物理规律的研究方法。

4）引导学生体验探究过程中的快乐，晶体管能够实现放大功能，是内因和外因相互作用的结果，使学生明白在人生发展中外因固然重要，但内因是成功的基础，做好自己，才可能取得成功。

【任务描述】

在汽车电子电路中，主要应用晶体管的开关作用，电控单元通过控制晶体管的基极实现晶体管的截止、饱和导通，进而控制某个执行器件，具体应用如电磁线圈控制、传感器等。本情境通过导入学习任务，让学生根据具体任务进行练习，完成工作任务，使其掌握晶体管控制电路和放大电路的原理以及晶体管在汽车上的具体应用。

【获取信息】

晶体管分为双极型和单极型两种，双极型晶体管（Bipolar Junction Transistor，BJT）因其内部有两种载流子导电而得名，又称为半导体晶体管，简称晶体管；单极型晶体管（Field Effect Transistor，FET）因其内部仅靠多数载流子导电而得名，又称为场效应晶体管。常见晶体管外形如图2-50所示。

一、双极型晶体管的结构及类型

根据不同的掺杂方式在同一个硅片上制造出3个掺杂区域，并形成两个PN结，这两个PN结将晶体管分成3个区，各自引出1个电极（共3个电极）。晶体管的3个区分别为发射区、基区和集电区，由这3个区所引出的电极引线分别称为发射极E、基极B和集电极C。发射区与基区交界处的PN结称为发射结，集电区与基区交界处的PN结称为集电结。

晶体管最常见的内部结构有平面型和合金型两类，如图2-51所示。无论是平面型还是合金型，晶体管内部都由N、P、N型半导体或3层P、N、P型半导体材料构成，因此晶体管又分为NPN型和PNP型两类，其结构示意图和电路符号见表2-3。

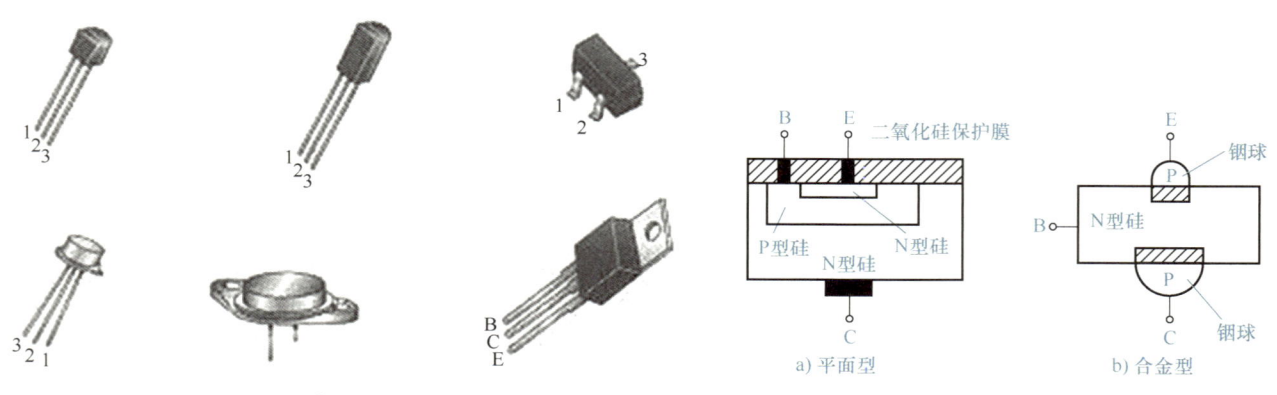

图2-50　常见晶体管外形　　　　图2-51　晶体管的结构图

表 2-3 晶体管的结构示意图和电路符号

NPN 型晶体管		PNP 型晶体管	
层次模型	电路符号	层次模型	电路符号
(N-P-N 结构图)	(NPN 符号)	(P-N-P 结构图)	(PNP 符号)

二、双极型晶体管的工作特性曲线

1. 输入特性曲线

双极型晶体管的输入特性曲线如图 2-52 所示。该图描述了在集电极 - 发射极电压 U_{CE} 一定的情况下，基极电流 i_B 与基极 - 发射极电压 U_{BE} 之间的关系曲线，函数关系式为

$$i_B = f(U_{BE})|_{U_{CE}=\text{常数}} \quad (2\text{-}6)$$

当 $U_{CE}=0V$ 时，集电极与发射极短路，即发射结与集电结并联，输入特性曲线与 PN 结的伏安特性类似，呈指数关系。当 U_{CE} 增大时，曲线将右移。实际上对于确定的 U_{BE}，当 U_{CE} 增大到特定值（如 1V）以后，集电结的电场已足够强，可以将发射区注入基区的绝大多数载流子收集到集电区，因而继续增大 U_{CE}，i_C 也不可能明显增大，也就是说 i_B 基本不变。因此，U_{CE} 超过一定数值后，曲线不再明显右移，而是基本重合。对于小功率管，可以近似地用 U_{CE} 大于 1V 的任何一条曲线来代表 U_{CE} 大于 1V 的所有曲线。

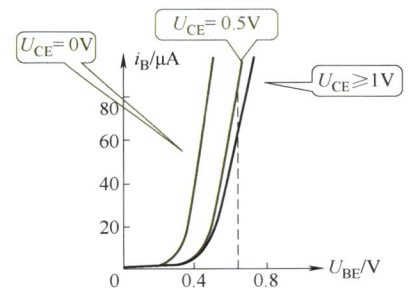

图 2-52 双极型晶体管的输入特性曲线

2. 输出特性曲线

输出特性曲线描述的是基极电流 i_B 为定值常量时，集电极电流 i_C 与集电极 - 发射极电压 U_{CE} 之间的关系曲线，函数关系式为

$$i_C = f(U_{CE})|_{i_B=\text{常数}} \quad (2\text{-}7)$$

对于任意一个确定的 i_B 都有一条曲线，所以输出特性是一簇曲线，如图 2-53 所示。对于某一条曲线，当 U_{CE} 从零逐渐增大时，集电结电场随之增强，收集发射区发射的多数载流子的能力逐渐增强，因而 i_C 逐渐增大。当 U_{CE} 增大一定值后，如前所述，集电结电场已足够强把发射区注入基区的多数载流子收集到集电区，U_{CE} 继续增大，收集载流子的能力也不再明显提高，表现为曲线几乎与横轴平行，即 i_C 几乎仅仅取决于 i_B 值（β 倍的关系）。

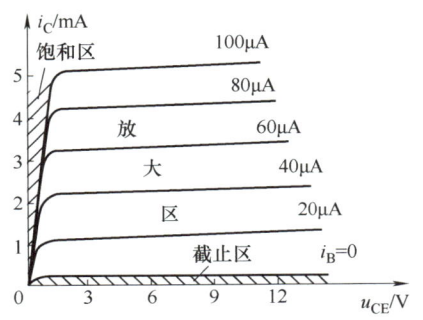

图 2-53 双极型晶体管的输出特性曲线

双极型晶体管的输出特性曲线如图 2-53 所示，晶体管可工作在 3 个区域：

（1）**截止区**　当加在晶体管发射结的电压小于 PN 结的导通电压时，基极电流 $i_B=0$，晶体管处于截止状态。为了使晶体管可靠截止，常使 $U_{BE} \leq 0$。晶体管在截止工作状态时，发射结和集电结均处于反向偏置。

（2）**饱和区**　当加在晶体管发射结上的电压大于 PN 结的导通电压，基极电流 i_B 增大到一定程度时，集电极电流 i_C 不再随着基极电流的增大而增大，而是稳定在某一固定值附近，晶体管失去了电流的放大作用，集电极与发射极之间的电压很小，晶体管相当于开关的导通状态。此时，$U_{BC}>0$、$U_{BE}>0$，且 $U_{CE}<U_{BE}$，发射结和集电结均处于正向偏置；i_B 的变化对 i_C 的影响较小，i_C 明显随着 U_{CE} 增大而增大，$i_C<\beta i_B$。

（3）**放大区**　在此区域内，i_C 和 i_B 成正比关系，发射结正向偏置、集电结反向偏置。

三、晶体管的主要参数

1. 共发射极电流放大系数

1）直流电流放大系数 $\overline{\beta}$。在静态（无输入信号）时，集电极电流 i_C 与基极电流 i_B 的比值称为直流电流放大系数（用 $\overline{\beta}$ 表示），也称为静态电流放大系数，即

$$\overline{\beta}=\frac{i_C}{i_B} \tag{2-8}$$

2）交流电流放大系数 β。当晶体管接成共发射电路时，在动态（有输入信号）情况下，基极电流变化量为 Δi_B，它引起集电极电流的变化量为 Δi_C，Δi_C 与 Δi_B 的比值称为共发射极交流（动态）电流放大系数（用 β 表示），即

$$\beta=\frac{\Delta i_C}{\Delta i_B} \tag{2-9}$$

2. 极间反向电流

1）集电结反向饱和电流 i_{CBO} 指发射极开路、集电结反偏时，流过集电结的反向电流，其值很小。小功率硅管的 i_{CBO} 一般在 0.1μA 以下，锗管的 i_{CBO} 为几微安至十几微安。此参数值越小越好。

2）穿透电流（集电极-发射极间的反向电流）i_{CEO} 指基极开路，集电结反偏时的集电极电流。在输出特性曲线上，它对应 $i_B=0$ 时的 i_C 曲线，它是衡量晶体管质量好坏的重要参数之一，此参数值越小越好。

3. 极限参数

1）集电极最大允许电流 i_{CM}。当集电极电流 i_C 过大时，电流放大系数 β 将下降，使 β 下降至正常值的 2/3 时的 i_C 值称为集电极最大允许电流 i_{CM}。当集电极电流超过此值时，晶体管的性能将显著下降。

2）集电极-基极间的反向击穿电压。当发射极开路时，集电极-基极间允许加的最高反向电压，一般为几十伏及以上。

3）集电极-发射极间反向击穿电压。当基极开路时，集电极-发射极间允许加的最高反向电压，通常比集电极-基极间的反向击穿电压小。

4）集电极最大允许功率损耗 P_{CM}。由于集电极电流在流经集电结时产生热量，会使结温升高，从而引起晶体管参数变化。当晶体管因受热而引起的参数变化不超过允许值时，集电极消耗的最大功率称为集电极最大允许损耗功率 P_{CM}。

四、晶体管的应用

晶体管的主要应用之一就是用作开关。在用作开关的应用场合中，晶体管只是简单地在两种状态间切换。这种两种状态间切换的过程只发生在数毫秒之间。晶体管开关电路如图 2-54 所示。

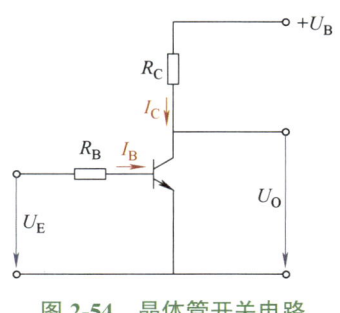

图 2-54　晶体管开关电路

1. 晶体管阻断

在该状态下，输入基极电流 $I_B=0$。晶体管处于阻断状态，集电极无电流通过。由于在电阻 R_C 两端没有电压降，输出电压 U_O 对应于供电电压 U_B。

2. 晶体管激励

在该状态下，通过施加一个输入电压，使一股基极电流通过 R_B 馈入晶体管。这会使集电极产生电流，该电流必须足够大，从而使大部分供电电压 U_B 在集电极电阻 R_C 两端形成电压降。因此，输出电压 U_O 几乎降为 0V。由于晶体管的集电极和发射极之间的阻抗不是 0Ω，所以输出电压不会完全降至 0V。这种残留电压也称为饱和电压。

五、晶体管放大器

1. 偏置放大电路

晶体管必须进行正确偏置处理才能作为放大器使用。直流偏置的目的是建立晶体管电流和电压的稳定电平，称为直流工作点或静态工作点（Q 点）。直流工作点必须正确设置，从而使输入端的信号变化被放大并在输出端准确再现。对一只晶体管进行偏置处理意味着基本建立一定的电流和电压条件。不正确的偏置可能导致输出信号失真，因为晶体管在一定输入信号条件下会出现截止或饱和现象，也就是说，如果输入信号对于 Q 点位置而言过大，就会在输入信号周期的一部分期间内使得晶体管出现截止失真和/或饱和失真。

图 2-55 中的晶体管通过变量 U_{CC} 和 U_{BB} 进行偏置处理，以获取一定值的 I_B、I_C、I_E 和 U_{CE}。图 2-56 所示集电极特性曲线解释了在各种 I_B 值的情况下 I_C 和 U_{CE} 出现了什么变化。当 I_B 升高时，I_C 升高，U_{CE} 降低。那么，随着 U_{BB} 的调高或调低，该晶体管的直流工作点会沿着一条倾斜的直线移动，该直线称为直流负载线，连接着每个 Q 点。这里，直流负载线在 10V 处与 U_{CE} 相交，在该点上 $U_{CE}=U_{CC}$。这是晶体管的截止点，因为理论上 I_B 和 I_C 为零。直流负载线理论上在 50mA 处与 I_C 相交。这是晶体管的饱和点，因为理论上 I_C 在该点处于其最大值，$U_{CE}=0$ 而且 $I_C=\dfrac{U_{CC}}{R_C}$。

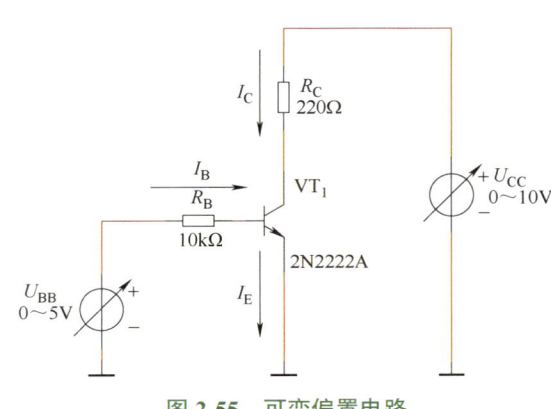

图 2-55　可变偏置电路

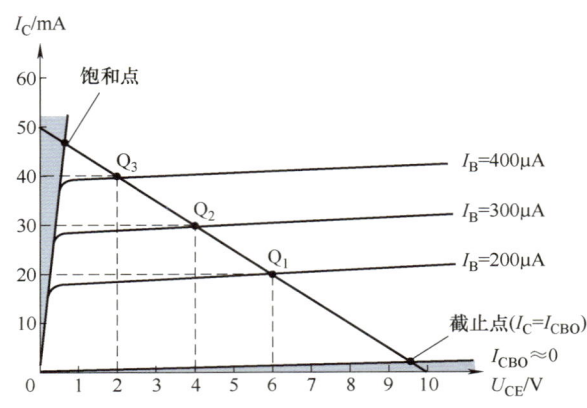

图 2-56　可变偏置电路的直流负载线

2. 放大电路中的反馈

晶体管放大电路的增益通过提供有效反馈来进行控制，这种反馈是局部反馈（在一个极之内）或是总体反馈（涵盖多个极）。当反馈有效时，增益和阻抗基本上不取决于晶体管的参数，设计所需使用的方程式也大为简化；当反馈足以造成放大器性能显著变化时，即为有效反馈。增益变化1到4被定义为有效。反馈对于输出阻抗的影响有时会引起关注，因为在一个高保真放大器中，较低的阻抗更有利于减弱扬声器的瞬变。一般而言，在设计反馈式放大器时，可以无须关注反馈对于内部输出阻抗的影响。不过，负载阻抗对于反馈的影响必须始终被考虑。无功负载可能影响放大器的响应或稳定性。

> **注意**
>
> 在放大电路中引入负反馈，虽然会导致闭环增益的下降，但能使放大电路的许多性能得到改善。例如，可以提高增益的稳定性、扩展通频带、减小非线性失真、改变输入电阻和输出电阻等。由于反馈会降低增益，在设计放大器时必须采用一些附加级。

3. 小信号放大电路的工作方式

（1）共发射极放大电路　共发射极放大电路中输入端在基极、输出端在集电极，发射极是输入和输出的共用极（共用一个点）。图 2-57 所示为共发射极放大电路。

在共发射极放大电路中，R_E 两端连接着一个合适的旁路电容器用于提升放大电路的增益。当通过耦合电容器将负载电阻连接至集电极输出端时，电压增益减小。为了使增益保持稳定，常常使用一种部分旁路 R_E 的办法以降低对于 R_E 的依赖性，尽管这种做法会降低增益。集电极的输出电压与基极的输入电压呈 180° 的相移。有时在电压增益之前使用一个负号表示相位反转。

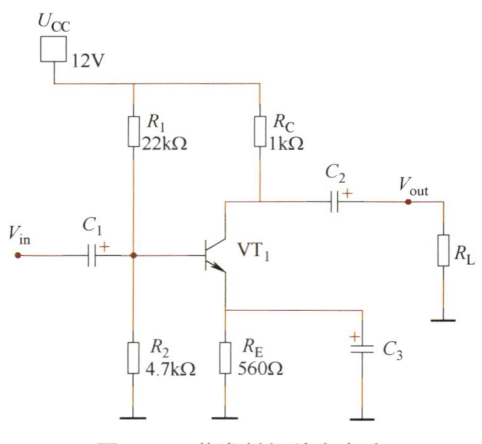

图 2-57　共发射极放大电路

（2）共集电极放大电路　共集电极放大电路中输入端在基极、输出端在发射极，集电极是两者的共用极（共用一个电压源）。图 2-58 所示为共集电极放大电路。

共集电极放大电路显示输入信号通过一个耦合电容器施加在基极上，而通过发射极输出，没有集电极电阻，电压增益大约为1，它的主要优点是高输入阻抗。

（3）共基极放大电路　共基极放大电路中输入端在发射极、输出端在集电极，基极是两者的共用极。图 2-59 所示为共基极放大电路。

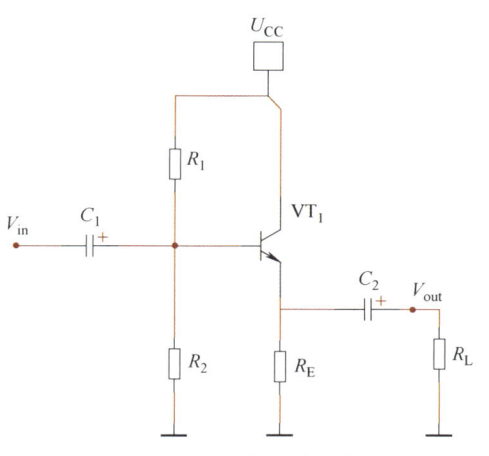

图 2-58 共集电极放大电路

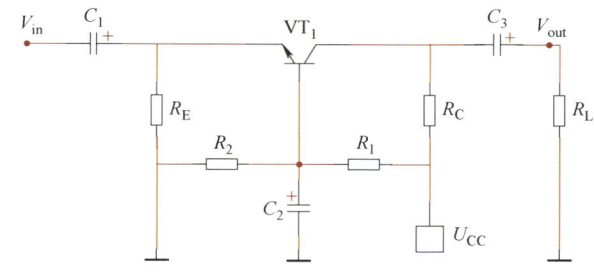

图 2-59 共基极放大电路

晶体管的认知与检测	学习任务单	班级：
		姓名：

1. 测量晶体管并判断其类型和极性（基极 B、发射极 E、集电极 C）。

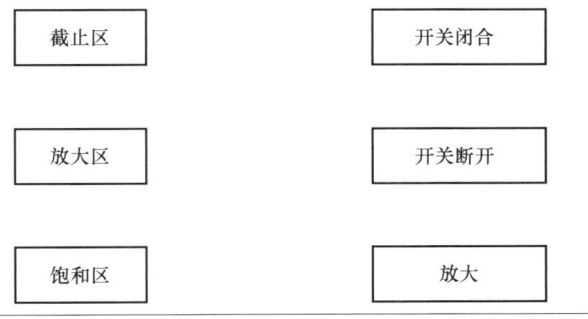

9012		9013	
● 类型判断 □ NPN 型　□ PNP 型	● 管脚判断： 1 2 3	● 类型判断 □ NPN 型　□ PNP 型	● 管脚判断： 1 2 3
● 符号判断 （　）　　　（　）		● 符号判断 （　）　　　（　）	

2. 连线表示晶体管的工作区域与工作特性的对应关系。

截止区	开关闭合
放大区	开关断开
饱和区	放大

(续)

3. 小信号放大电路的特点有（　　）。

A. 仅利用其直流负载线的一小部分区段

B. 始终具有在 mV 范围内的输出信号

C. 在每个输入周期都会达到一次饱和状态

D. 始终是共发射极放大电路

【任务实施】 晶体管的连接与检测

实训器材

电工电子基础实验平台、电源主机、晶体管、灯泡、电阻、开关、连接线束。

作业准备

检查电源主机，检查电子元器件。

【操作步骤】

一、NPN 型晶体管放大电路的连接与测量

扫一扫

NPN 型晶体管放大电路的连接与测量

序号	操作示意图	操作方法	操作标准
1		按左图所示连接好测量电路	1kΩ 电阻、5W 灯泡、NPN 型晶体管、开关及导线连接电路，输入 12V 直流电压，开关闭合时灯泡亮
2		开关闭合时，测量点 B 对地的电压（应为输入电压）	应能正确地显示相应电压值

项目二 电力电子元器件的特性

（续）

序号	操作示意图	操作方法	操作标准
3	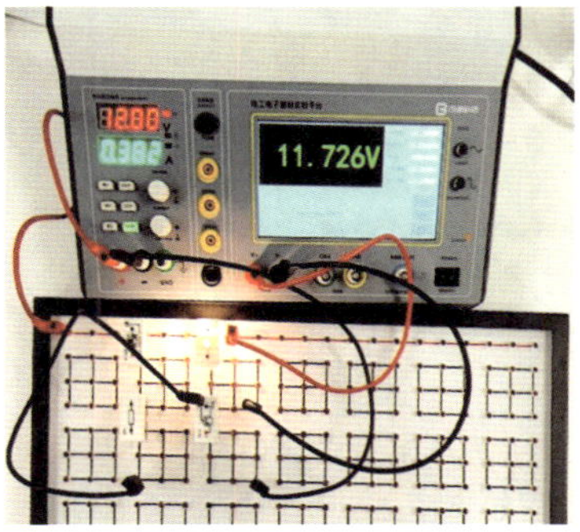	开关闭合时，测量点A、C之间的电压（应为输入电压）	应能正确地显示相应电压值
4	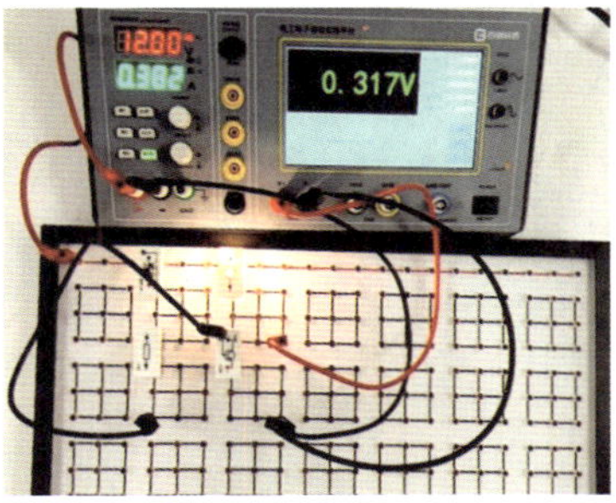	开关闭合时，测量点C、E之间的电压	应能正确地显示相应电压值
5	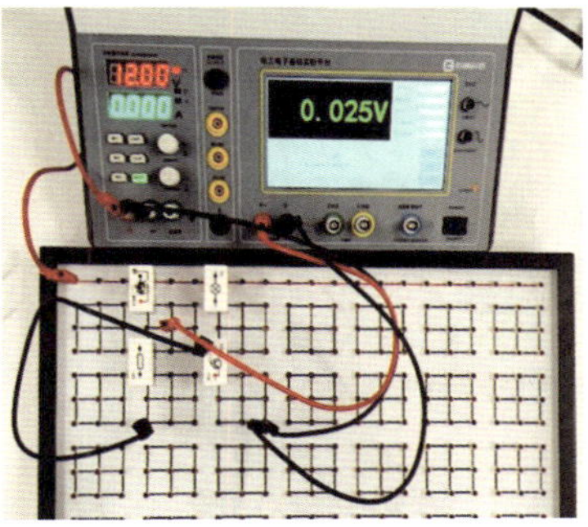	开关断开时，测量点B对地的电压（应为输入电压）	应能正确地显示相应电压值
6	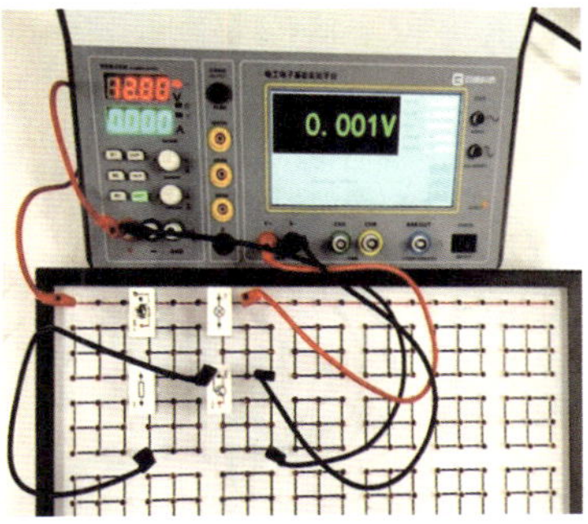	开关断开时，测量点A、C之间的电压（应为输入电压）	应能正确地显示相应电压值
7	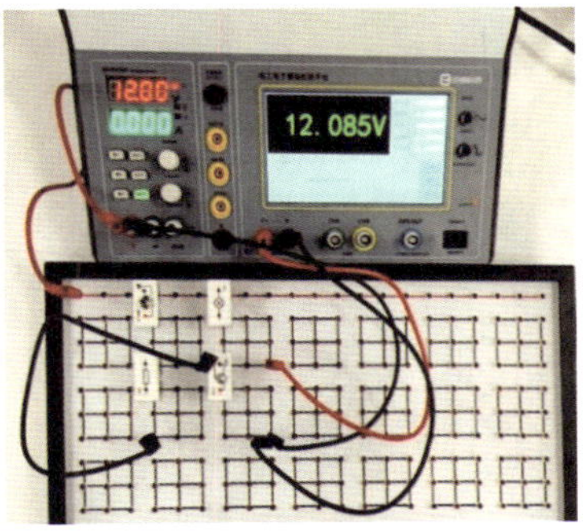	开关断开时，测量点C、E之间的电压（应为输入电压）	应能正确地显示相应电压值

二、PNP 型晶体管放大电路的连接与测量

扫一扫

PNP 型晶体管放大电路的连接与测量

序号	操作示意图	操作方法	操作标准
1		按左图所示，用开关、电阻、PNP 型晶体管、灯泡和导线连接好测量电路	电阻：1kΩ，闭合开关时灯泡亮，关闭开关时灯泡不亮
2		闭合开关，灯泡应亮，测集电极 C、发射极 E 之间的电压	应能正确地显示相应电压值
3		断开开关，灯泡应不亮，测集电极 C、发射极 E 之间的电压（应为输入电压）	应能正确地显示相应电压值

晶体管的连接与检测	工作任务单	班级：
		姓名：

1. 作业工具准备

检查电气实验箱及附件是否齐全	□是 □否
检查实验工位通电是否正常	□是 □否
检查万用表各功能是否正常	□是 □否
评估实验工位区域风险等级是否合格	□是 □否

（续）

2. 记录测量数据

NPN 型晶体管控制电路的连接与测量：

1. 开关闭合时
1）观察二极管是否亮（□是　□否）。　　　　　2）测量点 B 对地的电压，电压值为（　　　）V。
3）测量点 A、C 之间的电压，电压值为（　　　）V。　4）测量点 C、E 之间的电压，电压值为（　　　）V。
2. 开关断开时
1）观察二极管是否亮（□是　□否）。　　　　　2）测量点 B 对地的电压，电压值为（　　　）V。
3）测量点 A、C 之间的电压，电压值为（　　　）V。　4）测量点 C、E 之间的电压，电压值为（　　　）V。
结论：NPN 型晶体管基极（□高电位　□低电位）时导通。
　　　NPN 型晶体管基极（□高电位　□低电位）时截止。

PNP 型晶体管放大电路的连接与测量：

1. 开关闭合时
1）观察二极管是否亮（□是　□否）。
2）测量点 C、E 之间的电压，电压值为（　　　）V。
2. 开关断开时
1）观察二极管是否亮（□是　□否）。
2）测量点 C、E 之间的电压，电压值为（　　　）V。
结论：开关通过小电流经晶体管放大后控制大电流。（□正确　□错误）

3. 作业场地恢复

万用表复位及关闭	□是	□否
恢复电气实验箱内元器件及导线	□是	□否
断电检查	□是	□否
清洁、整理场地	□是	□否

【课证融通考评单】 晶体管的连接与检测		实习日期：		
姓名：	班级：	学号：	教师签名：	
自评：□熟练　□不熟练	互评：□熟练　□不熟练	师评：□合格　□不合格		
日期：	日期：	日期：		

序号	评分项	得分条件	分值	评分标准	自评	互评	师评
1	安全/7S/态度	□1. 能进行工位 7S 操作 □2. 能进行设备和工具安全检查 □3. 能进行车辆安全防护操作 □4. 能进行工具清洁、校准、存放操作 □5. 能进行三不落地操作	15	1 项未完成扣 3 分	□熟练 □不熟练	□熟练 □不熟练	□合格 □不合格
2	专业技能能力	□1. 能正确地连接 NPN 型晶体管放大电路 □2. 能正确地连接 PNP 型晶体管放大电路 □3. 能正确地测量各检测点的电压	50	1 项未完成扣 25 分，扣分不得超过 50 分	□熟练 □不熟练	□熟练 □不熟练	□合格 □不合格
3	工具、设备的使用能力	□1. 能正确地使用电气箱 □2. 能正确地使用万用表	10	1 项未完成扣 5 分	□熟练 □不熟练	□熟练 □不熟练	□合格 □不合格
4	资料、信息查询能力	□1. 能正确地识别常见元件的电路符号 □2. 能正确地使用维修手册查询资料 □3. 能正确地记录测量信息	10	1 项未完成扣 5 分，扣分不得超过 10 分	□熟练 □不熟练	□熟练 □不熟练	□合格 □不合格

（续）

序号	评分项	得分条件	分值	评分标准	自评	互评	师评
5	数据判断和分析能力	□1. 能比较基极接通与断开时灯泡的工作状态 □2. 能判断 NPN 型晶体管的特性 □3. 能判断 PNP 型晶体管的特性	10	1 项未完成扣 2 分	□熟练 □不熟练	□熟练 □不熟练	□合格 □不合格
6	表单填写和报告撰写能力	□1. 字迹清晰 □2. 语句通顺 □3. 无错别字 □4. 无涂改 □5. 无抄袭	5	1 项不符合扣 1 分	□熟练 □不熟练	□熟练 □不熟练	□合格 □不合格

总分：

学习情境 3

功率半导体器件的特性与检测

功率半导体器件是汽车电路的主要组成器件，本学习情境将讲解功率半导体器件的特性与检测，主要内容包括晶闸管基础知识及双向晶闸管的特性、电力场效应晶体管的基础知识及 MOSFET 电路特性以及绝缘栅双极晶体管的基础知识及其电路特性。为说明晶闸管、电力场效应晶体管及绝缘栅双极晶体管的电路特性，本书列举了大量实验，涉及其工作电路。通过导入学习任务，让学生根据具体任务进行练习，完成工作任务，使其进一步了解功率半导体器件在电路中的功能。

任务 1　晶闸管的认知与检测

【学习目标】

知识目标：

1）掌握晶闸管的结构、种类和主要参数。

2）理解晶闸管的工作原理。

3）熟悉晶闸管和双向晶闸管的特性。

技能目标：

1）具有搭建晶闸管导通与关断实验电路的能力。

2）具有判断晶闸管导通与关断条件的能力。

素养目标：

1）在操作过程中树立电路安全意识。

2）树立团队协作意识。

3）让学生逐一搭建电路进行晶闸管导通与关断测试，培养学生严谨的学习态度与耐心。

4）让学生通过晶闸管导通与关断测试电路中灯泡的亮灭情况分析晶闸管的导通与关

断状态，培养学生的探索精神。

【任务描述】

晶闸管具有体积小、重量轻、功耗低、使用寿命长、效率高、控制灵敏、容量大等优点，从而得到了广泛的应用。在汽车电子设备中，晶闸管起到电子开关、调压、调速、调光、逆变等作用。掌握晶闸管的结构、工作原理等可为从事汽车电气相关的工作奠定基础。

【获取信息】

一、晶闸管基础知识

晶闸管是晶体闸流管的简称，又称作可控硅整流器。

1. 晶闸管的结构、电气符号和外形

（1）结构和电气符号　晶闸管是一种大功率半导体器件，它的内部是PNPN的4层结构，形成了3个PN结（J_1、J_2、J_3）并对外引出3个电极。晶闸管的结构如图2-60a所示。由最外部P_1层和N_2层引出的两个电极，分别为阳极A和阴极K；由中间P_2层引出的电极是门极G。由晶闸管的结构图可知，晶闸管可以看成是由3个二极管连接而成的。晶闸管的电气符号如图2-60b所示。

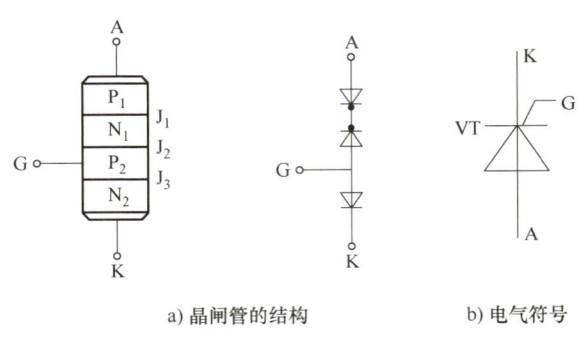

a）晶闸管的结构　　b）电气符号

图 2-60　晶闸管的结构和电气符号

（2）外形　晶闸管的外形如图2-61所示。图中示出了塑封式、螺栓式、平板式和模块式晶闸管的外形，常用的是螺栓式和平板式两种。

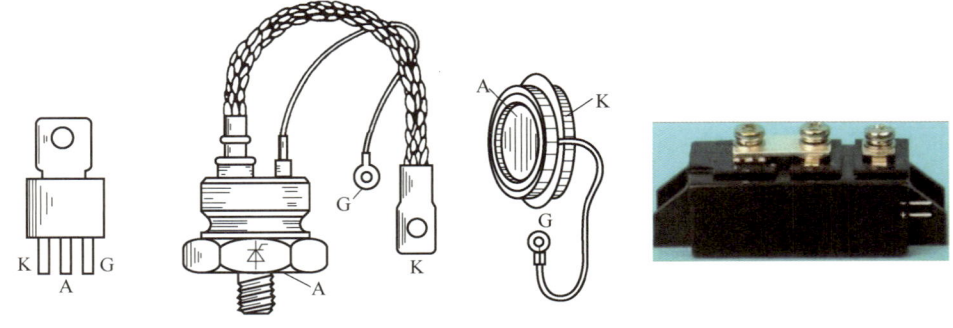

图 2-61　晶闸管的外形

晶闸管在工作过程中会因损耗而发热，因此必须安装散热器。螺栓式晶闸管靠阳极（螺栓）拧紧在铝制散热器上，可自然冷却；平板式晶闸管由两个相互绝缘的散热器夹紧，靠冷风冷却。额定电流大于200A的晶闸管采用平板式外形结构。此外，晶闸管的冷却方式还有水冷、油冷等。

2. 晶闸管的种类

（1）按关断、导通及控制方式分类　可分为普通晶闸管、双向晶闸管、逆导晶闸管、门极关断晶闸管（GTO）、BTG 晶闸管、温控晶闸管和光控晶闸管等多种。

（2）按引脚和极性分类　可分为二极晶闸管、三极晶闸管和四极晶闸管。

（3）按封装形式分类　可分为金属封装晶闸管、塑封晶闸管和陶瓷封装晶闸管 3 种类型。其中，金属封装晶闸管分为螺栓式、平板式、圆壳式等多种；塑封晶闸管分为带散热片式和不带散热片式两种。

（4）按电流容量分类　可分为大功率晶闸管、中功率晶闸管和小功率晶闸管 3 种。通常，大功率晶闸管多采用金属封装，而中、小功率晶闸管多采用塑封或陶瓷封装。

（5）按关断速度分类　可分为普通晶闸管和高频（快速）晶闸管。

3. 晶闸管的工作原理

（1）晶闸管的等效电路　4 层 PNPN 结构的晶闸管可看成是由一个 PNP 型和一个 NPN 型晶体管连接而成的，等效电路如图 2-62 所示。晶闸管的阳极 A 相当于 PNP 型晶体管 VT_1 的发射极，阴极 K 相当于 NPN 型晶体管 VT_2 的发射极。

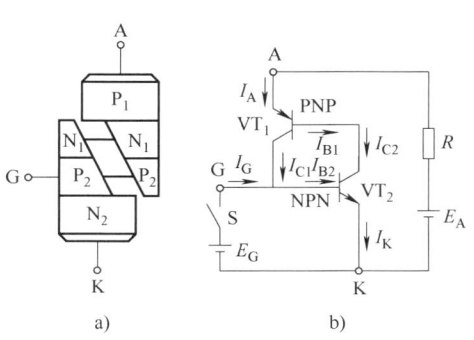

图 2-62　晶闸管等效电路

（2）晶闸管的导通原理　当晶闸管阳极承受正向电压、门极加正向电压时，晶体管 VT_2 处于正向偏置，E_G 产生的门极电流 I_G 就是 VT_2 的基极电流 I_{B2}；VT_2 的集电极电流 $I_{C2}=\beta_2 I_G$，而 I_{C2} 又是晶体管 VT_1 的基极电流 I_{B1}，VT_1 的集电极电流 $I_{C1}=\beta_1 I_{C2}=\beta_1 \beta_2 I_G$（$\beta_1$ 和 β_2 分别是晶体管 VT_1 和 VT_2 的电流放大系数）。电流 I_{C1} 流入 VT_2 的基极，再一次被放大，如此循环，形成强烈的正反馈，使得两个晶体管快速达到饱和导通。正反馈过程：$I_G\uparrow \to I_{B2}\uparrow \to I_{C2}(I_{B1})\uparrow \to I_{C1}\uparrow \to I_{B2}\uparrow$。导通后，晶闸管上的压降很小，电源电压几乎全部加在负载上，晶闸管中流过的电流即为负载电流。

在晶闸管导通后，晶闸管的导通状态完全依靠晶闸管本身的正反馈作用来维持，此时 $I_{B2}=I_{C1}+I_G$，而 $I_{C1}\gg I_G$，说明即使门极电流消失（即 $I_G=0$），I_{B2} 仍足够大，晶闸管仍处于导通状态。因此，门极的作用仅是触发晶闸管使其导通，导通之后，门极就失去了对晶闸管的控制作用。

总而言之，晶闸管承受正向阳极电压时，仅在门极承受正向电压的情况下才导通。

（3）晶闸管的关断原理　关断晶闸管就是将阳极电流减小到使之不能维持正反馈的程度，即将晶闸管的阳极电流减小到小于维持电流，具体的方法有：增大负载使晶闸管阳极电流减小到一定数值以下，使其不能维持导通；将阳极电源断开，使阳极电流为零；改变晶闸管阳极电压的方向，即在阳 - 阴极间加反向电压，破坏等效晶体管的工作条件。

总而言之，晶闸管导通情况下，当主回路电压（或电流）减小到接近于零时，晶闸管关断；晶闸管承受反向阳极电压时，不管门极承受何种电压，晶闸管都处于关断状态。

4. 晶闸管的主要参数

（1）额定电压 U_{VTn}

1）正向重复峰值电压 U_{DRM}。在门极断开和晶闸管正向阻断条件下，可重复加在晶闸管两端的正向峰值电压称为正向重复峰值电压 U_{DRM}。国家标准规定：额定电压 3000V 以下，正向重复峰值电压取正向不重复峰值电压 U_{DSM} 的 80%。

2）反向重复峰值电压 U_{RRM}。在门极断路时，可以重复加在晶闸管两端的反向峰值电压称为反向重复峰值电压 U_{RRM}。此电压取反向不重复峰值电压 U_{RSM} 的 80%。一般将 U_{DRM} 和 U_{RRM} 中的较小值按百位取整后作为该晶闸管的额定值。

3）额定电压 U_{VTn}。在晶闸管的铭牌上，额定电压是以电压等级的形式给出的，通常标准电压等级规定：电压在 1000V 以下时，每 100V 为一级；电压为 1000~3000V 时，每 200V 为一级。晶闸管标准电压等级见表 2-4。

表 2-4　晶闸管标准电压等级

级别	正反向重复峰值电压 /V	级别	正反向重复峰值电压 /V	级别	正反向重复峰值电压 /V
1	100	8	800	20	2000
2	200	9	900	22	2200
3	300	10	1000	24	2400
4	400	12	1200	26	2600
5	500	14	1400	28	2800
6	600	16	1600	30	3000
7	700	18	1800		

在使用过程中，环境温度的变化、散热条件以及出现的各种过电压都会对晶闸管产生影响，因此在选择晶闸管时，应使其额定电压为实际工作时可能承受的最大正向或反向电压 U_{VTM} 的 2~3 倍，即 $U_{VTn} \geq (2\sim3)U_{VTM}$。

（2）额定电流 $I_{VT(AV)}$　晶闸管的额定电流又称为通态平均电流。它是指在规定的条件下晶闸管允许通过的最大工频正弦半波电流的平均值。晶闸管额定电流的标定采用的是平均电流，而不是有效值电流。

规定的条件是指：环境温度为 40℃，规定的冷却条件，采用电阻性负载，晶闸管的导通角不小于 170°，结温不超过额定值。

决定晶闸管结温的是其损耗的发热效应，表征热效应的电流是以有效值表示的。

根据晶闸管额定电流 $I_{VT(AV)}$ 的定义，设流过晶闸管的正弦半波电流的最大值为 I_m，依据电流平均值、有效值的定义（导通角不小于 170°），得

额定电流：
$$I_{VT(AV)} = \frac{1}{2\pi}\int_0^\pi I_m \sin\omega t \, d(\omega t) = \frac{I_m}{\pi} \tag{2-10}$$

电流有效值：
$$I_{VTn} = \sqrt{\frac{1}{2\pi}\int_0^\pi (I_m \sin\omega t)^2 \, d(\omega t)} = \frac{I_m}{2} \tag{2-11}$$

（3）通态平均电压 $U_{VT(AV)}$　在规定环境温度、标准散热条件下，通以额定电流时，晶闸管阳极和阴极间电压降的平均值称为通态平均电压（一般称为管压降），其数值按

表 2-5 分组。从减小损耗和器件发热来看，应选择 $U_{VT(AV)}$ 较小的晶闸管。实际当晶闸管流过较大的恒定直流电流时，其通态平均电压比器件出厂时定义的值要大，约为 1.5V。

表 2-5　晶闸管通态平均电压分组

组别	A	B	C	D	E
通态平均电压 /V	$U_{VT(AV)} \leq 0.4$	$0.4 < U_{VT(AV)} \leq 0.5$	$0.5 < U_{VT(AV)} \leq 0.6$	$0.6 < U_{VT(AV)} \leq 0.7$	$0.7 < U_{VT(AV)} \leq 0.8$
组别	F	G	H	I	
通态平均电压 /V	$0.8 < U_{VT(AV)} \leq 0.9$	$0.9 < U_{VT(AV)} \leq 1.0$	$1.0 < U_{VT(AV)} \leq 1.1$	$1.1 < U_{VT(AV)} \leq 1.2$	

（4）维持电流 I_H 和擎住电流 I_L　在室温且门极开路时，能维持晶闸管继续导通的最小电流称为维持电流 I_H。维持电流大的晶闸管容易关断。给晶闸管门极加上触发电压，当器件刚从阻断状态转为导通状态时撤除触发电压，此时器件维持导通所需要的最小阳极电流称为擎住电流 I_L。对同一晶闸管来说，擎住电流 I_L 比维持电流 I_H 大 2~4 倍。

（5）门极触发电流 I_{GT}　在室温且阳极电压为 6V 直流电压时，使晶闸管从阻断到完全开通所必需的最小门极直流电流称为门极触发电流。

（6）门极触发电压 U_{GT}　对应于门极触发电流的电压称为门极触发电压。对于晶闸管的使用者来说，为使触发器适用于所有同型号的晶闸管，触发器送给门极的电压和电流应适当地大于规定的 U_{GT} 和 I_{GT} 上限，但不应超过其峰值 I_{GFM} 和 U_{GFM}。门极平均功率 P_G 和峰值功率（允许的最大瞬时功率 P_{GM}）不应超过规定值。

（7）断态电压临界上升率 du/dt　在额定结温和门极断路条件下，使器件从断态转入通态的最低电压上升率称为断态电压临界上升率 du/dt。

（8）通态电流临界上升率 di/dt　在规定条件下，由门极触发晶闸管使其导通时，晶闸管能够承受而不导致损坏的通态电流的最大上升率称为通态电流临界上升率 di/dt。晶闸管允许的最大电流上升率应小于此值。

二、晶闸管和双向晶闸管的特性

1. 晶闸管的特性

（1）晶闸管的伏安特性　晶闸管的伏安特性是指晶闸管阳 - 阴极间电压 U_A 和阳极电流 I_A 之间的关系特性，如图 2-63 所示。其中，U_{BO} 是正向转折电压，U_{RO} 是反向击穿电压。

晶闸管的伏安特性包括正向特性（第Ⅰ象限）和反向特性（第Ⅲ象限）两部分。

1）正向特性。晶闸管的正向特性有阻断状态和导通状态之分。在门极电流 $I_{g1}=0$ 的情况下，逐渐增大晶闸管的正向阳极电压，这时晶闸管处于阻断状态，只有很小的正向漏电流；随着正向阳极电压的增大，当达到正向转折电压 U_{BO} 时，漏电流突然剧增，特性从正向阻断状态突变为正

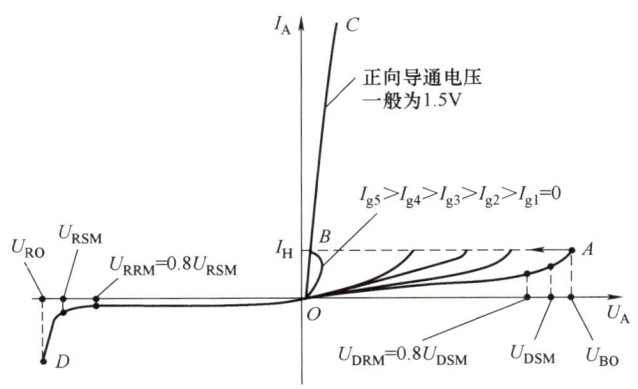

图 2-63　晶闸管的伏安特性曲线

向导通状态。导通状态时的晶闸管状态和二极管的正向特性相似,即流过较大的阳极电流,而晶闸管本身的压降很小。正常工作时,不允许把正向阳极电压加到转折值 U_{BO},而是从门极输入触发电流 I_g,使晶闸管导通。门极电流越大,阳极电压转折点越低(图中 $I_{g5}>I_{g4}>I_{g3}>I_{g2}>I_{g1}$)。晶闸管正向导通后,要使晶闸管恢复阻断,只有逐步减小阳极电流。当 I_A 小到等于维持电流 I_H 时,晶闸管由导通变为阻断。维持电流 I_H 是维持晶闸管导通所需的最小电流。

2)反向特性。晶闸管的反向特性是指晶闸管的反向阳极电压(阳极相对阴极为负单位)与阳极漏电流的伏安特性。晶闸管的反向特性与功率二极管的反向特性相似。当晶闸管承受反向阳极电压时,晶闸管总是处于阻断状态。当反向电压增加到一定数值时,反向漏电流增加较快。继续增大反向阳极电压,会导致晶闸管反向击穿,造成晶闸管损坏。

(2)晶闸管的开关特性 晶闸管的开关特性如图 2-64 所示。

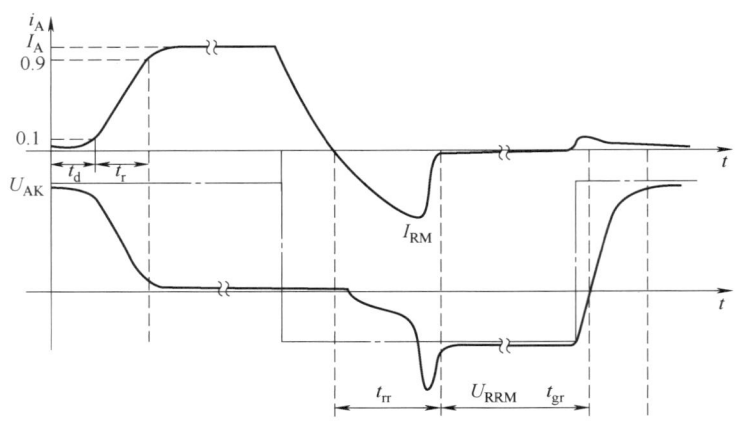

图 2-64 晶闸管的开关特性

晶闸管的开通不是瞬间完成的,开通时阳极与阴极两端的电压有一个下降过程,而阳极电流的上升也需要一个过程,这个过程可分为 3 个阶段。第一阶段对应时间为延迟时间 t_d,对应阳极电流上升到 10% I_A 所需的时间,此时 J_2 结仍为反向偏置,晶闸管的电流不大。第二阶段为上升时间 t_r,对应阳极电流由 10% I_A 上升到 90% I_A 所需时间,此时靠近门极的局部区域已经导通,相应的 J_2 结已由反向偏置转为正向偏置,电流迅速增大。通常定义器件的开通时间 t_{on} 为延迟时间 t_d 与上升时间 t_r 之和,即

$$t_{on}=t_d+t_r \tag{2-12}$$

电源电压反向后,从正向电流降为零起到能重新施加正向电压为止的时间称为器件的关断时间 t_{off}。通常定义器件的关断时间 t_{off} 等于反向阻断恢复时间 t_{rr} 与正向阻断恢复时间 t_{gr} 之和,即

$$t_{off}=t_{rr}+t_{gr} \tag{2-13}$$

2. 双向晶闸管的特性

双向晶闸管有正反向对称的伏安特性曲线。正向部分位于第 Ⅰ 象限,反向部分位于第 Ⅲ 象限,如图 2-65 所示。

从双向晶闸管伏安特性曲线可看出,第 Ⅰ 象限和第 Ⅲ 象限内具有基本相同的转换性能。双向晶闸管工作时,当 T_1 和 T_2 间电压低于转折电压时,双向晶闸管不会导通,处于

阻断状态。若门极加一定的正（负）压，则双向晶闸管在 T_1 和 T_2 间电压小于转折电压时被门极触发导通。

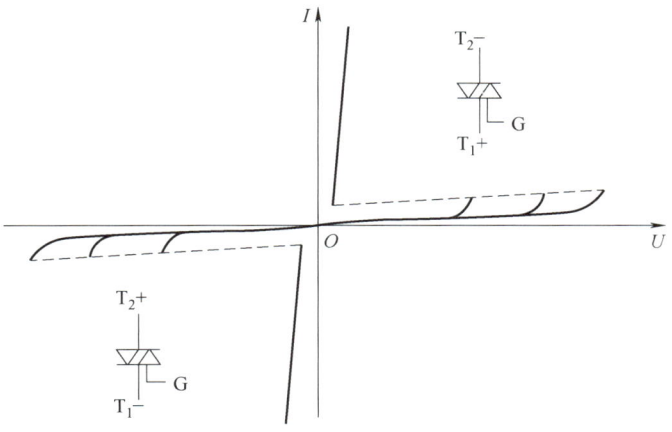

图 2-65 双向晶闸管伏安特性

晶闸管的认知与检测	学习任务单	班级：
		姓名：

1. 晶闸管的导通条件是（   ）。

A. 外加正向电压且控制极外加合适的触发信号

B. 只需外加正向电压

C. 控制极外加触发信号

D. 外加正向电压为额定电压

2. 双向晶闸管的内部结构与普通晶闸管不一样，它的内部有（   ）。

A. PNP 3 层、两个 PN 结   B. PNPN 4 层、3 个 PN 结

C. NPNPN 5 层、4 个 PN 结   D. NP 2 层、1 个 PN 结

3. 如某晶闸管的正向重复峰值电压为 745V，反向重复峰值电压为 825V，则该晶闸管的额定电压应为（   ）。

A. 700V   B. 750V   C. 800V   D. 850V

4. 晶闸管有 3 个电极，分别是（   ）、（   ）和（   ）。

A. 阳极   B. 门极   C. 阴极   D. 基极

5. 已经导通的晶闸管要想关断，（   ）。

A. 晶闸管的阳极电流要降到 1A 以下

B. 晶闸管的阳极电流要降到接近于零的某一数值以下

C. 只能在晶闸管两端加反向电压

D. 只能要求晶闸管门极电流等于 0

6. 对晶闸管额定电流表述正确的是（   ）。

A. 允许流过最大的工频正弦半波电流的平均值

B. 允许流过最大工频正弦半波电流的有效值

C. 允许流过最大方波电流的平均值

D. 允许流过最大电流的平均值

【任务实施】 晶闸管导通关断实验

实训器材
电气实验箱、万用表、电气实验箱使用说明书等。

作业准备
检查电气实验箱电子元器件，连接电路，检查能否正常通电，评估周围用电风险等级等。

 【操作步骤】

晶闸管导通关断实验

序号	操作示意图	操作方法	结论
1		按左图连接电路，阳极和阴极之间加反向电压，门极和阴极之间不加电压	负载灯不亮，晶闸管不导通
2		按左图连接电路，阳极和阴极之间加反向电压，门极和阴极之间加反向电压	负载灯不亮，晶闸管不导通
3		按左图连接电路，阳极和阴极之间加反向电压，门极和阴极之间加正向电压	负载灯不亮，晶闸管不导通
4		按左图连接电路，阳极和阴极之间加正向电压，门极和阴极之间不加正向电压	负载灯不亮，晶闸管不导通
5		按左图连接电路，阳极和阴极之间加正向电压，门极和阴极之间加反向电压	负载灯不亮，晶闸管不导通

项目二 电力电子元器件的特性

(续)

序号	操作示意图	操作方法	结论
6	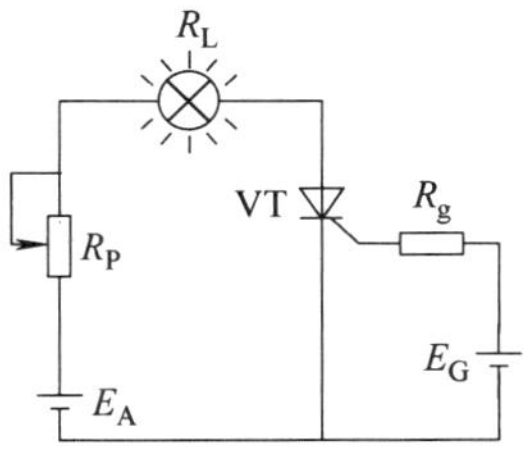	按左图连接电路，阳极和阴极之间加正向电压，门极和阴极之间加正向电压	负载灯亮，晶闸管导通
7	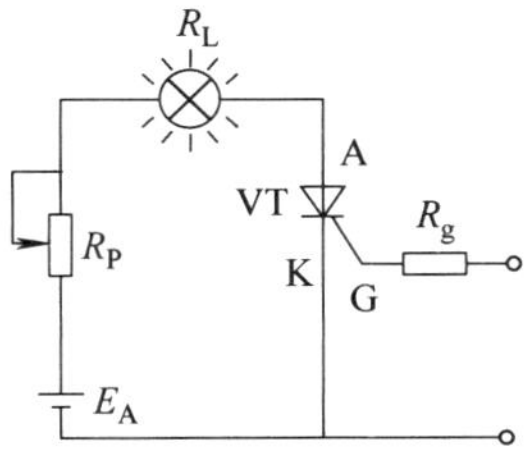	按左图连接电路，去掉触发电压	负载灯亮，晶闸管导通
8	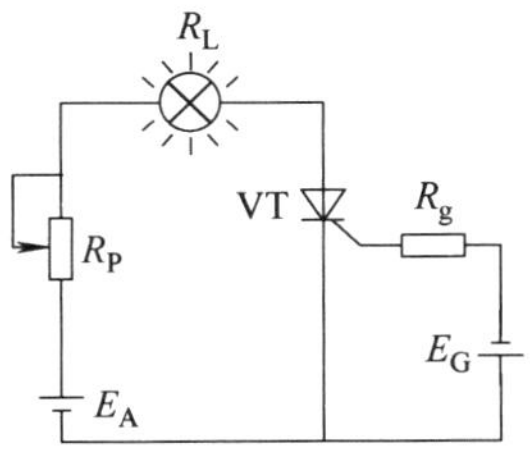	按左图连接电路，门极和阴极之间加反向电压	负载灯亮，晶闸管导通
9	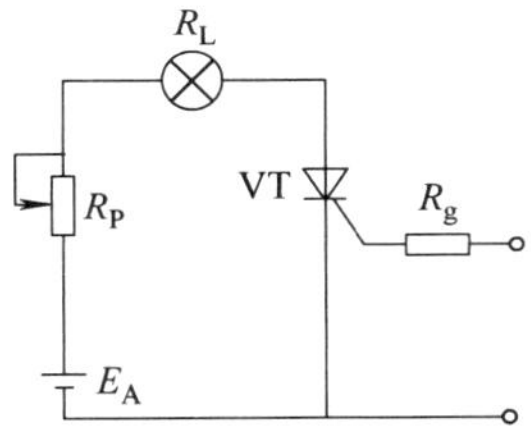	按左图连接电路，去掉触发电压，将电位器阻值加大，晶闸管阳极电流减小，当电流减小到维持电流	负载灯熄灭，晶闸管截止

晶闸管导通关断实验	工作任务单	班级：
		姓名：

1. 作业场地准备

检查电气实验箱及附件是否齐全	□是 □否
检查实验工位通电是否正常	□是 □否
检查万用表各功能是否正常	□是 □否
评估实验工位区域风险等级是否合格	□是 □否

2. 记录测量数据

晶闸管导通关断实验

实验顺序		实验前灯的情况	实验时晶闸管条件		实验后灯的情况
			阳极电压 U_A	门极电压 U_G	
导通实验	1	暗	反向	零	
	2	暗	反向	反向	
	3	暗	反向	正向	

（续）

实验顺序		实验前灯的情况	实验时晶闸管条件		实验后灯的情况
			阳极电压 U_A	门极电压 U_G	
导通实验	1	暗	正向	零	
	2	暗	正向	反向	
	3	暗	正向	正向	
关断实验	1	亮	正向	零	
	2	亮	正向	反向	
	3	亮	正向	正向	
	4	亮	正向（电流逐渐减小到接近零）	任意	

结论：
晶闸管在反向阳极电压作用下，不论门极为何电压，晶闸管都处于 □关断 □导通状态。
晶闸管在正向阳极电压作用下：
1）正向□阻断 □导通状态：门极加上反向电压或者不加电压，晶闸管不导通。
2）正向□阻断 □导通状态：门极加上正向电压，晶闸管导通。

3. 作业场地恢复

万用表复位及关闭	□是 □否
恢复电气实验箱内元器件及导线	□是 □否
断电检查	□是 □否
清洁、整理场地	□是 □否

【课证融通考评单】 晶闸管导通关断实验				实习日期：			
姓名：		班级：		学号：		教师签名：	
自评：□熟练 □不熟练		互评：□熟练 □不熟练		师评：□合格 □不合格			
日期：		日期：		日期：			
序号	评分项	得分条件	分值	评分标准	自评	互评	师评
1	安全/7S/态度	□1. 能进行工位 7S 操作 □2. 能进行设备和工具安全检查 □3. 能进行工位安全防护操作 □4. 能进行工具清洁、校准、存放操作 □5. 能进行三不落地操作	15	1项未完成扣3分	□熟练 □不熟练	□熟练 □不熟练	□合格 □不合格
2	专业技能能力	□能正确地连接晶闸管导通、截止条件实验电路	50	1项未完成电路扣5分	□熟练 □不熟练	□熟练 □不熟练	□合格 □不合格
3	工具、设备的使用能力	□1. 能正确地使用电气箱 □2. 能正确地搭建电路	10	1项未完成扣5分	□熟练 □不熟练	□熟练 □不熟练	□合格 □不合格
4	资料、信息查询能力	□1. 能正确地识别常见元件的电路符号 □2. 能正确地使用说明书查询资料 □3. 能正确地记录灯亮灭情况	10	1项未完成扣5分，扣分不得超过10分	□熟练 □不熟练	□熟练 □不熟练	□合格 □不合格

(续)

序号	评分项	得分条件	分值	评分标准	自评	互评	师评
5	数据判断和分析能力	□能判断不同情况下，晶闸管的亮灭情况	10	1项未完成扣2分	□熟练 □不熟练	□熟练 □不熟练	□合格 □不合格
6	表单填写和报告撰写能力	□1. 字迹清晰 □2. 语句通顺 □3. 无错别字 □4. 无涂改 □5. 无抄袭	5	1项不符合扣1分	□熟练 □不熟练	□熟练 □不熟练	□合格 □不合格

总分：

任务 2　电力场效应晶体管的认知与检测

【学习目标】

知识目标：

1) 掌握电力场效应晶体管的结构和主要参数。
2) 理解电力场效应晶体管的工作原理。
3) 熟悉电力场效应晶体管的特性。

技能目标：

1) 具有确定电力场效应晶体管 G 极的能力。
2) 具有判断电力场效应晶体管好坏的能力。

素养目标：

1) 在操作过程中树立电路安全意识。
2) 树立团队协作意识。
3) 培养学生精益求精的工匠精神。

【任务描述】

电力场效应晶体管在汽车上应用广泛，如纯电动汽车中电机控制器（MCU）。学习电力场效应晶体管的结构、工作原理及特性等，对选择电力场效应晶体管起到重要作用。

【获取信息】

一、电力场效应晶体管基础知识

电力场效应晶体管分为结型和绝缘栅型，通常主要指绝缘栅型中的 MOS 型（Metal Oxide Semiconductor FET），简称电力 MOSFET（Power MOSFET），结型电力场效应晶体管一般称作静电感应晶体管（Static Induction Transistor FET，SIT）。

1. 电力场效应晶体管的结构

电力场效应晶体管和小功率 MOS 管的相同之处是：①导电机理相同；②3 个外引电极相同，为栅极 G、源极 S 和漏极 D。但在结构上有较大的区别：①小功率 MOS 管是一次扩散形成的器件，其栅极 G、源极 S 和漏极 D 在芯片的同一侧；②电力场效应晶体管采用立式结构，栅极 G、源极 S 和漏极 D 不在芯片的同一侧，如图 2-66 所示。

电力场效应晶体管的导电沟道分为 N 沟道和 P 沟道，栅极偏压为零时漏源极之间就存在导电沟道的称为耗尽型，栅极偏压大于零（N 沟道）才存在导电沟道的称为增强型。

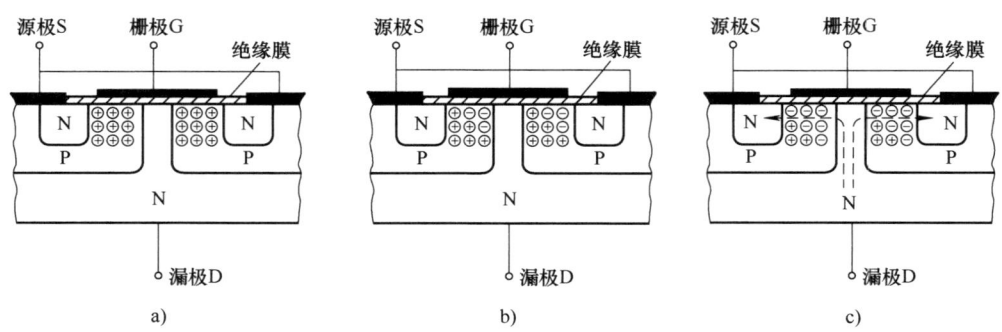

图 2-66 电力场效应晶体管的结构示意图

2. 电力场效应晶体管的工作原理

1）栅极、源极（简称栅源极）电压 $U_{GS}=0$ 时，栅极下的 P 型区表面呈现空穴堆积状态，不可能出现反型层，无法沟通漏极、源极。此时，即使在漏极、源极之间施加电压，MOS 管也不会导通，如图 2-66a 所示。

2）当栅源极电压 $U_{GS}>0$ 且不够充分时，栅极下面的 P 型区表面呈现耗尽状态，还是无法沟通漏极、源极，此时 MOS 管仍保持关断状态，如图 2-66b 所示。

3）当栅源极电压 U_{GS} 达到或超过一定值时，栅极下面的硅表面从 P 型变成 N 型，形成 N 型沟道把源区和漏区联系起来，从而把漏极和源极沟通，使 MOS 管进入导通状态，如图 2-66c 所示。

图 2-67 所示为电力场效应晶体管的电气符号。图 2-67a 所示是 N 沟道电力场效应晶体管，电子流出源极；图 2-67b 所示是 P 沟道电力场效应晶体管，空穴流入源极。

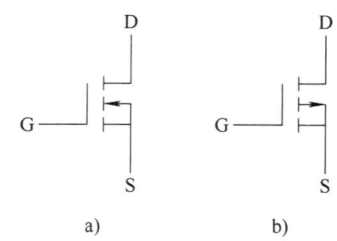

图 2-67 电力场效应晶体管的电气符号

3. 电力场效应晶体管的主要参数

（1）通态电阻 R_{on}　在确定的 U_{GS} 下，电力场效应晶体管由线性导电区进入饱和恒流区时的直流电阻，它是影响最大输出功率的重要参数。

（2）开启电压 U_T　它是指沟道体区形成沟道所需的最低栅极电压。开启电压一般为 2~4V。

（3）漏极击穿电压 BU_{DS}　它是为避免器件进入雪崩击穿区而设的极限参数。

（4）栅源击穿电压 BU_{GS}　它表征电力场效应晶体管栅源极间所能承受的最高正、反向电压，是为防止绝缘栅层因 U_{GS} 过高发生介质电击穿而设定的参数。一般栅源电压的极

限值为 ±20V。

（5）极间电容　包括栅源极电容 C_{GS}、栅漏极电容 C_{GD} 和漏源极电容 C_{DS}。栅源极电容 C_{GS} 和栅漏极电容 C_{GD} 由 MOS 结构的绝缘层形成，漏源极电容 C_{DS} 由 PN 结构成。一般生产厂家并不提供极间电容值，而只是给出输入电容 C_{in}、输出电容 C_{out} 及反馈电容 C_f。它们与极间电容的关系由下列 3 式换算：

$$C_{in}=C_{GS}+C_{GD} \tag{2-14}$$

$$C_{out}=C_{GD}+C_{DS} \tag{2-15}$$

$$C_f=C_{GD} \tag{2-16}$$

从 3 个式子可以看出，C_{in}、C_{out} 和 C_f 均与漏源极电容 C_{GD} 有关。

二、栅极驱动（MOSFET）电路特性

1. 转移特性

转移特性是指在输出特性的饱和区内，U_{DS} 维持不变时，U_{GS} 与 I_D 之间的关系曲线，如图 2-68a 所示。图中，U_T 是电力场效应晶体管的开启电压（又称阀值电压）。

2. 输出特性

电力场效应晶体管输出特性反映的是当 U_{GS} 一定时，I_D 与 U_{DS} 间的关系曲线。

当 $U_{GS}<U_T$ 时，电力场效应晶体管处于截止（断态）；当 $U_{GS}>U_T$ 时，电力场效应晶体管导通；当 $U_{DS}>U_{BR}$ 时，器件将被击穿，使 I_D 急剧增大。第 I 象限特性曲线表示电力场效应晶体管正向导通时的情况，分为 3 个区域，即在线性导电区 I、饱和恒流区 II 和雪崩击穿区 III。

1）线性导电区 I 的特点是：当 U_{GS} 一定时，I_D 几乎随 U_{DS} 的增大而增大，对应于沟道未夹断时的情况。

2）饱和恒流区 II 的特点是：U_{GS} 对 I_D 的控制力增强，I_D 随 U_{GS} 的增大而增大，而 U_{DS} 对 I_D 影响甚微，对应于沟道夹断时的情况，常用于线性放大。

3）雪崩击穿区 III 的特点是：D 极 PN 结上反偏电压 U_{DS} 过高而发生雪崩击穿，I_D 突然增大。器件使用时应避免这种情况出现，否则会使器件损坏。

当电力场效应晶体管用作电子开关时，导通时它必须工作在线性导电区 I，否则其通态压降太大，功耗也大。电力场效应晶体管无反向阻断能力，在 D-S 极间加反向电压时器件导通，可看作是逆导器件。

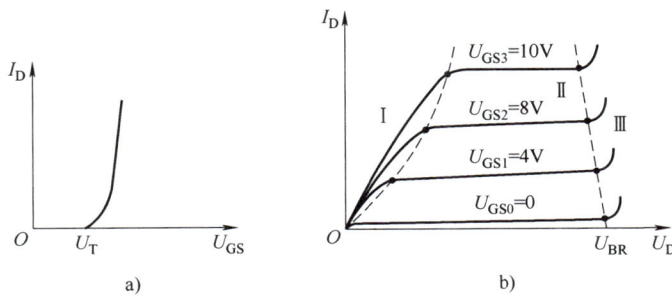

图 2-68　电力场效应晶体管的转移特性和输出特性

3. 开关特性

电力场效应晶体管的开关时间很短，影响开关速度的主要因素是器件的极间电容。电力场效应晶体管开关过程及开关时间如图 2-69 所示。

图中，u_P 为驱动信号，u_{GS} 为栅极电压，i_D 为漏极电流。当 u_P 信号到来时，栅极输入电容 C_{in} 有一个充电过程，使栅极电压 u_{GS} 只能按指数规律上升。当 $u_{GS}=U_T$ 时，开始形成导电沟道，出现漏极电流 i_D，这段时间称为开通延迟时间 t_d。随着 u_{GS} 继续按指数规律增长，i_D 也随之增长，MOS 管内沟道夹断长度逐渐缩短。当 MOS 管脱离预夹断状态后，i_D 不再随沟道宽度增大而增大，达到稳定值。漏极电流从零上升到稳定值所需的时间称为上升时间 t_r，因此电力场效应晶体管的开通时间 $t_{on}=t_d+t_r$。

当 u_P 信号下降为零后，器件开始进入关断过程，输入电容 C_{in} 上存储的电荷开始放电，栅极电压 u_{GS} 按指数规律下降，导电沟道随之变窄，直到沟道缩小到预夹断状态（此时栅极电压下降到 u_{GSP}），i_D 电流才开始减小，这段时间称为关断延迟时间 t_s。随着 C_{in} 继续放电，u_{GS} 继续下降，沟道夹断区增长，i_D 也继续下降，直到 $u_{GS}<U_T$，沟道消失，$i_D=0$。漏极电流从稳定值下降到零所需的时间称为下降时间 t_f，电力场效应晶体管的关断时间 $t_{off}=t_s+t_f$。$i_D=0$ 后，C_{in} 继续放电，直至 $u_{GS}=0$ 为止，完成一次开关周期。

综上所述，电力场效应晶体管的开关速度和其输入电容的充放电时间有很大关系，使用者虽无法降低 C_{in} 的值，但可降低驱动信号源的内阻，从而减小栅极回路的充放电时间常数，加快开关速度。电力场效应晶体管的工作频率可达 100kHz 以上，是各种电力电子器件中最高的。

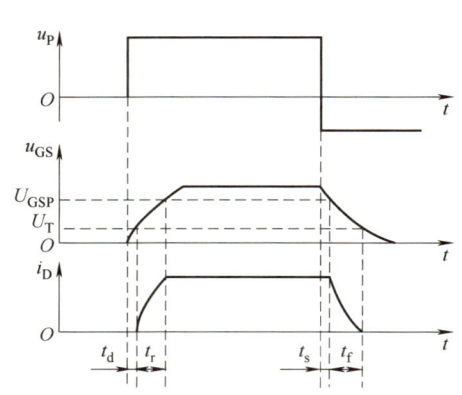

图 2-69　电力场效应晶体管开关过程及开关时间

电力场效应晶体管的认知与检测	学习任务单	班级： 姓名：

1. MOSFET 属于（　　）器件。

A. 双极性　　　　B. 单极性　　　　C. 复合性　　　　D. 多极性

2. 电力 MOSFET 是理想的（　　）控制器件。

A. 电压　　　　B. 电阻　　　　C. 功率　　　　D. 电流

3. 电力 MOSFET 的通态电阻具有（　　）温度系数。

A. 负　　　　B. 正

4. （　　）不属于电力 MOSFET 的特性。

A. 驱动电路简单，需要的驱动功率小，开关速度快

B. 耐压高，电流容量大

C. 反型层形成沟道导电

D. 通态电阻具有正温度系数，对器件并联时的均流有利

(续)

5. MOSFET 的输出特性分为（　　）。

A. 3 个区，即截止区、非饱和区、饱和区

B. 3 个区，即截止区、非饱和区、放大区

C. 3 个区，即截止区、放大区、非饱和区

D. 3 个区，即截止区、放大区、饱和区

【任务实施】电力场效应晶体管 G 极及好坏判断

实训器材

电气实验箱、指针式万用表、电气实验箱使用说明书等。

作业准备

检查电气实验箱电子元器件，连接电路，检查电路能否正常通电，评估周围用电风险等级等。

【操作步骤】

一、电力场效应晶体管 G 极判断

序号	操作示意图	操作方法	操作标准
1		将万用表置于 $R×1k$ 档，分别测量 3 个引脚之间的电阻值	使用万用表之前要进行校零，档位选择 $R×1k$ 档
2			
3			

扫一扫

电力场效应晶体管 G 极判断

二、电力场效应晶体管好坏判断

扫一扫

电力场效应晶体管好坏判断

序号	操作示意图	操作方法	操作标准
1		选择万用表的 $R \times 10k$ 档，测量 G 与 S 间的电阻值	万用表使用之前校零，档位选择 $R \times 10k$ 档
2		选择万用表的 $R \times 10k$ 档，测量 G 与 D 间的电阻值	

电力场效应晶体管 G 极及好坏判断	工作任务单	班级：
		姓名：

1. 作业场地准备

检查电气实验箱及附件是否齐全	□是 □否
检查实验工位通电是否正常	□是 □否
检查万用表各功能是否正常	□是 □否
评估实验工位区域风险等级是否合格	□是 □否

2. 记录测量数据

电力场效应晶体管 G 极判断：

	G 与 S 极之间	G 与 D 极之间	D 与 S 极之间
电阻值 /Ω			

结论：
将万用表置于 $R \times 1k$ 档，分别测量 3 个引脚之间的电阻值。如果测得某个引脚与其余两个引脚间的正、反向电阻均为_____，说明该引脚就是 G 极。

电力场效应晶体管好坏判断：

	G 与 S 极之间	G 与 D 极之间
电阻值 /Ω		

结论：
对于 N 沟道型电力场效应晶体管，将万用表置于 $R \times 10k$ 档，测量 G 与 D 间、G 与 S 间的电阻应均为_____。否则，说明被测管性能不合格，甚至已经损坏。

3. 作业场地恢复

万用表复位及关闭	□是 □否
恢复电气实验箱内元器件及导线	□是 □否
断电检查	□是 □否
清洁、整理场地	□是 □否

	【课证融通考评单】 电力场效应晶体管 G极及好坏判断			实习日期：				
姓名：		班级：		学号：		教师签名：		
自评：□熟练 □不熟练		互评：□熟练 □不熟练		师评：□合格 □不合格				
日期：		日期：		日期：				
序号	评分项	得分条件		分值	评分标准	自评	互评	师评
1	安全/7S/态度	□1. 能进行工位7S操作 □2. 能进行设备和工具安全检查 □3. 能进行工位安全防护操作 □4. 能进行工具清洁、校准、存放操作 □5. 能进行三不落地操作		15	1项未完成扣3分	□熟练 □不熟练	□熟练 □不熟练	□合格 □不合格
2	专业技能能力	□1. 能正确地判断电力场效应晶体管G极 □2. 能正确地判断电力场效应晶体管的好坏		50	1项未完成扣25分	□熟练 □不熟练	□熟练 □不熟练	□合格 □不合格
3	工具、设备的使用能力	□1. 能正确地使用电气箱 □2. 能正确地使用万用表		10	1项未完成扣5分	□熟练 □不熟练	□熟练 □不熟练	□合格 □不合格
4	资料、信息查询能力	□1. 能正确地识别常见元件的电路符号 □2. 能正确地使用说明书查询资料 □3. 能正确地记录测量信息		10	1项未完成扣5分，扣分不得超过10分	□熟练 □不熟练	□熟练 □不熟练	□合格 □不合格
5	数据判断和分析能力	□1. 能判断电力场效应晶体管G极的条件 □2. 能判断电力场效应晶体管好坏的条件		10	1项未完成扣5分	□熟练 □不熟练	□熟练 □不熟练	□合格 □不合格
6	表单填写和报告撰写能力	□1. 字迹清晰 □2. 语句通顺 □3. 无错别字 □4. 无涂改 □5. 无抄袭		5	1项不符合扣1分	□熟练 □不熟练	□熟练 □不熟练	□合格 □不合格
总分：								

任务3 绝缘栅双极晶体管的认知与检测

【学习目标】

知识目标：

1）掌握绝缘栅双极晶体管的结构和主要参数。

2）理解绝缘栅双极晶体管的工作原理。

3）熟悉绝缘栅双极晶体管的特性。

技能目标：

1）具有搭建绝缘栅双极晶体管检测电路的能力。

2）具有判断绝缘栅双极晶体管导通和截止工作条件的能力。

素养目标：

1）在操作过程中树立电路安全意识。

2）树立团队协作意识。

3）培养学生对学习积极参与的态度。

【任务描述】

绝缘栅双极晶体管在电动汽车上主要应用在汽车驱动电机控制系统、车载空调控制系统和充电桩 3 个方面。学习绝缘栅双极晶体管的结构、工作原理、特性等可以为学习新能源汽车专业课程奠定基础。

【获取信息】

一、绝缘栅双极晶体管基础知识

绝缘栅双极晶体管（Insulated Gate Bipolar Transistor，IGBT）是由 P-MOSFET 与电力晶体管（GTR）混合组成的电压控制型自关断器件。它既有 P-MOSFET 输入阻抗高、开关速度快、工作频率高、热稳定性好、驱动电路简单的优点，又有 GTR 通态压降低、耐压高、承受电流大的优点。

1. IGBT 的基本结构

可以将 IGBT 看成是以 N 沟道 MOSFET 为输入级、PNP 型晶体管为输出级的单向达林顿晶体管。它是以 GTR 为主导器件，MOSFET 为驱动器件的复合器件，其等效电路和电气符号如图 2-70 所示。它外部有 3 个电极，分别为栅极（G 极）、集电极（C 极）和发射极（E 极）。

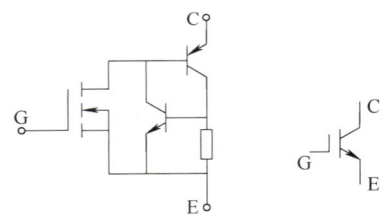

图 2-70 IGBT 的等效电路和电气符号

2. IGBT 的工作原理

由 IGBT 的等效电路可看出，IGBT 是一种场控器件，它的导通与关断由 G 极和 E 极之间的栅极电压 U_{GE} 决定。

当 IGBT 栅极加上正电压且大于开启电压时，MOSFET 内形成沟道，并为 PNP 型晶体管提供基极电流，使 IGBT 导通；当 IGBT 栅极加上负电压或电压为正但小于开启电压时，MOSFET 内沟道消失，切断 PNP 型晶体管的基极电流，IGBT 关断。

IGBT 的驱动原理与 MOSFET 基本相同，但 IGBT 的开关速度比 MOSFET 要慢。

3. IGBT 的主要参数

（1）集电极 - 发射极击穿电压 BU_{CES}　即 IGBT 的最高工作电压，它取决于 IGBT 内部 PNP 型晶体管所能承受的击穿电压值。击穿电压 BU_{CES} 的大小与结温成正温度系数关系。

（2）开启电压 U_T 和最大栅极 - 发射极电压 BU_{GES}　开启电压 U_T 是 IGBT 导通所需的最低栅极 - 发射极电压，即转移特性与横坐标的交点电压。U_T 具有负温度系数，约

为 –5mV/℃。在 25℃ 条件下，U_T 一般为 2~6V。由于 IGBT 的驱动为 MOSFET，应将最大栅极 - 发射极电压限制在 ±20V 以内，最佳值一般取 15V 左右。

（3）通态压降 $U_{CE(on)}$　指 IGBT 处于导通状态时集电极 - 发射极间的导通压降。它决定了 IGBT 的通态损耗，此值越小，IGBT 的功率损耗越小。一般 $U_{CE(on)}$ 为 2.5~3.5V。

（4）集电极连续电流 I_C 和峰值电流 I_{CP}　IGBT 集电极允许流过的最大连续电流 I_C 为 IGBT 的额定电流。IGBT 还规定了最大集电极峰值电流 I_{CP}（条件为脉宽 1ms）。一般情况下，峰值电流 I_{CP} 为额定电流 I_C 的 2 倍左右。此外，为了避免动态擎住效应发生，规定了最大集电极电流 I_{CM}。三者间的关系为 $I_C<I_{CP}<I_{CM}$（$I_C=I_{CP}/2$，$I_C=I_{CM}/6$）。

二、IGBT 的电路特性

1. 静态特性

IGBT 的静态特性主要有输出特性（图 2-71a）和转移特性（图 2-71b）。

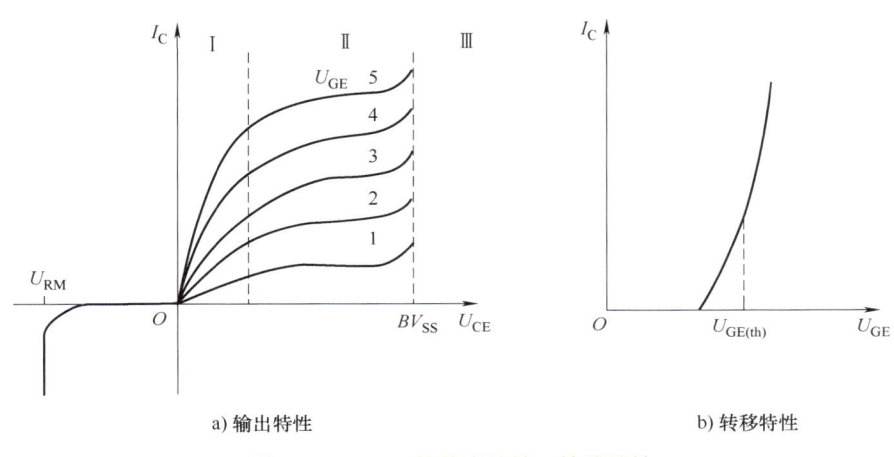

a）输出特性　　　　　　b）转移特性

图 2-71　IGBT 的输出特性、转移特性

（1）IGBT 的输出特性　IGBT 的输出特性也称为伏安特性，它描述以栅极 - 发射极电压 U_{GE} 为参变量时，集电极电流 I_C 与集电极 - 发射极间电压 U_{CE} 之间的关系，如图 2-71a 所示。该特性与 GTR 的输出特性相似，只是控制量不同。由图可见，输出特性分为正向输出特性（第 Ⅰ 象限）和反向输出特性（第 Ⅲ 象限）。正向输出特性又分为可调电阻区 Ⅰ、恒流饱和区 Ⅱ 和雪崩区 Ⅲ。在可调电阻区 Ⅰ，U_{CE} 增大，I_C 增大；在恒流饱和区 Ⅱ，对于一定的 U_{GE}，U_{CE} 增大，I_C 不随着 U_{CE} 增大。

（2）IGBT 的转移特性　IGBT 的转移特性是指集电极电流 I_C 与栅极 - 发射极电压 U_{GE} 之间的关系，如图 2-71b 所示。该特性与 P-MOSFET 的转移特性相似。当 $U_{CE}<U_T$（开启电压）时，IGBT 处于截止状态；当 $U_{CE}>U_T$ 时，IGBT 导通，且在大部分集电极电流范围内，I_C 与 U_{CE} 是线性关系。只有当 U_{CE} 接近 U_T 时才呈非线性关系。

2. 动态特性

IGBT 的动态特性包括开通过程和关断过程两个方面，如图 2-72 所示。

当栅极 - 发射极之间施加阶跃驱动电压时，由于驱动电路中不可避免存在阻抗，当驱动电压为高电平时，驱动电路对 IGBT 的输入电容充电。从栅极 - 发射极电压 U_{GE} 的前沿上升到其幅值的 10% 时刻起，到集电极电流 I_C 上升至其稳态电流 I_{CM} 的 10% 时刻止，这段时间称为开通延迟时间 $t_{d(on)}$。I_C 由 I_{CM} 上升到 90% I_{CM} 所需时间称为电流上升时间 t_{ri}。集电极-发射极电压 U_{CE} 的下降过程分为两段，即 t_{fv1} 和 t_{fv2}。t_{fv1} 为 IGBT 中 MOSFET 单独工作的电压下降过程，由于 MOSFET 的密勒效应，该过程中 U_{CE} 基本保持不变；t_{fv2} 为 MOSFET 和 PNP 晶体管同时工作的电压下降过程，由于 U_{CE} 下降时 IGBT 中的 MOSFET 密勒电容增加，而且 PNP 晶体管由放大状态转入饱和状态也需要一个过程，因此 t_{fv2} 段电压下降过程变缓。当 t_{fv2} 段完全结束后，IGBT 完全进入饱和导通状态。

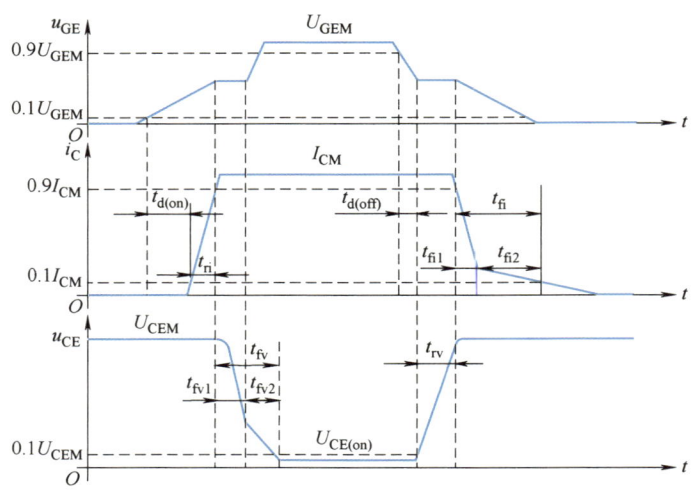

图 2-72　IGBT 开通和关断过程中的电压、电流波形

在 IGBT 关断时，从 U_{GE} 下降到其稳态值的 90% 时刻起，到 U_{CE} 上升到其稳态值的 10% 为止，这段时间称为关断延迟时间 $t_{d(off)}$。随后是 U_{CE} 的上升时间 t_{rv}，由于 IGBT 中 MOSFET 的密勒效应，U_{GE} 近似保持不变。I_C 由 90% I_{CM} 下降到 10% I_{CM} 所需时间称为电流下降时间 t_{fi}，该下降过程分为两段，即 t_{fi1} 和 t_{fi2}。其中，t_{fi1} 对应 IGBT 中 MOSFET 的关断过程，I_C 下降较快；t_{fi2} 对应 IGBT 内部 PNP 晶体管的关断过程，由于 PNP 晶体管基区载流子高注入，存储电荷无法用外加反向抽流使其迅速消失，只能靠自然复合消失。这就出现 IGBT 关断时特有的电流拖尾现象，使得下降时间变长，造成较大的关断损耗。

绝缘栅双极晶体管的认知与检测	学习任务单	班级：
		姓名：

1. 绝缘栅双极晶体管输出特性分为 3 个区域：正向阻断区、有源区和饱和区。这个说法是（　　）的。

　　A. 正确　　　　B. 错误

2. IGBT 是由（　　）和（　　）复合而成。

　　A. GTO　　　　B. MOSFET　　　　C. MCT　　　　D. GTR

3. IGBT 属于（　　）控制型元件。

　　A. 电流　　　　B. 电压　　　　C. 电阻　　　　D. 频率

4. 以下器件不属于电力电子器件的是（　　）。

　　A. 运算放大器　　　　　　　　B. IGBT

(续)

C. IGCT 　　　　　　　　　　D. 晶闸管

5. IGBT 的开启电压随温度升高而（　　），开关速度（　　）电力场效应晶体管。

A. 略有下降；小于　　　　　　B. 略有下降；大于

C. 略有上升；小于　　　　　　D. 略有上升；大于

6. 简述 IGBT 的电流拖尾现象及其产生原因。

【任务实施】 IGBT 的检测

实训器材

电气实验箱、万用表、电气实验箱使用说明书等。

作业准备

检查电气实验箱电子元器件，连接电路，检查电路能否正常通电，评估周围用电风险等级等。

【操作步骤】

一、IGBT 栅极加正电压检测

序号	操作示意图	操作方法	操作标准
1		按左图所示连接好测量电路，G 极加正向电压	根据电路图选择灯泡、电阻等

扫一扫

IGBT 栅极加正电压检测

（续）

序号	操作示意图	操作方法	操作标准
2	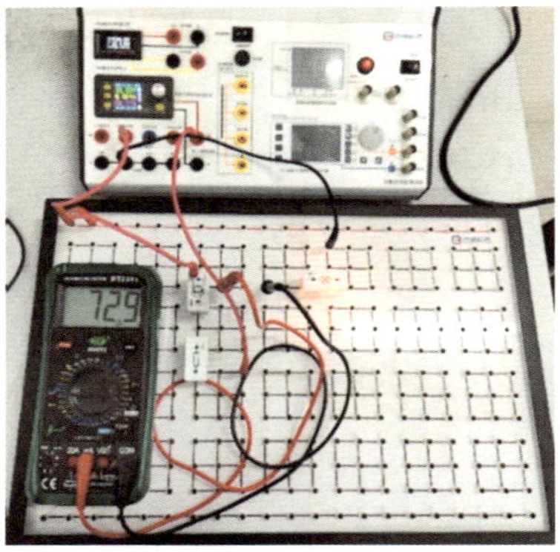	将万用表串联在 IGBT 的 E 极和灯泡之间，测量 E 点的电流	万用表红表笔插入 mA 孔，万用表的量程选择 200mA
3	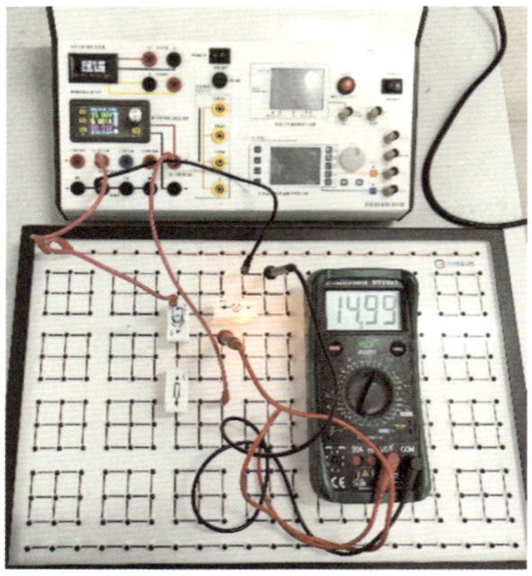	将万用表红表笔接 G 极、黑表笔接搭铁，测量电压	万用表选择 20V 档位
4	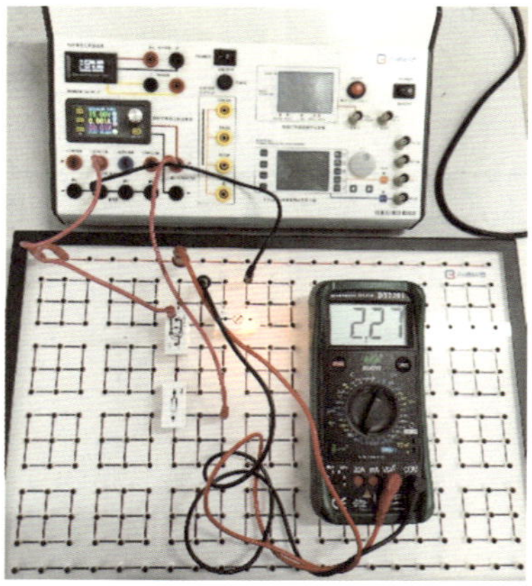	万用表红表笔接点 C、黑表笔接点 E，测量电压	万用表选择 20V 档位
5	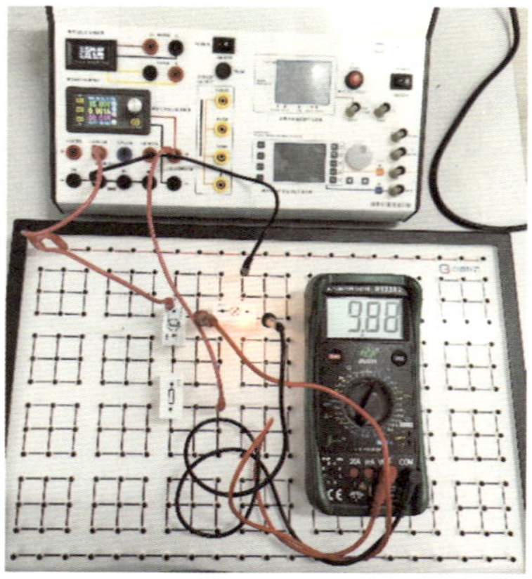	万用表红表笔接点 E、黑表笔接点 D，测量电压	万用表选择 20V 档位

二、IGBT 栅极加负电压检测

序号	操作示意图	操作方法	操作标准
1	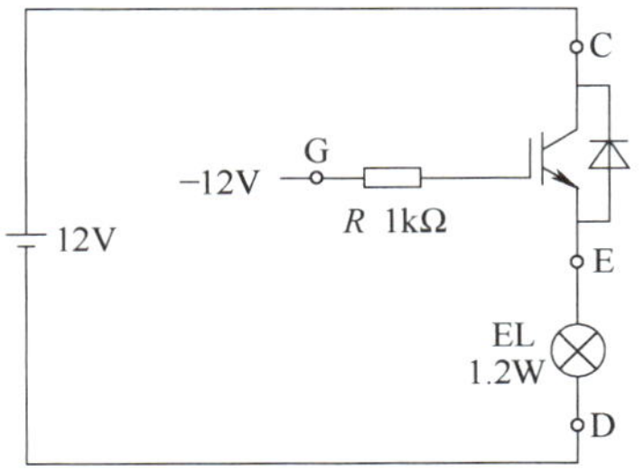	按左图所示连接好测量电路，G 极加负向电压	根据电路图选择灯泡、电阻等
2	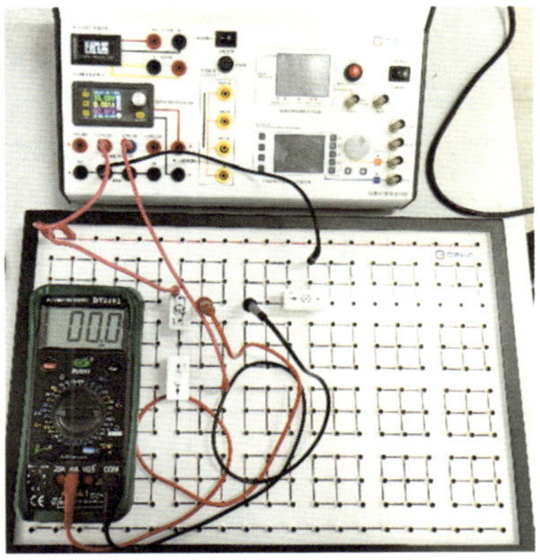	将万用表串联在 IGBT 的 E 极和灯泡之间，测量 E 点的电流	万用表红表笔插入 mA 孔，万用表的量程选择 200mA
3	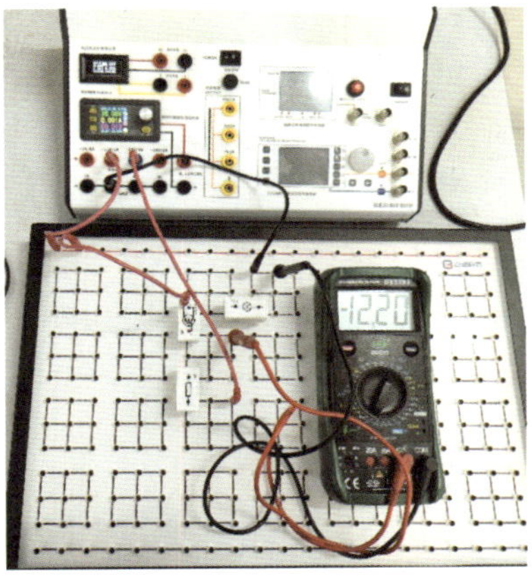	将万用表红表笔接 G 极、黑表笔接搭铁，测量电压	万用表选择 20V 档位
4	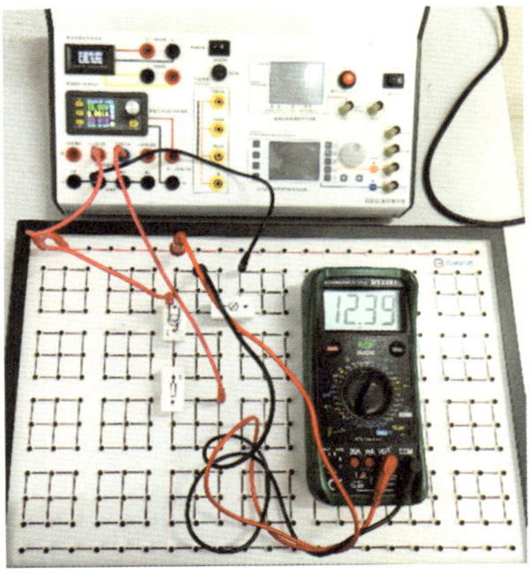	万用表红表笔接点 C、黑表笔接点 E，测量电压	万用表选择 20V 档位

（续）

序号	操作示意图	操作方法	操作标准
5		万用表红表笔接点 E、黑表笔接点 D，测量电压	万用表选择 20V 档位

IGBT 的检测	工作任务单	班级：
		姓名：

1. 作业场地准备

检查电气实验箱及附件是否齐全	□是 □否
检查实验工位通电是否正常	□是 □否
检查万用表各功能是否正常	□是 □否
评估实验工位区域风险等级是否合格	□是 □否

2. 记录测量数据

IGBT 栅极加正电压检测：

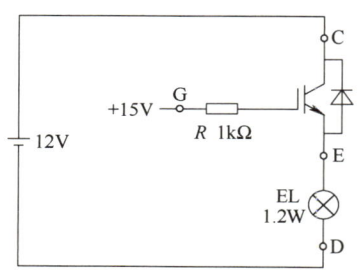

观察现象灯泡 L：□亮　□不亮；测量点 E 电流：_____A；
测量 G 极 - 地电压：_____V；点 C-E 电压：_____V；
点 E-D 电压：_____V。
结论：
IGBT 栅极加正电压时□导通　□截止。

IGBT 栅极加负电压检测：

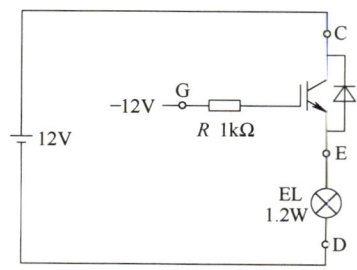

（续）

观察现象灯泡 L：□亮　□不亮；测量点 E 电流：_____A；
测量 G 极 - 地电压：_____V；测量 C-E 电压：_____V；
测量 E-D 电压：_____V。
结论：
IGBT 栅极加负电压时□导通　□截止。

3. 作业场地恢复		
万用表复位及关闭	□是	□否
恢复电气实验箱内元器件及导线	□是	□否
断电检查	□是	□否
清洁、整理场地	□是	□否

【课证融通考评单】 IGBT 的检测　　实习日期：

姓名：		班级：	学号：		教师签名：	
自评：□熟练　□不熟练		互评：□熟练　□不熟练	师评：□合格　□不合格			
日期：		日期：	日期：			

序号	评分项	得分条件	分值	评分标准	自评	互评	师评
1	安全/7S/态度	□ 1. 能进行工位 7S 操作 □ 2. 能进行设备和工具安全检查 □ 3. 能进行工位安全防护操作 □ 4. 能进行工具清洁、校准、存放操作 □ 5. 能进行三不落地操作	15	1 项未完成扣 3 分	□熟练 □不熟练	□熟练 □不熟练	□合格 □不合格
2	专业技能能力	□ 1. 能正确地连接 IGBT 栅极加正电压时的电路并进行检测 □ 2. 能正确地连接 IGBT 栅极加负电压时的电路并进行检测	50	1 项未完成扣 25 分	□熟练 □不熟练	□熟练 □不熟练	□合格 □不合格
3	工具、设备的使用能力	□ 1. 能正确地使用电气箱 □ 2. 能正确地使用万用表	10	1 项未完成扣 5 分	□熟练 □不熟练	□熟练 □不熟练	□合格 □不合格
4	资料、信息查询能力	□ 1. 能正确地识别常见元件的电路符号 □ 2. 能正确地使用说明书查询资料 □ 3. 能正确地记录测量信息	10	1 项未完成扣 5 分，扣分不得超过 10 分	□熟练 □不熟练	□熟练 □不熟练	□合格 □不合格
5	数据判断和分析能力	□ 1. IGBT 栅极加正电压时，能正确地判断各测量值是否正确 □ 2. IGBT 栅极加负电压时，能正确地判断各测量值是否正确	10	1 项未完成扣 5 分	□熟练 □不熟练	□熟练 □不熟练	□合格 □不合格
6	表单填写和报告撰写能力	□ 1. 字迹清晰 □ 2. 语句通顺 □ 3. 无错别字 □ 4. 无涂改 □ 5. 无抄袭	5	1 项不符合扣 1 分	□熟练 □不熟练	□熟练 □不熟练	□合格 □不合格

总分：

项目三
电力电子技术的应用

本项目主要包括 3 个学习情境：电力转换电路的应用、电力变相电路的应用和电力控制电路的应用。

学习情境 1

电力转换电路的应用

新能源汽车电压包括交流、直流等不同形式的高低电压，以满足新能源汽车不同元器件和使用场景，本学习情境将讲解斩波（DC/DC）电路、整流（AC/DC）电路、逆变（DC/AC）电路等的工作原理。通过导入学习任务，让学生根据具体任务进行练习，使其理解 3 种电路在新能源汽车中的应用及故障诊断。

任务 1　斩波（DC/DC）电路的应用

【学习目标】

知识目标：

1）了解斩波电路的特点及应用场景。

2）掌握斩波电路的工作原理。

3）掌握降压斩波电路和升压斩波电路的工作原理。

技能目标：

1）具有搭建斩波电路和测量、计算的能力。

2）具有搭建降压斩波电路和测量、计算的能力。

素养目标：

1）在操作过程中树立电路安全意识。

2）树立团队协作意识。

3）让学生经历科学探究的过程，进一步掌握斩波电路控制原理，学会科学分析和处理实验数据的方法，总结物理规律的研究方法。

4）引导学生体验探究过程中的快乐，感受科学家得出直流斩波电路的广泛应用，学习科学家为科学艰苦奋斗的精神。

【任务描述】

新能源汽车中既有上百伏高压电路,又有传统 5~12V 低压电路,而斩波电路可以将高压电变为低压电,利用斩波电路将直流电变为另一种固定或可调电压的直流电。本任务将了解斩波电路的分类及原理,学习斩波电路的搭建,总结斩波电路的特性。

【获取信息】

一、斩波电路的工作原理

1. 斩波电路

斩波电路又称为直流斩波电路,是一种将电压恒定的直流电变换为电压可调的直流电的电力电子变流装置,也称为直流斩波器或 DC/DC 变换器。用斩波电路实现直流变换的基本思想是通过对电力电子开关器件的快速通、断控制,把恒定的直流电压或电流斩切成一系列的脉冲电压或电流,在一定的滤波条件下,在负载上获得平均值可小于或大于电源的电压或电流。如果改变开关器件通、断的动作频率,或改变开关器件通、断的时间比例,就可以改变这一脉冲序列的脉冲宽度,以实现输出电压、电流平均值的调节。

目前,斩波电路广泛用于电力牵引。例如地铁、电力机车、无轨电车和电动汽车等直流电机的无级调速上。与传统的在电路中串电阻调压的方法相比,斩波电路不仅有较好的起动、制动特性,而且省去了体积大的直流接触器和耗电大的变阻器,电能损耗大大减少。

当晶闸管 VTH 导通时,加到负载上的电压 $U_L=E$,VTH 关断时则为零。如果令周期为 T_e,则负载上的平均电压为

$$U_L = \frac{1}{T}\int_0^{t_e} u_L dt = \frac{t_e}{T_e} E \tag{3-1}$$

式中 t_e ——晶闸管 VTH 导通持续时间。

从式 (3-1) 可知,要改变负载上的直流平均电压 U_L,有两种方法,如图 3-1 所示:

① 周期 T_e 为常数,改变 t_e,称为脉宽调制(PWM)法,即定频调宽式。

② t_e 为常数,改变周期 T_e 的大小,称为频率调制(PFM)法,即定宽调频式

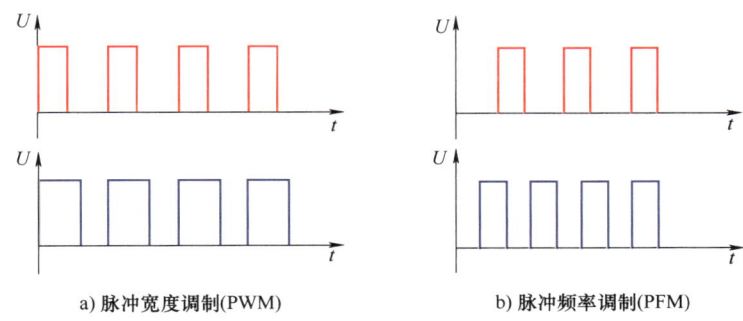

a) 脉冲宽度调制(PWM)　　　　b) 脉冲频率调制(PFM)

图 3-1 斩波电路

2. 斩波电路的分类

根据斩波电路的结构及功能分类,主要有降压(Buck)斩波电路、升压(Boost)斩

波电路、升降压（Buck-Boost）斩波电路和丘克（Cuk）斩波电路 4 种基本类型，其中前两种是最基本的电路，后两种是前两种基本电路的组合形式。利用基本斩波电路进行组合，可以构成复合斩波电路和多相多重斩波电路。

（1）降压斩波电路　降压斩波电路的输出平均电压 U_0 小于输入电压 U_i，输出电压与输入电压极性相同，即为直流降压电路。

降压电路结构为抑制输出电压脉动，如图 3-2 所示。在基本原理电路中加入滤波电容 C；限制功率开关管 VD_1 导通时的电流应力，将缓冲电感串入功率开关管 VD_1 的支路中；为了避免功率开关管 VD_1 关断时缓冲电感中电流的突变，加入续流二极管 VD_2。

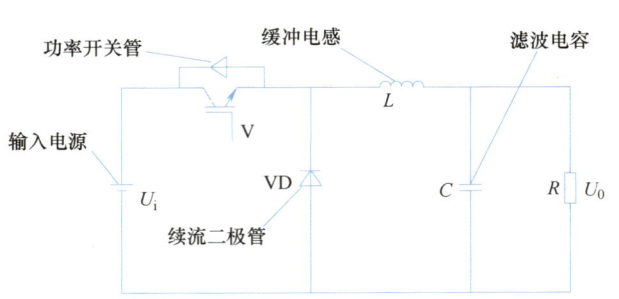

图 3-2　直流降压电路的组成

直流斩波电路是使用广泛的直流变换电路。功率开关管 V 把输入的 U_i 斩成方波输出到 R 上，斩波后的输出波形如图 3-3 所示，方波的周期为 T，在 V 导通时输出电压等于 U_d，导通时间为 t_{on}，在 V 关断时输出电压等于 0，关断时间为 t_{off}，占空比 $D=t_{on}/T$，方波电压的平均值与占空比成正比。

连续输出波形如图 3-4 所示，其平均电压如蓝线所示。改变脉冲宽度即可改变输出电压，在时间 t_1 前脉冲较宽、间隔窄，平均电压（U_{01}）较高；在时间 t_1 后脉冲变窄，平均电压（U_{02}）降低。固定方波周期 T 不变，改变占空比调节输出电压就是脉宽调制法，也称为定频调宽法。由于输出电压比输入电压低，所以称为降压斩波电路。

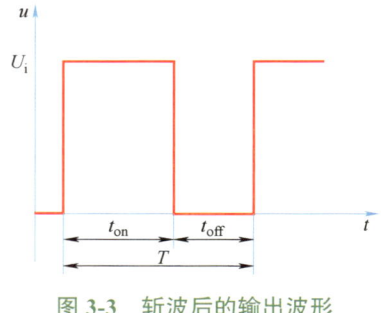

图 3-3　斩波后的输出波形

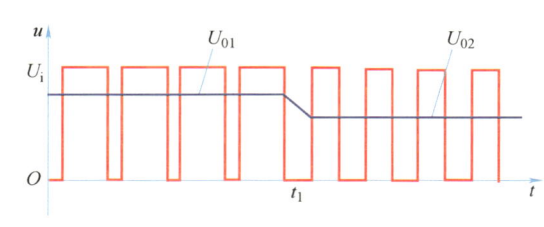

图 3-4　连续输出波形

方波脉冲不能算直流电源，实际使用时要加上滤波电路。图 3-5 所示为加有 LC 滤波的电路，L 是滤波电感、C 是滤波电容、VD 是续流二极管。当 V 导通时，L 与 C 蓄能，向负载 R 输电；当 V 关断时，C 向负载 R 输电，L 通过 VD 向负载 R 输电。输出方波选用的频率较高，一般是数千赫兹至几十千赫兹，故电感体积很小，输出波纹也不大。电路输出电压 $U_0=DU_i$，D 是占空比，值为 0~1。

（2）升压斩波电路　升压斩波电路的输出平均电压 U_0 大于输入电压 U_i，输出电压与输入电压极性相同。直流升压斩波电路也称为并联开关变换器，由功率开关管、二极管、储能电感、输出滤波电容等组成，如图 3-6 所示。

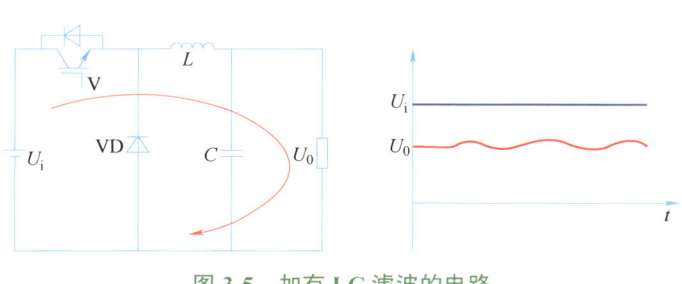
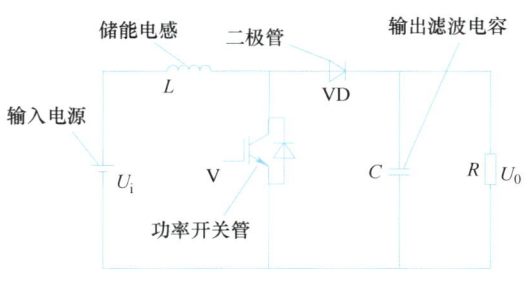

图 3-5 加有 LC 滤波的电路　　　　　图 3-6 直流升压斩波电路

通过电感元件可组成升压斩波电路,如图 3-7 所示。当功率开关管 V 导通时,电流通过电感 L 时会在 L 中存储能量,此时负载上的电压由 C 提供,当功率开关管 V 关断时,电感 L 释放能量,输出电压为输入电压 U_d 与 L 产生的电压相加,故提高了输入电压。输出电压 $U_0=U_i/(1-D)$,D 是占空比,值必须小于 1。

综上总结如下:

晶闸管断开时:$U_0=U_i+U_L$;$U_C=U_i+U_L$(电源和电感给负载供电并给电容充电)。

晶闸管闭合时:$U_0=U_C$;$U_L=U_i$(电源给电感充电,电容给负载供电)。

假设控制信号为 PWM 波,占空比为 D,则 $U_0=U_i/(1-D)$($0 \leq D \leq 1$)。

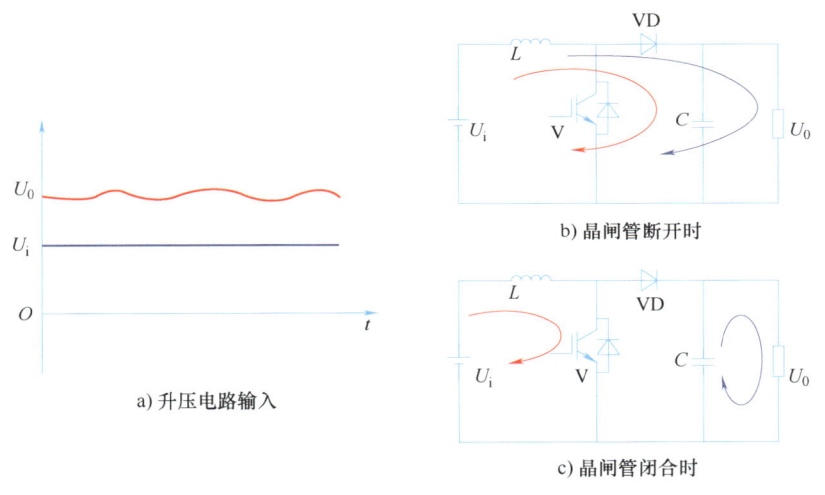

图 3-7 升压斩波电路

二、斩波电路的应用

1. 单象限斩波器

利用脉宽调制直流斩波电路可以将恒定直流电压转变为可变直流电压。如果直流电压在一个量程内设置为零到最大值,并且不存在电流换向的要求或可能,则使用单象限斩波电路(单 IGBT 电路)即可满足,但无法实现电能回收。

单象限斩波电路相当于可以在特定时间点开启和关闭的开关,如图 3-8 所示,电压均值用于衡量调制程度。

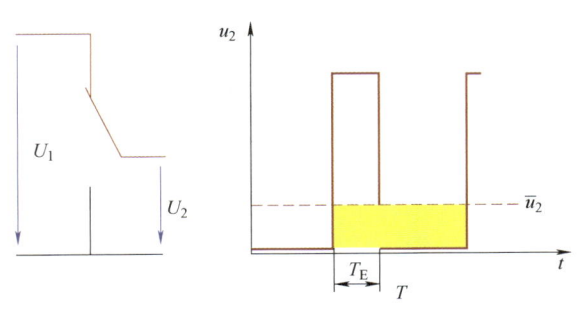

图 3-8 单象限斩波电路示意图

单象限斩波电路只能在一个象限工作，如图 3-9 所示，即无法改变电流和电压方向。连接的直流电动机只能以一个方向旋转，无法实现旋转方向改变或电动机制动。

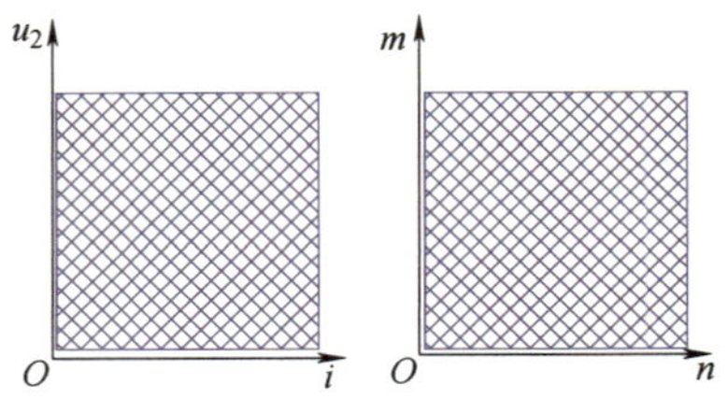

2. 四象限直流斩波电路

将阀门组排列为桥接电路配置可以组成多象限直流斩波电路。在此模式下，可以执行电流和电压同时换向。在电阻性和电感性负载情况下，可以生产正、负电压。仅当负载电路存在馈送电源时可以实现能量反馈。

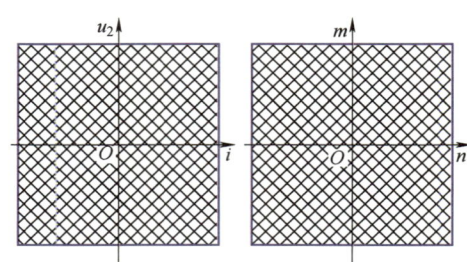

图 3-9 单象限斩波电路象限图

四象限斩波电路在行业中用作直流电机执行器，可通过电子脉冲对直流电动机实现几乎无损耗的控制。四象限斩波电路相当于 4 个以预定义时间开启和关闭的开关，如图 3-10 所示。

四象限直流斩波电路在 4 个象限工作，即可以变换电流和电压方向。连接的直流电动机可以在两个方向上旋转，还可以制动电动机，如图 3-11 所示。

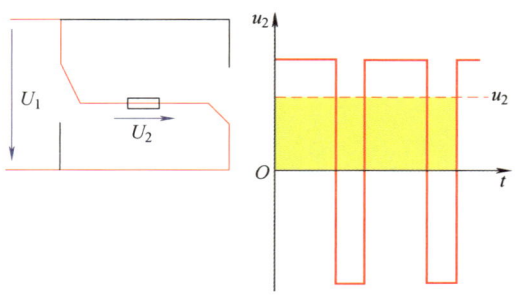

图 3-10 四象限斩波电路示意图

图 3-11 四象限斩波器象限图

按照以下公式确定负载电路上的电压：

$$U_{m2} = \left(2\frac{T_E}{T} - 1\right)U_D = (2f_p T_E - 1)U_D \tag{3-2}$$

周期与开启时间之间的关系称为占空比。同时，占空系数在 0~1，也可以指定为百分比。

对于混合负载，通常电流的出现和消失具有一指数函数特性。在足够强度平滑化或高脉冲频率下，电流呈现三角形。可以按照公式（3-3）计算电流波动宽度和电流变化（Δi）。

$$\Delta i_2 = 2\alpha \frac{U_D}{L} T_E \left(1 - \frac{T_E}{T}\right) \tag{3-3}$$

$\alpha = 0.5$（对于单象限模式）

$\alpha = 1$（对于多象限模式）

四重 FET 电路允许电压和电流换向以及两个方向的能量流动。

对于四象限模式工作的无损耗斩波电路，电源分接和负载消耗的功率为：

$$P = U_D I_{m2}\left(2\frac{T_E}{T} - 1\right) \tag{3-4}$$

斩波（DC/DC）电路的应用	学习任务单	班级：
		姓名：

1. 直流斩波电路是（　　）。

A. 以功率开关管按一定控制规律调制且无变压器隔离的 DC/DC 变换器

B. 以功率开关管按一定控制规律调制且无变压器隔离的 AC/DC 变换器

C. 以功率开关管按一定控制规律调制且无变压器隔离的 DC/AC 变换器

D. 以功率开关管按一定控制规律调制且无变压器隔离的 AC/AC 变换器

2. 下面说法正确的是（　　）。

A. 单象限斩波电路可开关电压，几乎无功率损耗

B. 与单象限斩波电路连接的直流电动机可在两个旋转方向运行

C. 单象限斩波电路可以制动连接的直流电动机

D. 单象限斩波电路以直流电压运行

3. （　　）是直流斩波电路的主要工作方式。

A. 电压　　　　　　　　　　　B. 脉冲频率调制（PFM）

C. 脉宽调制（PWM）　　　　　D. 电流

4. 四象限斩波器需要（　　）开关元件。

A. 1 个晶体管　　　　　　　　B. 2 个晶体管

C. 3 个晶体管　　　　　　　　D. 4 个晶体管

5. 关于脉冲宽度调制（PWM）解释正确的是（　　）。

A. 功率开关管导通信号的宽度固定不变，而功率开关管调制信号的频率可调

B. 功率开关管导通信号的宽度固定不变，而功率开关管调制信号的频率不可调

C. 功率开关管调制信号的周期固定不变，而功率开关管导通信号的宽度可调

D. 功率开关管调制信号的周期固定不变，而功率开关管导通信号的宽度不可调

6. 下列对于直流斩波电路降压说法正确的是（　　）。

A. 当 V 导通时，L 蓄能，向负载 R 输电

B. 当 V 导通时，L 与 C 蓄能，向负载 R 输电

C. 当 V 导通时，C 蓄能，向负载 R 输电

D. 当 V 关断时，C 与 VD_2 蓄能，向负载 R 输电

【任务实施】 斩波（DC/DC）电路的应用

实训器材

电气实验箱、万用表、电气实验箱使用说明书等。

作业准备

检查电气实验箱电子元器件，连接电路，检查电路能否正常通电，评估周围用电风险等级等。

扫一扫

IGBT 的测量

【操作步骤】

一、IGBT 的测量

序号	操作示意图	操作方法	操作标准
1	+15V, G, R 1kΩ, 12V, C, E, 1.2W, D	按左图所示连接好测量电路	电阻为1000Ω，将电源电压设置为0V
2		将电源电压设置为12V，观察灯泡 L 是否亮	C 点电压设置为 +12V
3		分别测量 G-地、C-E、E-D 3 处的电压	—

项目三　电力电子技术的应用

（续）

序号	操作示意图	操作方法	操作标准
4	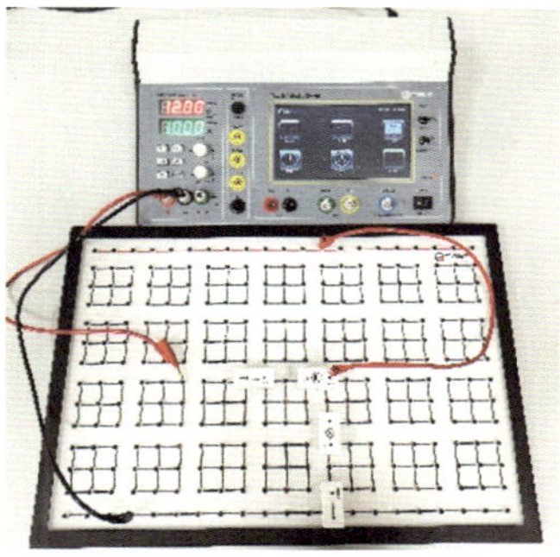	断开 +12V 和电源电压	—
5	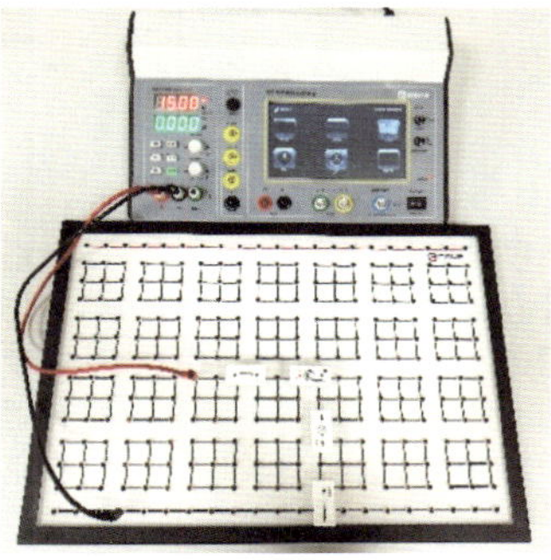	将电源电压设置为 15V，观察灯泡 L 是否亮	G 点电压设置为 +15V
6	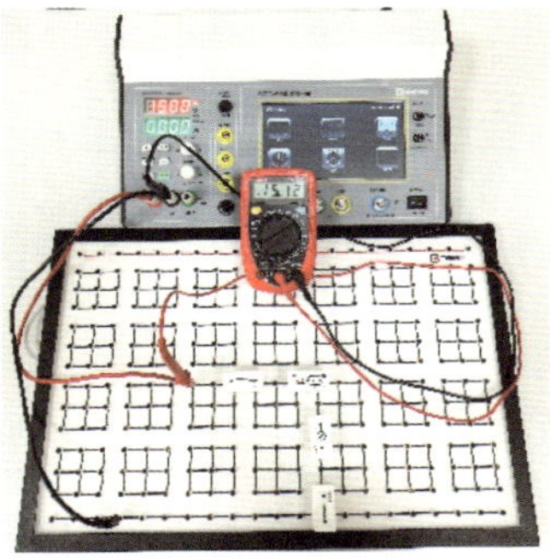 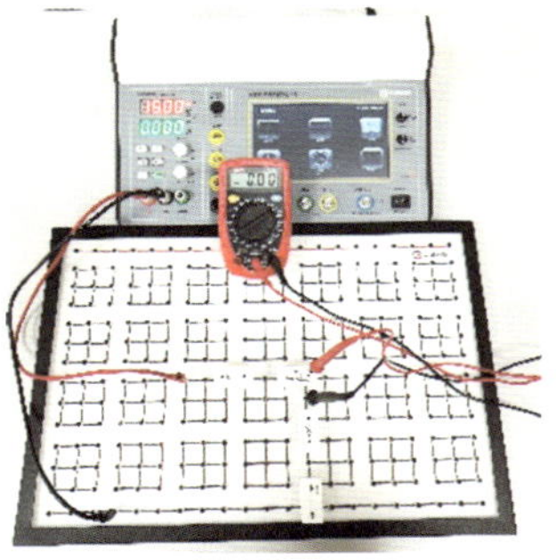 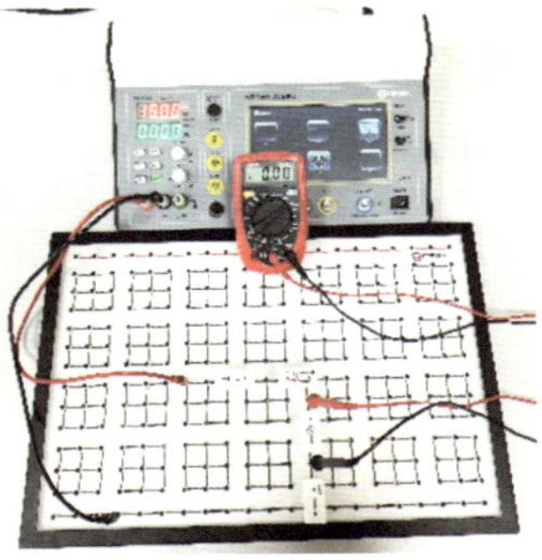	分别测量 G-地、C-E、E-D 3 处的电压	—

123

二、测量降压电路

扫一扫
测量降压电路

序号	操作示意图	操作方法	操作标准
1	电路图：12V，C-E，330μH，G，10Ω，VD₁(1N4007)，470μF，1.2W/12V，A、B	按左图所示连接好测量电路	将电源电压设置为0V
2	（实验装置照片）	观察现象 灯泡L： □亮 □不亮 □发暗	1. 波形：方波 2. 频率：10kHz 3. 幅度：12V 4. 偏置：6V 5. 占空比：90% 时
3	（实验装置照片）	断开A点，万用表的红、黑表笔分别连接断开端子的两端，读取读数 I_A。完成后连接断点A的两端	1. 波形：方波 2. 频率：10kHz 3. 幅度：12V 4. 偏置：6V 5. 占空比：90% 时
4	（实验装置照片）	用万用表黑表笔连接A点、用红表笔连接B点，读取电压	1. 波形：方波 2. 频率：10kHz 3. 幅度：12V 4. 偏置：6V 5. 占空比：90% 时

斩波（DC/DC）电路的应用	工作任务单	班级：
		姓名：

1. 作业场地准备

检查电气实验箱及附件是否齐全	□是　□否
检查实验工位通电是否正常	□是　□否
检查万用表各功能是否正常	□是　□否
评估实验工位区域风险等级是否合格	□是　□否

2. 记录测量数据

IGBT 的测量：

灯泡 L	+15V	−15V
观察现象	□亮　□不亮	□亮　□不亮
测量电压	G- 地电压：_____V C-E 电压：_____V E-D 电压：_____V	G- 地电压：_____V C-E 电压：_____V E-D 电压：_____V

结论：
1）IGBT 栅极接_____时导通，接_____时截止。
2）导通时 IGBT 的压降为_____V。

测量降压电路：

观察现象，灯泡 L：	□亮　□不亮　□发暗
测量电流	点 A 电流：_____mA
测量电压	点 B 电压：_____V

结论：
1）直流降压电路是（□ DC/AC　□ DC/DC）变换电路。
2）直流降压电路的输出电压（□大于　□小于　□等于）输入电压。

3. 作业场地恢复

万用表复位及关闭	□是　□否
恢复电气实验箱内元器件及导线	□是　□否
断电检查	□是　□否
清洁、整理场地	□是　□否

【课证融通考评单】 斩波（DC/DC）电路的应用		实习日期：	
姓名：	班级：	学号：	教师签名：
自评：□熟练　□不熟练	互评：□熟练　□不熟练	师评：□合格　□不合格	
日期：	日期：	日期：	

序号	评分项	得分条件	分值	评分标准	自评	互评	师评
1	安全/7S/态度	□ 1. 能进行工位 7S 操作 □ 2. 能进行设备和工具安全检查 □ 3. 能进行工位安全防护操作 □ 4. 能进行工具清洁、校准、存放操作 □ 5. 能进行三不落地操作	15	1 项未完成扣 3 分	□熟练 □不熟练	□熟练 □不熟练	□合格 □不合格

（续）

序号	评分项	得分条件	分值	评分标准	自评	互评	师评
2	专业技能能力	□ 1. 能正确地连接斩波电路并进行验证 □ 2. 能正确地连接降压斩波电路并进行验证	50	1项未完成扣25分	□熟练 □不熟练	□熟练 □不熟练	□合格 □不合格
3	工具、设备的使用能力	□ 1. 能正确地使用电气箱 □ 2. 能正确地使用万用表	10	1项未完成扣5分	□熟练 □不熟练	□熟练 □不熟练	□合格 □不合格
4	资料、信息查询能力	□ 1. 能正确地识别常见元件的电路符号 □ 2. 能正确地使用说明书查询资料 □ 3. 能正确地记录测量信息	10	1项未完成扣5分，扣分不得超过10分	□熟练 □不熟练	□熟练 □不熟练	□合格 □不合格
5	数据判断和分析能力	□ 1. 能判断测量电压的目的 □ 2. 能判断降压斩波电路的特点 □ 3. 能判断降压斩波电路输入、输出电压的关系 □ 4. 能判断电压与时间的关系	10	1项未完成扣2分	□熟练 □不熟练	□熟练 □不熟练	□合格 □不合格
6	表单填写和报告撰写能力	□ 1. 字迹清晰 □ 2. 语句通顺 □ 3. 无错别字 □ 4. 无涂改 □ 5. 无抄袭	5	1项不符合扣1分	□熟练 □不熟练	□熟练 □不熟练	□合格 □不合格

总分：

任务 2　整流（AC/DC）电路的应用

【学习目标】

知识目标：

1）了解整流电路的应用特点及应用场景。

2）掌握整流电路的工作原理。

3）掌握半波整流和桥式全波整流电路的工作原理。

技能目标：

1）具有搭建半波整流电路和测量、计算的能力。

2）具有搭建桥式全波整流电路和测量、计算的能力。

素养目标：

1）在操作过程中树立电路安全意识。

2）树立团队协作意识。

3）让学生经历科学探究的过程，进一步熟悉整流电路控制原理，学会科学分析和处理实验数据的方法，总结物理规律的研究方法。

4）引导学生体验探究过程中的快乐，感受科学家得出整流电路的广泛应用，学习科学家为科学探索创新的精神。

【任务描述】

新能源汽车驱动电机大部分采用交流电，动力蓄电池为直流高压电，动能回收时需要将驱动电机回收的交流电转换为动力蓄电池的直流电，整流电路正是将交流电转换为直流电的重要电路。本任务将学习半波整流和全波整流电路，结合实验分析、总结整流电路的特点。

【获取信息】

一、整流电路的功能

整流电路（Rectifying Circuit）是把交流电能转换为直流电能的电路。大多数整流电路由变压器、整流主电路和滤波器等组成。它在直流电动机的调速、发电机的励磁调节、电解、电镀等领域得到广泛应用。

整流电路的作用是将交流电转换成单向脉动性直流电，整流电路主要由整流二极管组成。新能源汽车电源电路中的整流电路主要有半波整流电路、全波整流电路等类型。

二、整流电路的应用

1. 半波整流电路

半波整流电路是电源电路中一种最简单的整流电路，它由整流变压器、二极管及负载组成，如图 3-12 所示。由于这种电路只在交流的半个周期内才导通，也只有在正半周期时才有电流流过负载，故又称为单相半波整流电路。

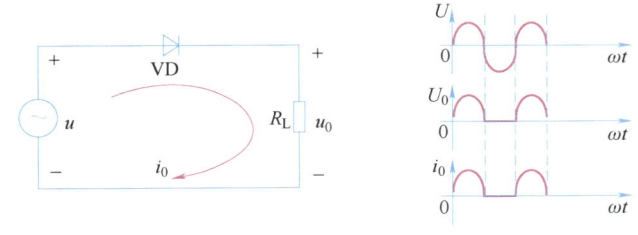

图 3-12 半波整流电路

当 u 为正半周期时，二极管 VD 正向导通。

当 u 为负半周期时，二极管 VD 反向截止。

负载电阻上得到的是一个半波整流电压，整流电压虽然是单方面的，但其大小是变化的，称为脉动直流电压。整流输出电压平均值：$U_0=0.45U$。

半波整流电路的输出电压不到输入电压的一半，交流分量大，效率低。因此这种电路仅适用于整流电流较小、对脉冲要求不高的场合。

2. 全波整流电路

全波整流电路是指能够把交流电转换成单一方向电流的电路，最少由两个整流器合并而成，一个负责正方向，一个负责反方向。最典型的全波整流电路是由4个二极管组成的整流桥，一般用于电源的整流，也可由MOS管搭建。

在实用电路中多采用全波整流电路，最常用的全波整流电路是桥式全波整流电路。它是由4个二极管接成电桥的形式构成的，它的简化画法如图3-13所示。

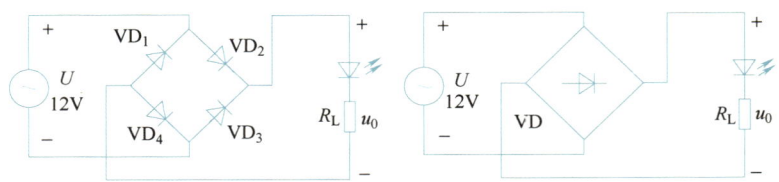

图3-13 桥式全波整流电路

如图3-14所示，当输入信号为正半周期时，VD_2、VD_4导通，VD_1、VD_3截止，负载上有半波输出；当输入信号为负半周期时，VD_1、VD_3导通，VD_2、VD_4截止，负载上有半波输出。在输入信号的一个周期内，负载上得到两个半波。

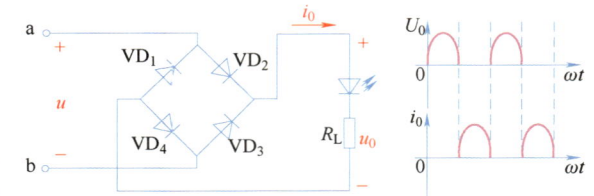

图3-14 桥式全波整流电路信号特征

在单相桥式全波整流电路中，交流电在一个周期内的两个半波都有同方向的电流流过负载，因此在同样的输入电压时，该电路输出的电流和电压均比半波整流电路的大一倍。

整流输出电压平均值：$U_0=0.9U$；负载的电流：$I_0=\dfrac{U_0}{R_L}=0.9\dfrac{U}{R_L}$；二极管的正向电流：$I_D=0.5I_0$；二极管承受的反向峰值电压：$U_{RM}=U_M=\sqrt{2}U$。

整流（AC/DC）电路的应用	学习任务单	班级：
		姓名：

1. 关于整流电路，以下说法不正确的是（　　）。

　A. 单相半波整流电路只需要一个整流二极管

　B. 单相桥式全波整流电路是由4个二极管接成电桥的形式构成的

　C. 二极管反向漏电流越小，表明二极管单向导电性越好

　D. 二极管反向漏电流越小，表明二极管单向导电性越差

2. 单相半波整流电路中，如果负载的有效电压值为U_1，则二极管所能承受的最高电压为（　　）。

　A. $2\sqrt{2}U_1$　　　　B. $\sqrt{2}U_1$　　　　C. U_1　　　　D. $2U_1$

（续）

3. 画出下图中电流流向。

用红笔画出 A 为正极时电流的流向图。

用蓝笔画出 B 为正极时电流的流向图。

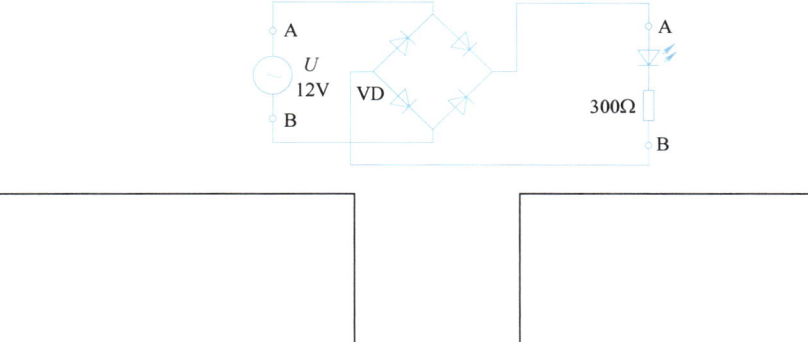

【任务实施】 整流（AC/DC）电路的应用

实训器材

电气实验箱、万用表、电气实验箱使用说明书等。

作业准备

检查电气实验箱电子元器件，连接电路，检查电路能否正常通电，评估周围用电风险等级等。

【操作步骤】

一、半波整流电路的测量

序号	操作示意图	操作方法	操作标准
1		按左图所示连接好测量电路	电阻为 300Ω，将电源电压设置为 0V，二极管正向连接
2		将电源电压设置为 12V，观察 VD_1、VD_2 是否亮并在任务单中记录数据	U 电压设置为 12V

（续）

序号	操作示意图	操作方法	操作标准
3	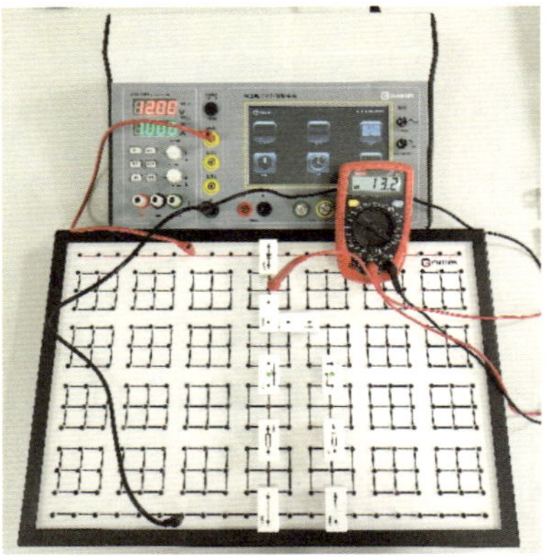 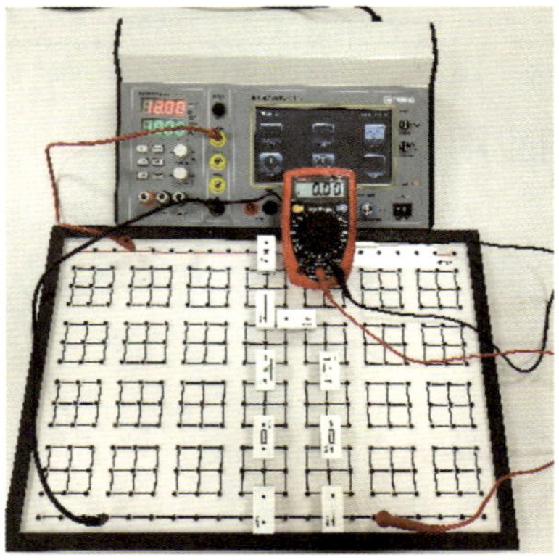	用万用表黑表笔连接电源负极，用红表笔分别测量A、B两点的电压并在任务单中记录数据	—
4	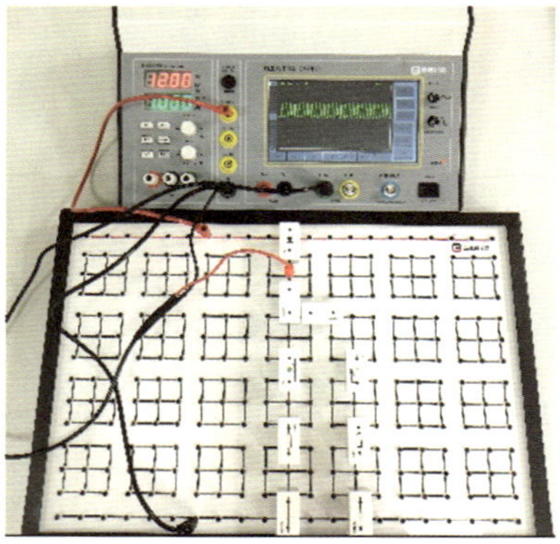	用波形仪测量A、B两点波形在任务单中记录数据	—
5	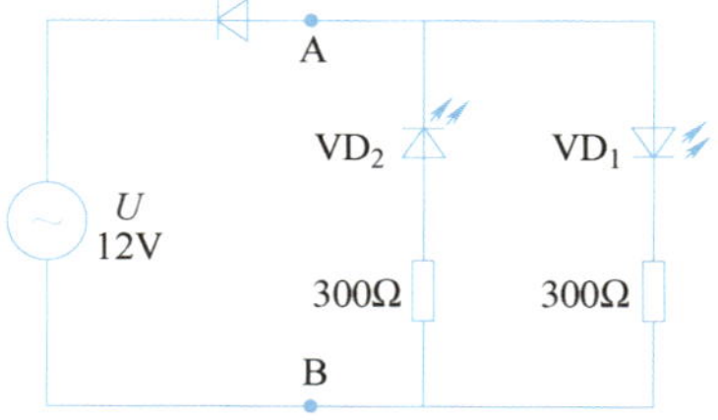	按左图所示连接好测量电路	电阻为300Ω，将电源电压设置为0V 二极管反向连接

项目三 电力电子技术的应用

（续）

序号	操作示意图	操作方法	操作标准
6	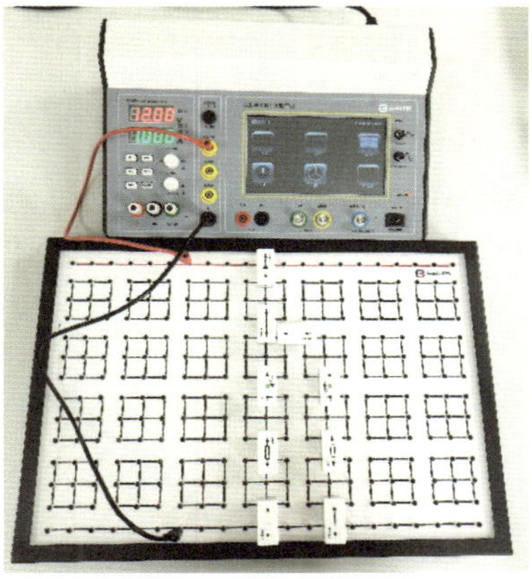	将电源电压设置为12V，观察 VD_1、VD_2 是否亮并在任务单中记录数据	U 电压设置为12V
7	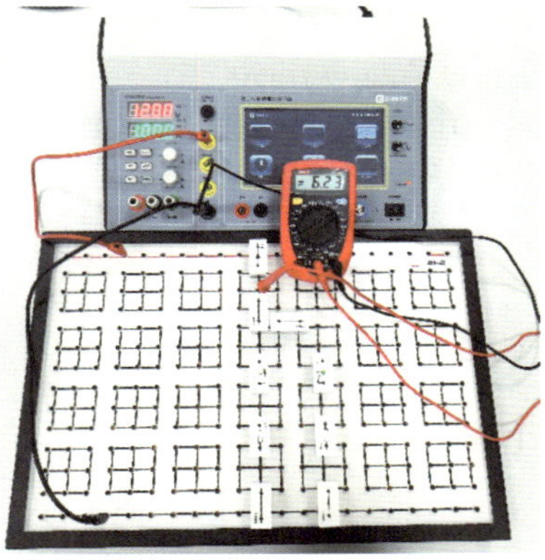 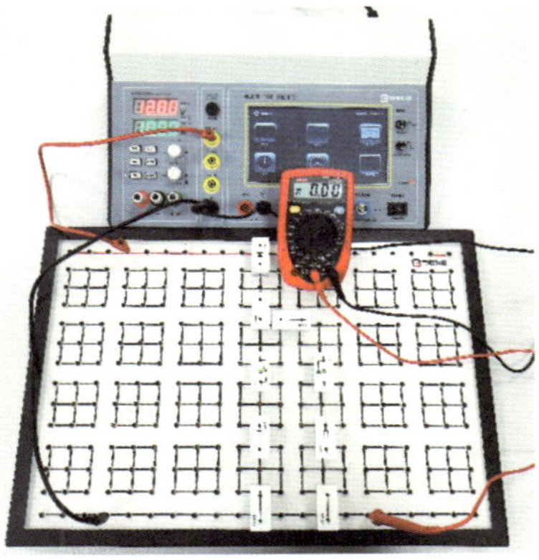	用万用表黑表笔连接电源负极，用红表笔分别测量A、B两点的电压并在任务单中记录数据	—
8	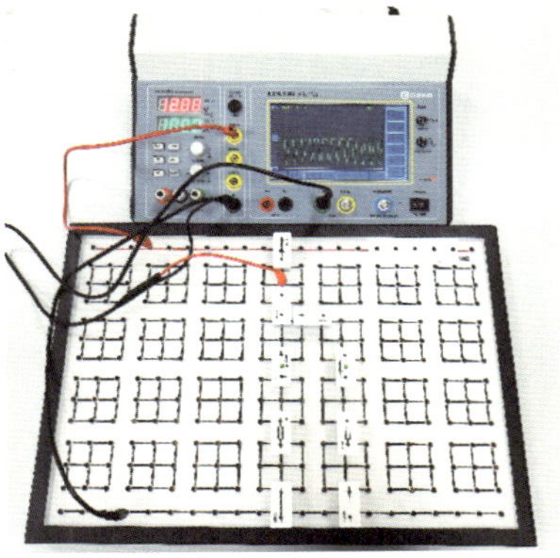	用波形仪测量A、B两点频率并在任务单中记录数据	

二、桥式全波整流电路的测量

序号	操作示意图	操作方法	操作标准
1	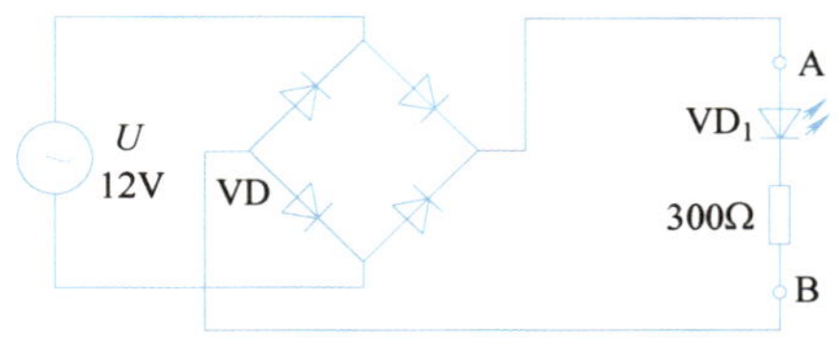	按左图所示连接好测量电路	将电源电压设置为0V 电阻为300Ω
2	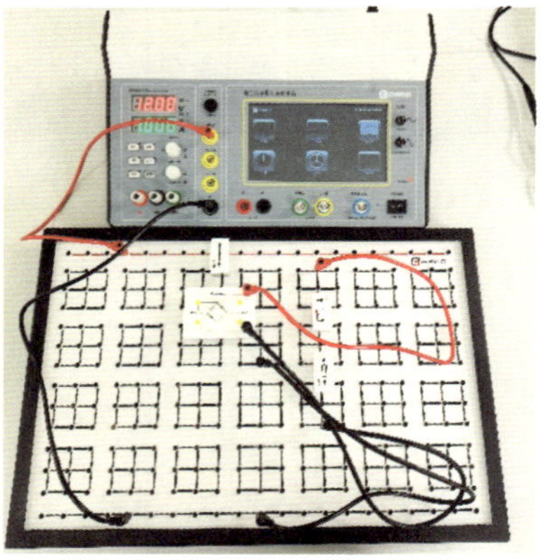	将电源电压设置为12V，观察 VD_1 是否亮并在任务单中记录数据	U 电压设置为12V
3	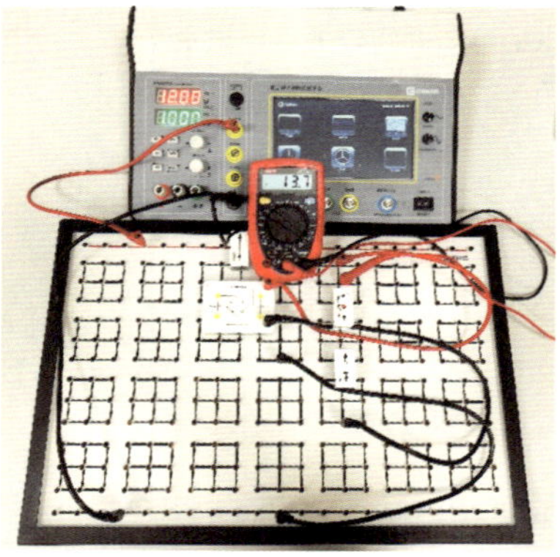 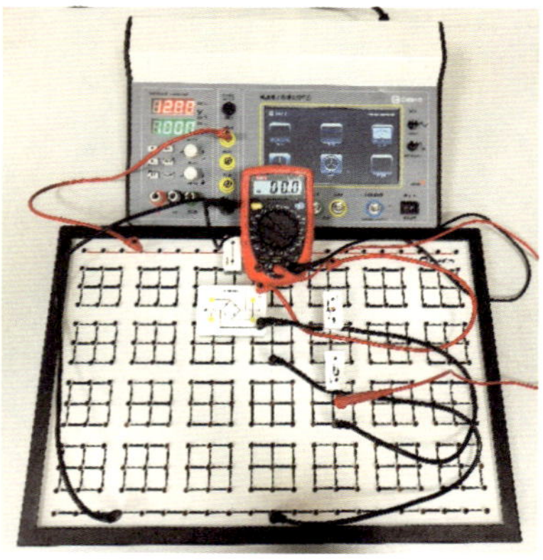	用万用表黑表笔连接电源负极，用红表笔分别测量A、B两点的电压并在任务单中记录数据	—

（续）

序号	操作示意图	操作方法	操作标准
4		用波形仪测量 A、B 两点频率并在任务单中记录数据	—

整流（AC/DC）电路的应用	工作任务单	班级：
		姓名：

1. 作业场地准备

检查电气实验箱及附件是否齐全	□是 □否
检查实验工位通电是否正常	□是 □否
检查万用表各功能是否正常	□是 □否
评估实验工位区域风险等级是否合格	□是 □否

2. 记录测量数据

半波整流电路的测量：

	二极管正向连接	二极管反向连接
观察现象	□ VD$_1$ 亮 □ VD$_2$ 亮	□ VD$_1$ 亮 □ VD$_2$ 亮
测量电压	A、B 两点电压：_____ V A、B 两点频率：_____ Hz	A、B 两点电压：_____ V A、B 两点频率：_____ Hz

结论：
1）二极管正向连接时，输出为（□ 正半波 □ 负半波）。
2）二极管反向连接时，输出为（□ 正半波 □ 负半波）。

桥式全波整流电路的测量：

观察现象，二极管灯 VD$_1$	□亮 □不亮
测量电压	A、B 两点电压：_____ V
测量频率	A、B 两点频率：_____ Hz

结论：
1）整流电路利用了二极管的（□ 单向 □ 双向）导通性。
2）4 个二极管桥式连接时，轮流导通、截止，输出为（□ 半波 □ 全波）整流电路。
3）桥式全波整流后的电压大约为原输入电压的（□ 45% □ 90%）。

3. 作业场地恢复

万用表复位及关闭	□是 □否
恢复电气实验箱内元器件及导线	□是 □否
断电检查	□是 □否
清洁、整理场地	□是 □否

【课证融通考评单】整流（AC/DC）电路的应用			实习日期：				
姓名：		班级：	学号：			教师签名：	
自评：□熟练 □不熟练		互评：□熟练 □不熟练	师评：□合格 □不合格				
日期：		日期：	日期：				
序号	评分项	得分条件	分值	评分标准	自评	互评	师评
1	安全/7S/态度	□1. 能进行工位 7S 操作 □2. 能进行设备和工具安全检查 □3. 能进行工位安全防护操作 □4. 能进行工具清洁、校准、存放操作 □5. 能进行三不落地操作	15	1 项未完成扣 3 分	□熟练 □不熟练	□熟练 □不熟练	□合格 □不合格
2	专业技能能力	□1. 能正确地连接半波整流电路的测量并进行验证 □2. 能正确地连接桥式全波整流电路的测量并进行验证	50	1 项未完成扣 25 分	□熟练 □不熟练	□熟练 □不熟练	□合格 □不合格
3	工具、设备的使用能力	□1. 能正确地使用电气箱 □2. 能正确地使用万用表	10	1 项未完成扣 5 分	□熟练 □不熟练	□熟练 □不熟练	□合格 □不合格
4	资料、信息查询能力	□1. 能正确地识别常见元件的电路符号 □2. 能正确地使用说明书查询资料 □3. 能正确地记录测量信息	10	1 项未完成扣 5 分，扣分不得超过 10 分	□熟练 □不熟练	□熟练 □不熟练	□合格 □不合格
5	数据判断和分析能力	□1. 能判断整流电路的特点 □2. 能判断测量电压的目的 □3. 能判断二极管在电路中起到的作用 □4. 能判断频率在整流电路中的作用 □5. 能判断桥式全波整流电路的作用	10	1 项未完成扣 2 分	□熟练 □不熟练	□熟练 □不熟练	□合格 □不合格
6	表单填写和报告撰写能力	□1. 字迹清晰 □2. 语句通顺 □3. 无错别字 □4. 无涂改 □5. 无抄袭	5	1 项不符合扣 1 分	□熟练 □不熟练	□熟练 □不熟练	□合格 □不合格

总分：

任务 3　逆变（DC/AC）电路的应用

【学习目标】

知识目标：

1）了解逆变电路的应用特点及应用场景。

2）掌握半桥逆变电路和全桥逆变电路的工作原理。

技能目标：

1）具有搭建半桥逆变电路和测量计算的能力。

2）具有搭建全桥逆变电路和测量计算的能力。

素养目标：

1）在操作过程中树立电路安全意识。

2）树立团队协作意识。

3）让学生经历科学探究的过程，进一步熟悉逆变电路的工作原理，学会科学分析和处理实验数据的方法，总结物理规律的研究方法。

4）引导学生体验探究过程中的快乐，学习科学家为科学艰苦奋斗的精神。

【任务描述】

新能源汽车动力蓄电池提供的是直流高压电，而新能源汽车中的驱动电机多采用三相交流电，本任务学习的逆变电路就是将动力蓄电池的直流电转换成驱动电机采用的三相交流电。本任务将学习半桥逆变电路和全桥逆变电路，结合实验分析、总结逆变电路的特点。

【获取信息】

一、逆变电路的基础知识

1. 逆变电路的认知

逆变电路与整流电路相对应。把直流电变成交流电称为逆变。当交流侧接在电网上，即交流侧接有电源时称为有源逆变；当交流侧直接与负载连接时称为无源逆变。逆变电路的应用非常广泛，在已有的各种电源中动力蓄电池、辅助蓄电池、太阳能蓄电池等都是直流电源，当需要这些电源向交流负载供电时，就需要逆变电路；另外，交流电机调速用变频器、不间断电源、感应加热电源等电力电子装置使用也非常广泛，其电路的核心部分都是逆变电路。它的基本作用是在电路的控制下将中间直流电路输出的直流电转换为频率和电压都任意可调的交流电。

2. 逆变电路的分类

（1）**按输出电能的去向分**　可分为有源逆变电路和无源逆变电路。前者输出的电能返回公共交流电网，后者输出的电能直接输向用电设备。

（2）**按电流波形分**　可分为正弦逆变电路和非正弦逆变电路。前者开关器件中的电流为正弦波，其开关损耗较小，宜工作于较大频率的电路；后者开关器件中的电流为非正弦波，因其开关损耗较大，故工作频率较正弦逆变电路小。

（3）**按输出相数分**　可分为单相逆变电路和三相逆变电路。

（4）**按直流电源性质分**　可分为由电压型直流电源供电的电压型逆变电路和由电流型直流电源供电的电流型逆变电路。

二、逆变电路的应用

1. 电压型逆变电路

电压型逆变电路分为单相电压型逆变电路和三相电压型逆变电路。

单相电压型逆变电路分为半桥逆变电路、全桥逆变电路和带中心抽头变压器的逆变电路；三相电压型逆变电路中应用最广泛的是三相桥式逆变电路。

> **小知识**
>
> 电压型逆变电路的主要特点：直流侧为电压源或并联大电容，直流侧电压基本无脉动。输出电压为矩形波，输出电流因负载阻抗不同而不同。阻感负载时，需提供无功功率。为了给交流侧向直流侧反馈的无功能量提供通道，逆变桥各臂并联反馈二极管。

（1）半桥逆变电路　如图 3-15 所示，VT_1 和 VT_2 栅极信号在一个周期内各半周正偏、半周反偏，两者互补，输出电压 u_0 为矩形波，幅值 $u_m = \dfrac{u_d}{2}$。

VT_1 或 VT_2 导通时，i_0 和 u_0 同方向直流侧向负载提供能量。

VD_1 或 VD_2 导通时，i_0 和 u_0 反向，电感中储能向直流侧反馈。

VD_1、VD_2 称为反馈二极管，它起着使负载电流连续的作用，又称为蓄流二极管。

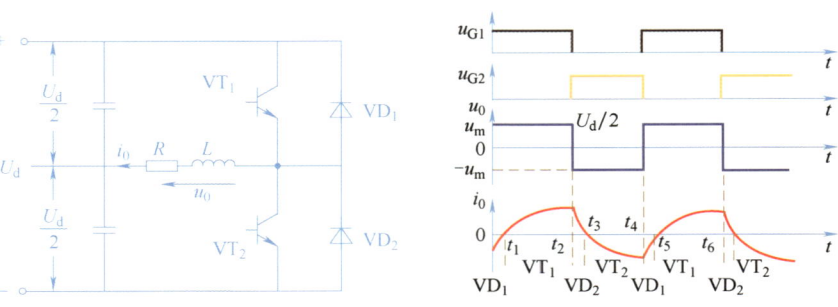

图 3-15　半桥逆变电路

（2）全桥逆变电路　如图 3-16 所示，共 4 个桥臂，可看成两个半桥电路组合而成，两对桥臂交替导通 180°，输出电压和电流波形与半桥电路形状相同，幅值高出 1 倍，改变输出交流电压的有效值只能通过改变直流电压 U_d 来实现。

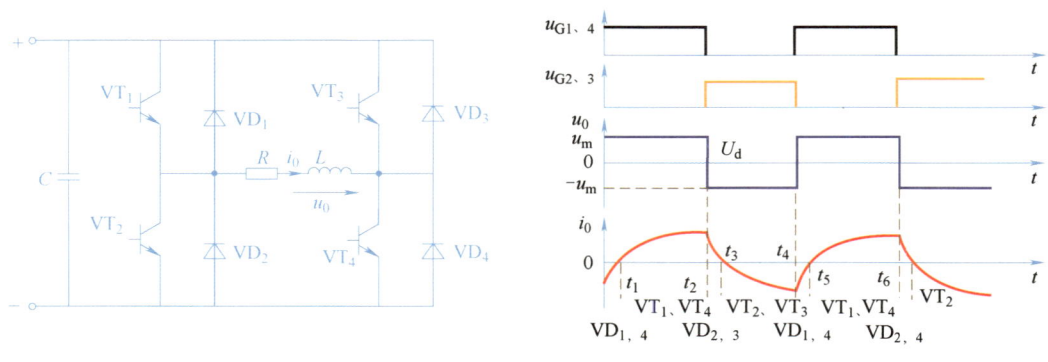

图 3-16　全桥逆变电路

（3）带中心抽头变压器的逆变电路　如图 3-17 所示，交替驱动两个 IGBT，经变压器耦合给负载加上矩形波交流电压。两个二极管的作用是提供无功能量的反馈通道，U_d 和负载参数相同，变压器匝比为 1∶1 时，u_0 和 i_0 波形及幅值与全桥逆变器电路完全相同。

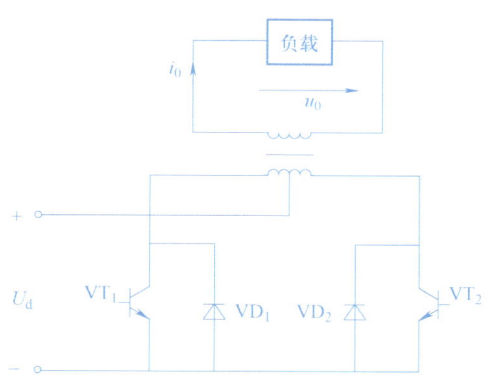

图 3-17　带中心抽头变压器的逆变电路

小知识

与全桥逆变电路的比较：比全桥逆变电路少用一半开关器件；器件承受的电压为 $2U_d$，比全桥逆变电路高 1 倍；必须有一个变压器。

三相电压型逆变电路由 3 个单相逆变电路组合而成，应用最广的是三相桥式逆变电路，如图 3-18 所示。基本工作方式：每桥臂导电 180°，同一相上、下两臂交替导电，各相开始导电的角度差 120°。任一瞬间有 3 个桥臂同时导通。每次换流都是在同一相上、下两臂之间进行，也称为纵向换流。

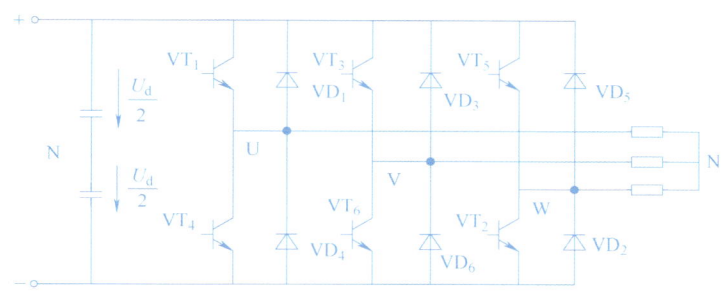

图 3-18　三相电压型逆变电路

2. 电流型逆变电路

电流电源为电流源的逆变电路称为电流型逆变电路。电流型逆变电路中，采用半控型器件的电路应用较多。换流方式有负载换流、强迫换流。电流型逆变电路可分为单相电流型逆变电路和三相电流型逆变电路。

（1）单相电流型逆变电路　如图 3-19 所示，电路由 4 个桥臂构成，每个桥臂的晶闸管各串联一个电感，用来限制晶闸管开通时的 di/dt，工作方式为负载换相，电容 C 和 L、R 构成并联谐振电路，输出电流波形接近矩形波，含基波和各奇次谐波，且谐波幅值远小于基波。

工作方式：实际工作过程中，感应线圈参数随时间变化，必须使工作频率适应负载的变化而自动调整，这种控制方式称为自励方式。固定工作频率的控制方式称为他励方式。

（2）三相电流型逆变电路　如图 3-20 所示，基本导电方式是 120° 导通、横向换流方式，任意瞬间只有两个桥臂导通。导通顺序为 $V_1 \to V_2 \to V_3 \to V_4 \to V_5 \to V_6$，依次间隔 60°，每个桥臂导通

小知识

电流型逆变电路的主要特点：直流侧串联大电感，电流基本无脉动，相当于电流源。交流输出电流为矩形波，与负载阻抗角无关。输出电压波形和相位因负载不同而不同。电流侧电感起缓冲无功能量的作用，不必给开关器件反向并联二极管。

小知识

自励方式存在起动问题，解决方法：先用他励方式，在系统开始工作后转入自励方式；附加预充电起动电路。

120°，这样每个时刻的上、下桥臂组中各有一个桥臂导通。输出电流波形与负载性质无关，输出电压波形由负载的性质决定。

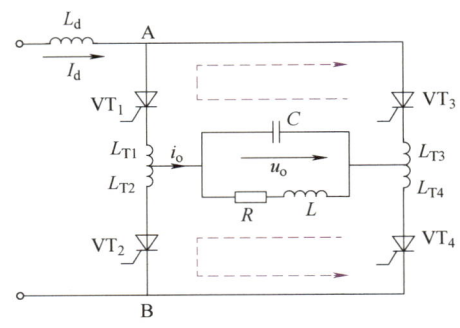

图 3-19 单相电流型逆变电路

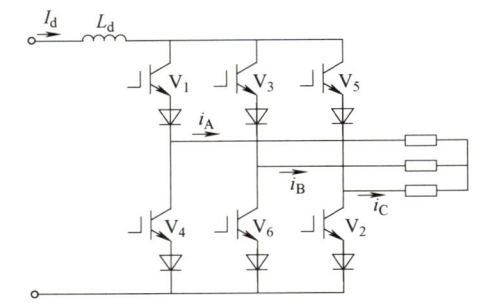

图 3-20 三相电流型逆变电路

逆变（DC/AC）电路的应用	学习任务单	班级：
		姓名：

1. 关于逆变电路，以下说法正确的是（　　）。

   A. 把直流电变成交流电　　　　　　B. 把直流电变成直流电

   C. 把交流电变成直流电　　　　　　D. 把交流电变成交流电

2. 在半桥逆变电路中，VT_1 或 VT_2 导通时，i_0 和 u_0（　　）负载提供能量。

   A. 反方向直流侧向　　　　　　　　B. 同方向直流侧向

   C. 同方向交流侧向　　　　　　　　D. 反方向交流侧向

3. 下列关于逆变电路的说法正确的是（　　）。

   A. 频率可调　　　　　　　　　　　B. 电压可调

   C. 直流电转交流电　　　　　　　　D. 频率、电压均不可调

4. 下列关于全桥逆变电路的说法正确的是（　　）。

   A. 共 4 个桥臂，可看成两个半桥电路组合而成

   B. 两对桥臂交替导通 180°

   C. 输出电压和电流波形与半桥逆变电路形状相同，幅值高出 1 倍

   D. 改变输出交流电压的有效值只能通过改变直流电压 U_d 来实现

5. 下列关于半桥逆变电路的说法中正确的是（　　）。

   A. VT_1 和 VT_2 栅极信号在一个周期内各半周正偏、半周反偏，两者互补，输出电压 u_0 为矩形波，幅值为 $u_m=u_d/2$

   B. VT_1 或 VT_2 导通时，i_0 和 u_0 同方向直流侧向负载提供能量

   C. VD_1 或 VD_2 导通时，i_0 和 u_0 反向，电感中储能向直流侧反馈

   D. VD_1、VD_2 称为反馈二极管，它起着使负载电流连续的作用，又称为蓄流二极管

【任务实施】 逆变（DC/AC）电路的应用

实训器材

电气实验箱、万用表、电气实验箱使用说明书等。

作业准备

检查电气实验箱电子元器件,连接电路,检查电路能否正常通电,评估周围用电风险等级等。

【操作步骤】

一、半桥逆变电路的测量

扫一扫

半桥逆变电路的测量

序号	操作示意图	操作方法	操作标准
1	(电路图:12V电源,V_1、V_2,VD_1、VD_2,R 1kΩ,A、B两点)	按左图所示连接好测量电路	电阻为1000Ω,电源电压设置为0V
2	(实验箱照片)	将电源电压设置为12V,观察 VD_1、VD_2 是否亮或闪烁并在任务单中记录数据	U 电压设置为12V
3	(实验箱照片两张)	用万用表黑表笔连接电源负极,用红表笔分别测量A、B两点的电压并在任务单中记录数据	—

（续）

序号	操作示意图	操作方法	操作标准
4	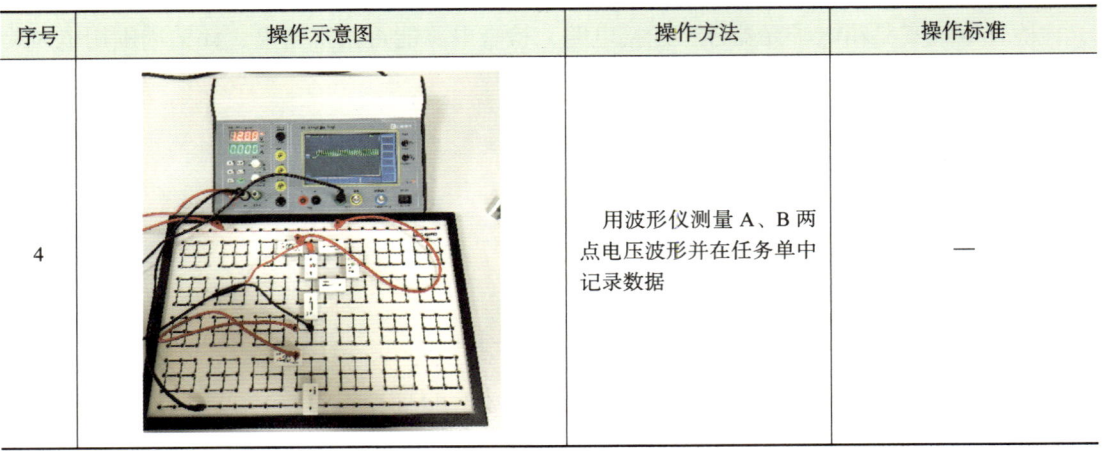	用波形仪测量 A、B 两点电压波形并在任务单中记录数据	—

二、全桥逆变电路的测量

扫一扫

全桥逆变电路的测量

序号	操作示意图	操作方法	操作标准
1	电路图：12V 电源，V_1、V_2、V_3、V_4 四个开关管，VD_1、VD_2，R 1kΩ，A、B 两点	按左图所示连接好测量电路	电阻为 1000Ω，电源电压设置为 0V
2	（实物接线图）	将电源电压设置为 12V，观察 VD_1、VD_2 是否亮或闪烁并在任务单中记录数据	U 电压设置为 12V
3	（实物接线图）	用万用表黑表笔连接电源负极，用红表笔分别测量 A、B 两点的电压并在任务单中记录数据	—

（续）

序号	操作示意图	操作方法	操作标准
3	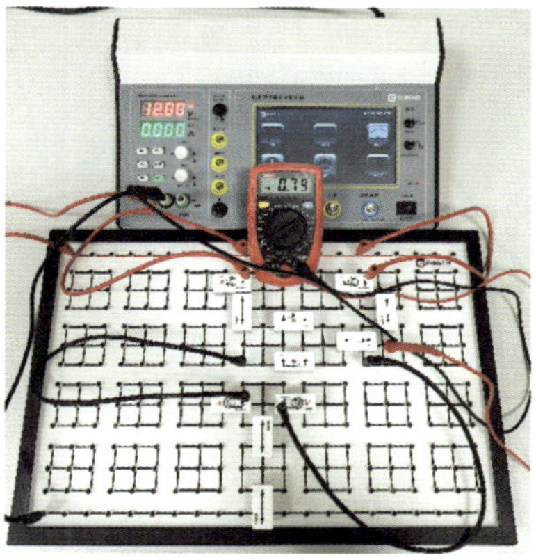	用万用表黑表笔连接电源负极，用红表笔分别测量A、B两点的电压并在任务单中记录数据	—
4	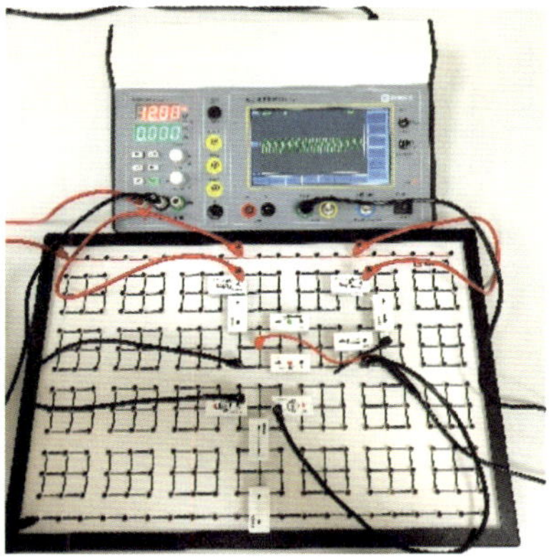	用波形仪测量A、B两点电压波形并在任务单中记录数据	—

逆变（DC/AC）电路的应用	工作任务单	班级：
		姓名：

1. 作业场地准备

检查电气实验箱及附件是否齐全	□是　□否
检查实验工位通电是否正常	□是　□否
检查万用表各功能是否正常	□是　□否
评估实验工位区域风险等级是否合格	□是　□否

2. 记录测量数据

半桥逆变电路的测量：

	二极管正向连接
观察现象	VD_1 亮□　□闪烁　VD_2 □亮　□闪烁
测量电压	A、B两点电压：_____ V
波形采集	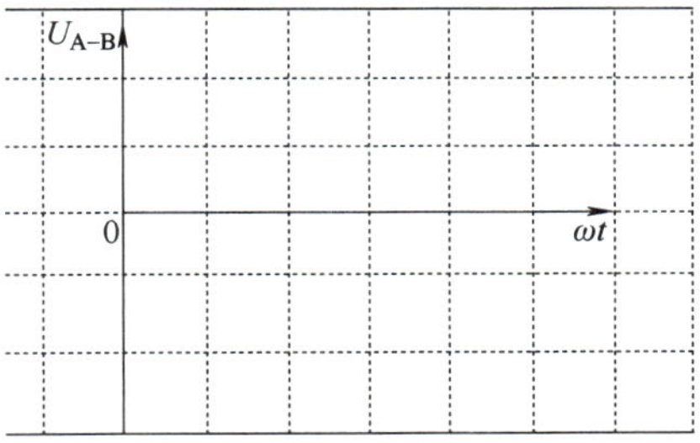 （U_{A-B} 对 ωt 坐标图）

(续)

结论：
1) 当 V_1 和 V_4 同时触发时，A、B 两点输出电压为（□上正下负　□下正上负）。
2) 电路中输出端为（□直流电　□交流电）。

全桥逆变电路的测量：

观察现象：VD_1、VD_2 亮或闪烁情况	□同时　□交替
测量电压	A、B 两点电压：_____ V
测量频率	U_{A-B} 波形图

结论：
当 VD_1、VD_2 交替闪烁时，说明两对桥臂（□同时　□交替）导通，输出交流电。

3. 作业场地恢复

万用表复位及关闭	□是　□否
恢复电气实验箱内元器件及导线	□是　□否
断电检查	□是　□否
清洁、整理场地	□是　□否

【课证融通考评单】逆变（DC/AC）电路的应用			实习日期：	
姓名：	班级：	学号：	教师签名：	
自评：□熟练　□不熟练	互评：□熟练　□不熟练	师评：□合格　□不合格		
日期：	日期：	日期：		

序号	评分项	得分条件	分值	评分标准	自评	互评	师评
1	安全/7S/态度	□1. 能进行工位 7S 操作 □2. 能进行设备和工具安全检查 □3. 能进行工位安全防护操作 □4. 能进行工具清洁、校准、存放操作 □5. 能进行三不落地操作	15	1项未完成扣3分	□熟练 □不熟练	□熟练 □不熟练	□合格 □不合格
2	专业技能能力	□1. 能正确地连接半桥逆变电路并进行测量和验证 □2. 能正确地连接全桥逆变电路并进行测量和验证	50	1项未完成扣25分	□熟练 □不熟练	□熟练 □不熟练	□合格 □不合格
3	工具、设备的使用能力	□1. 能正确地使用电气箱 □2. 能正确地使用万用表	10	1项未完成扣5分	□熟练 □不熟练	□熟练 □不熟练	□合格 □不合格
4	资料、信息查询能力	□1. 能正确地识别常见元件的电路符号 □2. 能正确地使用说明书查询资料 □3. 能正确地记录测量信息	10	1项未完成扣5分，扣分不得超过10分	□熟练 □不熟练	□熟练 □不熟练	□合格 □不合格

（续）

序号	评分项	得分条件	分值	评分标准	自评	互评	师评
5	数据判断和分析能力	□ 1. 能判断电路连接是否正确 □ 2. 能判断半桥逆变电路测量电压的目的 □ 3. 能判断半桥逆变二极管在电路中的作用 □ 4. 能判断全桥逆变电路中输出电压的作用 □ 5. 能判断全桥逆变电路输出交流电的性质	10	1项未完成扣2分	□熟练 □不熟练	□熟练 □不熟练	□合格 □不合格
6	表单填写和报告撰写能力	□ 1. 字迹清晰 □ 2. 语句通顺 □ 3. 无错别字 □ 4. 无涂改 □ 5. 无抄袭	5	1项不符合扣1分	□熟练 □不熟练	□熟练 □不熟练	□合格 □不合格

总分：

学习情境 2

电力变相电路的应用

电力变相电路是汽车电路的重要组成部分，本学习情境将讲解变频电路和三相电路，主要内容包括变频电路的组成、分类及工作原理，典型的交-交变频电路、交-直-交变频电路、三相电路的工作原理，变频电路、三相电路在新能源汽车上的应用。通过导入学习任务，让学生根据具体任务进行练习，完成工作任务，使其具有结合电路图搭建汽车变频电路和三相电路的能力，并能对电路中相关参数进行测量。

任务 1 变频电路的应用

【学习目标】

知识目标：

1）了解变频电路的组成和分类。

2）熟悉典型交-交变频电路和交-直-交变频电路的工作原理。

3）掌握变频电路的主要结构及在新能源汽车中的应用。

技能目标：

1）具有连接电容电路和测量电容正弦交流电压的能力。

2）具有连接电感电路和测量电感正弦交流电压的能力。

3）具有分析电容和电感对电路电压波形的影响的能力。

素养目标：

1）在操作过程中树立电路安全意识。

2）树立团队协作意识。

3）让学生经历科学探究的过程，进一步熟悉变频电路的搭建，学会科学分析和处理实验数据的方法，总结物理规律的研究方法。

4）引导学生体验探究过程中的快乐，比较不同电路之间的区别，提升学生的探索精神。

项目三　电力电子技术的应用

【任务描述】

变频器是应用变频技术与微电子技术，通过改变电机工作电源频率的方式来控制交流电机的电力控制设备。随着电气技术的迅速发展，变频器在机械、汽车、自动化系统等领域得到广泛应用。交 - 交变频电路和交 - 直 - 交变频电路是两种典型的变频电路。

【获取信息】

一、变频电路的工作原理

1. 变频器的电路组成和分类

从变频器的电路组成来看，变频器可分为交 - 交变频器和交 - 直 - 交变频器。交 - 交变频器是将频率固定的交流电源直接变换成频率连续可调的交流电源，其主要优点是没有中间环节、变换效率高，但其连续可调的频率范围窄、采用的器件多，其应用受到很大限制。

交 - 直 - 交变频器先将频率固定的交流电整流变成直流电，再经过逆变电路把直流电逆变成频率连续可调的三相交流电。由于把直流电逆变成交流电较易控制，因此在频率的调节范围以及变频后电机特性改善等方面，交 - 直 - 交变频器都具有明显优势。目前使用最多的变频器均属于交 - 直 - 交变频器，其组成框图如图 3-21 所示。

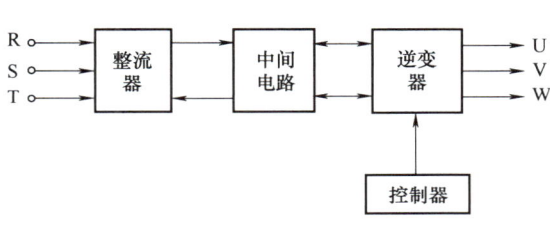

图 3-21　交 - 直 - 交变频器组成框图

根据直流环节的储能方式来分，交 - 直 - 交变频器可分为电压型和电流型两种。

（1）电压型　整流后靠电容来滤波的交 - 直 - 交变频器。现在使用的变频器大部分为电压型。

（2）电流型　整流后靠电感来滤波的交 - 直 - 交变频器。这种形式的变频器应用较少。

根据调压方式的不同，交 - 直 - 交变频器可分为脉幅调制（PAM）和脉宽调制（PWM）两种。

（1）脉幅调制（PAM）　变频器输出电压值的大小是通过改变直流电压来实现的。这种方法现在已经很少采用。

（2）脉宽调制（PWM）　变频器输出电压的大小是通过改变输出脉冲的占空比来实现的。目前使用最多的脉宽调制是占空比按正弦规律变化的正弦波脉宽调制，即 SPWM 方式。

2. 交 - 直 - 交变频电路

图 3-22a 所示为交 - 直 - 交变频电路的单相桥式逆变电路。图中，U_d 为通过整流电路将交流电整流而得到的直流电源，晶闸管 VT_1、VT_4 称为正组，VT_2、VT_3 称为反组。当控制电路使 VT_1、VT_4 导通，VT_2、VT_3 关断时，在输出端获得正向电压 u_o；当控制电路使 VT_2、VT_3 导通，VT_1、VT_4 关断时，输出端获得反向电压 u_o，即交替导通正组、反组的晶

闸管，并且改变其导通、关断的频率，就可在输出端获得频率不同的方波。其输出波形如图 3-22b 所示。如果改变正组和反组的控制角 α_p 的大小，可实现对输出电压幅值的调节。

这种电路直接将直流电变换为不同频率的交流电，从晶闸管的工作特性可

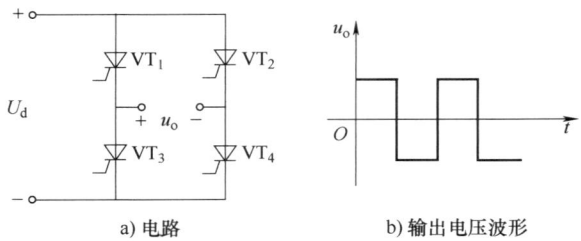

图 3-22 交 - 直 - 交变频电路的单相桥式逆变电路

知，晶闸管从关断变为导通是容易实现的，然而，由于电源为直流电，要使已导通的晶闸管恢复到断状态比较困难。从某种意义上讲，整个晶闸管变频电路发展的过程即是研究如何更有效、可靠地关断晶闸管的过程。在工作过程中，把变频电路中已导通的晶闸管关断后恢复其正向阻断状态的过程称为换流。通常采用的换流办法是对导通状态的晶闸管施加反压，使其阳极电流下降到维持电流以下，从而关断晶闸管。加反压的时间必须长于晶闸管的关断时间。

3. 交 - 交变频电路

交 - 交变频电路直接将电网固定频率的交流电变换为所需频率的交流电。交 - 交变频装置称为交 - 交变频器，也称周波变换器，它广泛应用于大功率、低转速的交流电机调速传动，也用于电力系统无功补偿、感应加热用电源、交流励磁变速、恒频发电机的励磁电源等。其特点是没有中间的直流环节，减少了一次能量变换过程，从而消耗能量少。但这种变频电路的输出频率受到限制，它低于输入频率，而且输出电压频率与变频电路的具体结构有关。

单相输出交 - 交变频电路及波形如图 3-23 所示，它由具有相同特征的两组晶闸管整流器反向并联构成。其中一组整流器称为正组整流器（P 组），另一组称为反组整流器（N 组）。如果正组整流器工作，反组整流器被封锁，负载端输出电压为上正下负，负载电流 i_o 为正；如果反组整流器工作，正组整流器被封锁，负载端得到输出电压为上负下正，负载电流 i_o 为负。这样，只要交替地以低于电源的频率切换正、反组整流器的工作状态，在负载端就可以获得交变的输出电压。

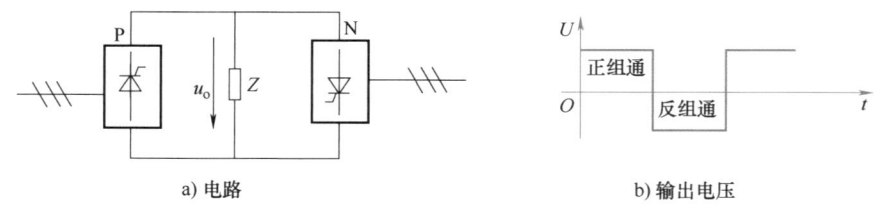

图 3-23 单相输出交 - 交变频电路及波形

如果在一个周期内控制角 α_p 是固定不变的，则输出电压波形为矩形波，如图 3-23b 所示。矩形波中含有大量的谐波，对电机的工作不利。如果控制角 α_p 不固定，在正组工作的半个周期内让控制角 α_p 按正弦规律从 90° 逐渐减小到 0°，然后由 0° 逐渐增大到 90°，那么正组整流器的输出电压的平均值就按正弦规律变化。控制角从零增大到最大，然后从最大减小到零，变频电路输出波形如图 3-24 所示。在反组整流器工作的半个周期内采用同样的控制方法，就可得到接近正弦波的输出电压。

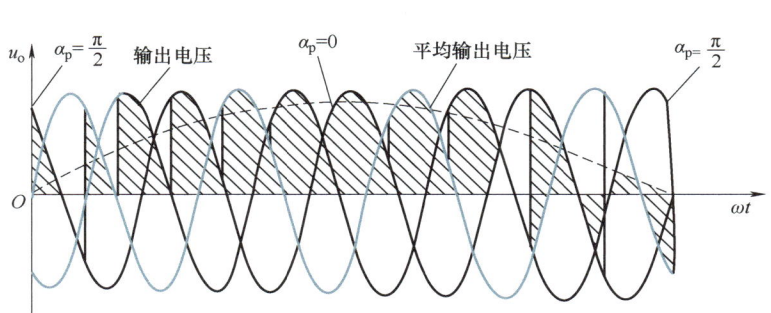

图 3-24 交 - 交变频电路的输出波形（控制角变化）

交 - 交变频器采用晶闸管自然换流方式，工作稳定、可靠，适合作为双馈电机转子绕组的变频器电源。其最大的缺点是输出的最高频率必须小于输入电源频率 1/3 或 1/2，否则输出波形太差，电机产生抖动，不能工作。交 - 交变频电路主要用于 500kW 或 1000kW 以上，转速在 600r/min 以下的大功率、低转速的交流调速装置中，目前已在矿山碎石机、水泥球磨机、卷扬机、鼓风机及轧钢机主传动装置中获得较多的应用。

交 - 直 - 交变频电路的特点是：效率高，调速过程中没有附加损耗；应用范围广，可用于笼型异步电机；调速范围大，精度高；技术复杂，造价高，维护检修困难。交 - 直 - 交变频电路广泛应用于交流电机的变频调速，特别是工作要求精度高、调速性能较好的场合。

小知识

与交 - 直 - 交变频电路相比，交 - 交变频电路有以下优缺点。

优点：

1) 只有一次变流，且利用电网电源进行换流，不需要另接换流元件，提高了变流效率。

2) 可以很方便地实现四象限工作。

3) 低频时输出波形接近正弦波。

缺点：

1) 接线复杂，使用的晶闸管数目多。

2) 受电网频率和交流电路各脉冲数的限制，输出频率低。

3) 采用相控方式，功率因数较低。

4. 脉宽调制（PWM）变频电路

（1）脉宽调制变频电路的基本工作原理　脉宽调制变频电路常采用电压型交 - 直 - 交变频电路的形式，其基本原理是控制变频电路开关元器件的导通和关断时间比（即调节脉冲宽度）来控制交流电压的大小和频率。下面以单相 PWM 变频电路为例来说明其工作原理。

图 3-25 所示为单相桥式变频电路的主电路，由三相桥式整流电路获得一个恒定的直流电压，由 4 个全控型大功率晶体管 $VT_1 \sim VT_4$ 作为开关元件，二极管 $VD_1 \sim VD_4$ 是续流二极管，为无功能量反馈到直流电源提供通路。

当改变 $VT_1 \sim VT_4$ 导通时间的长短和导通的顺序时，可得出图 3-26 所示不同形式的电压波形。图 3-26a 为 180° 导通型输出方波电压波形，即 VT_1、VT_4 组和 VT_2、VT_3 组各导通 $T/2$ 的时间。若在正半周期内，控制 VT_1、VT_4 和 VT_2、VT_3 轮流导通（同理在负半周期内控制 VT_2、VT_3 和 VT_1、VT_4 轮流导通），在 VT_1、VT_4 和 VT_2、VT_3 分别导通时，负载上获得正、负电压；在 VT_1、VT_3 和 VT_2、VT_4 导通时，负载上所得电压为零，如图 3-26b 所示。

若在正半周期内，控制 VT_1、VT_4 导通和关断多次，每次导通和关断时间分别相等（负半周期则控制 VT_2、VT_3 导通和关断），负载上得到如图 3-26c 所示的电压波形。若将以上这些波形分解成傅氏级数，可以看出其中谐波成分均较大。

图 3-26d 所示波形是一组脉冲列，其规律是：每个输出矩形波电压下的面积接近于所对应的正弦波电压下的面积。这种波形被称为脉宽调制波形，即 PWM 波形。由于它的脉

冲宽度接近于正弦规律变化，故又称为正弦脉宽调制波形，即 SPWM 波形。

根据采样控制理论，脉冲频率越大，SPWM 波形越接近于正弦波。变频电路的输出电压为 SPWM 波形时，其低次谐波得到很好的抑制和消除，高次谐波很容易被滤去，从而可获得畸变率极低的正弦波输出电压。

由图 3-26d 可以看出，在输出波形的正半周期，VT_1、VT_4 导通时有输出电压，VT_1、VT_3 导通时输出电压为零，因此，改变半个周期内 VT_1、VT_3、VT_4 导通与关断的时间比，即脉冲的宽度，即可实现对输出电压幅值的调节（负半周期，调节半个周期内 VT_2、VT_3 和 VT_2、VT_4 导通与关断的时间比）。因 VT_1、VT_4 导通时输出正半周电压，VT_2、VT_3 导通时输出负半周电压，所以可以通过改变 VT_1、VT_4 和 VT_2、VT_3 交替导通的时间来实现对输出电压、频率的调节。

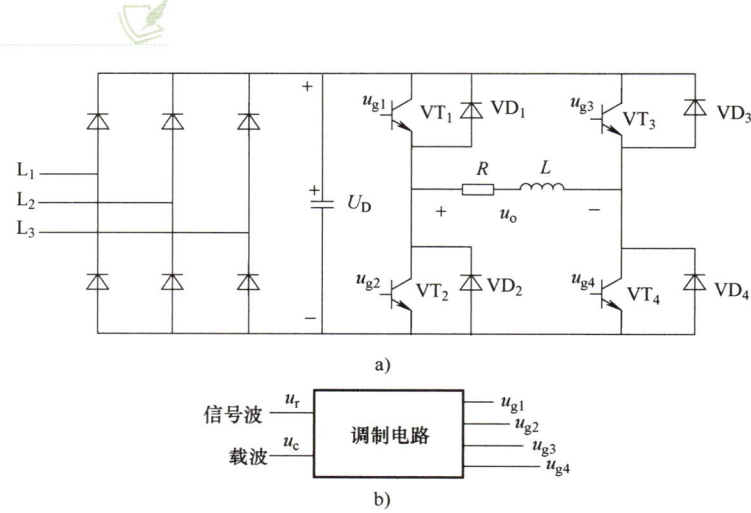

图 3-25 单相桥式变频电路

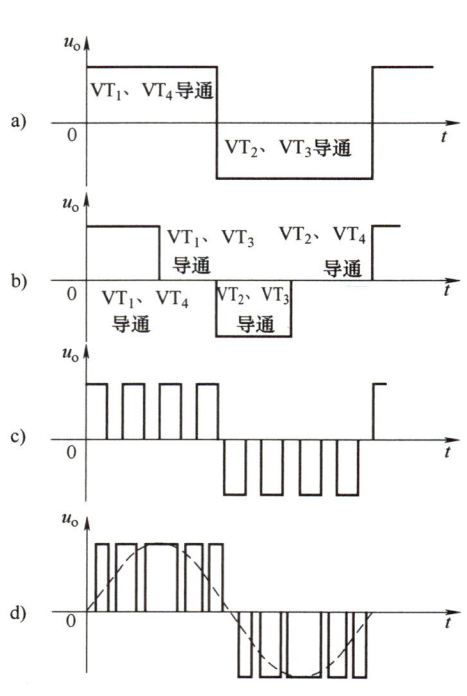

图 3-26 单相桥式变频电路的几种输出波形

（2）PWM 变频电路的优点 根据前面的分析，PWM 变频电路的优点可归纳如下：

1）可以得到接近正弦波的输出电压，满足负载需要。

2）整流电路采用二极管整流，可获得较高的功率因数。

3）只用一级可控功率的环节，电路结构简单。

4）通过对输出脉冲的宽度控制就可以改变输出电压的大小，大大加快了变频电路的动态响应速度。

二、变频电路在新能源汽车中的应用

在新能源汽车中，变频电路用于驱动交流异步或同步电机进行变频调速，不但能满足不同车辆行驶工况需要，而且节能效果显著。

1. 变频调速原理

传统的调速系统是由晶闸管、直流电机、传动系统组成，但直流电机本身存在一些固有的缺点：造价高、维护工作量大；受使用环境制约条件多；最高速度和容量都有一定限制等。交流调速系统具有结构简单、成本低廉、节能、高精度和响应快速等突出优点，现已广泛应用在工业、交通运输、家用电器等各个领域。

交流电机分为同步电机和异步电机，异步电机又分为笼型异步电机和绕线转子异步电机。对于同步电机，其转速为

$$n=60f/p \tag{3-5}$$

式中，p 为同步电机的极对数；f 为同步电机的定子电源频率。

对于异步电机，其转速为

$$n=60f(1-s)/p \tag{3-6}$$

式中，s 为异步电机的转差率。

但是只改变电源频率并不能使交流电机得到经济可靠的运行，原因是异步电机是铁磁结构。对于异步电机，有如下的关系式：

$$U \approx E = 4.44 f N K_w \Phi \tag{3-7}$$

式中，U 为定子相电压；E 为定子电动势；f 为定子电源频率；N 为定子每相绕组的匝数；K_w 为绕组系数；Φ 为异步电机的每极气隙磁通。

在变频调速时，为了得到所需的电磁转矩，应尽可能地使气隙磁通恒定为额定磁通。由式 3-7 可知，为保持气隙磁通 Φ 近似不变，在调节定子电源频率 f 时必须同时改变定子电压 U，即 $U/f=$ 常数。为此，用于交流电机变频调速的变频器实际上都是变压变频器。由于电机的电压不能超过额定电压，因此，在基频以上调频时，电压 U 只能保持在额定电压。当电压 U 一定时，电机的气隙磁通 Φ 随着频率 f 的升高成比例下降，类似直流电机的弱磁调速，因此，基频以上的调速属于恒功率调速。

2. 变频电路的应用

丰田普锐斯混合动力汽车的变频器总成由增压转换器、DC/AC 逆变器、DC/DC 变换器、MG ECU 组成。其变频器总成电路原理图如图 3-27 所示。

丰田普锐斯混合动力汽车对电机的驱动控制由变频

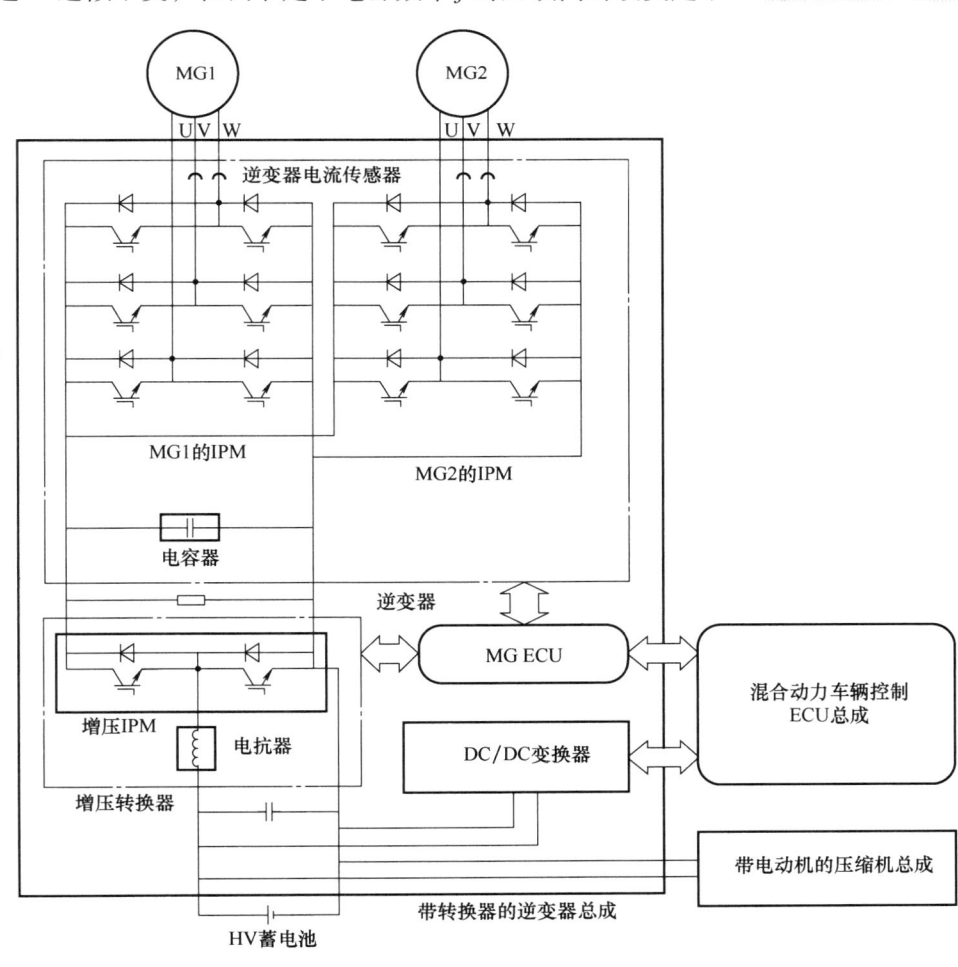

图 3-27　变频器总成电路原理图

器中的智能功率模块（IPM）完成，电动机、发电机的智能功率模块（IPM）各有一个包含 IGBT 的桥接电路，电动机的 IPM 采用 6 个 IGBT。为了将输入的直流电转变为交流电，MG ECU 控制电动机的 6 个 IGBT 依次间隔 60° 顺序导通或关断，U、V、W 三相的相位差为 120°，控制电动机的转速。其工作过程如图 3-28 所示。

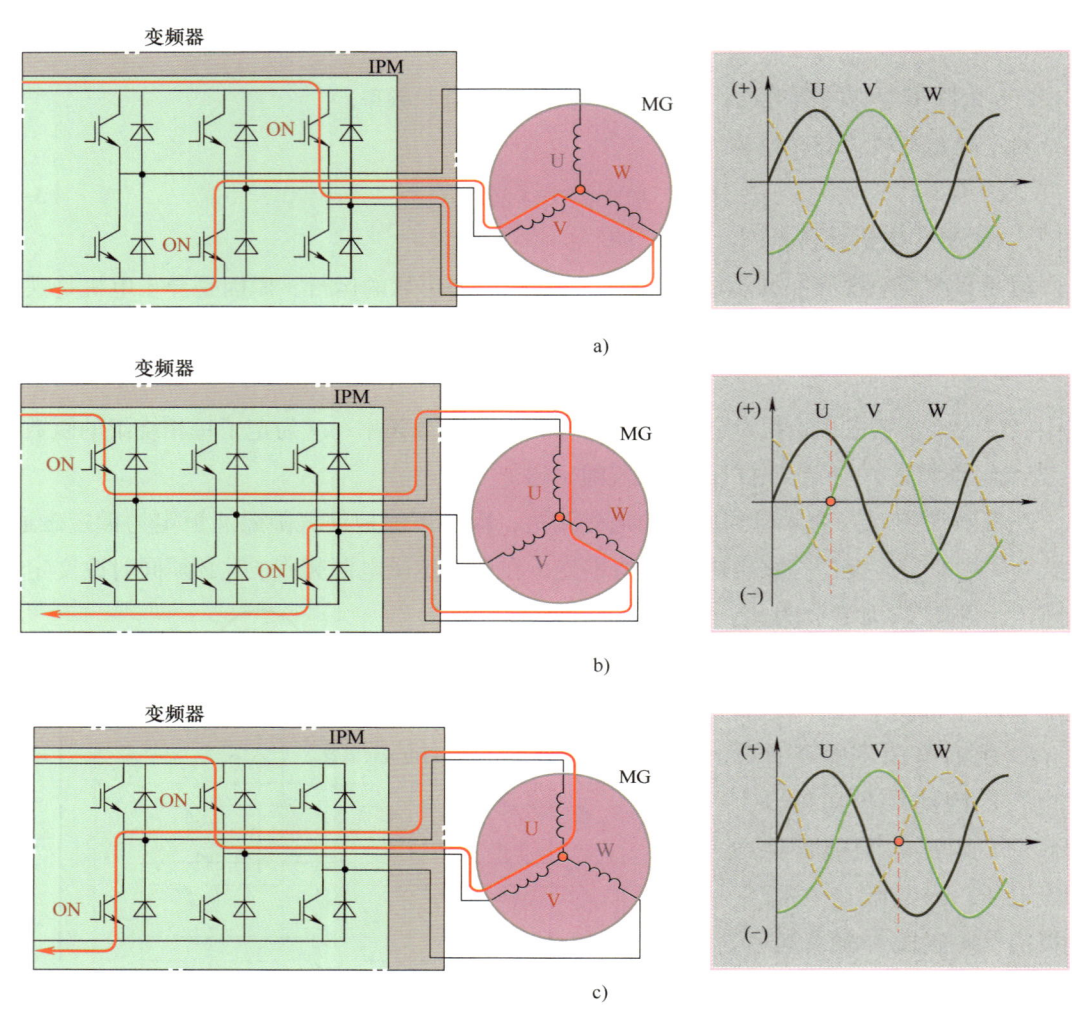

图 3-28 电动机的驱动控制

变频电路的应用	学习任务单	班级： 姓名：

一、选择题

1. 交 - 直 - 交变频器根据直流环节储能方式的不同，可分为电压型和（　　）。

A. 电流型　　　　　　　　　　B. 单相型

C. 三相型　　　　　　　　　　D. 有环流型

2. 逆变电路中续流二极管的作用是（　　）。

A. 续流　　　　　　　　　　　B. 逆变

C. 整流　　　　　　　　　　　D. 以上都不是

（续）

3. 变频电路不包括（　　）。

A. 控制电路　　　　　　　　B. 驱动电路

C. 保护电路　　　　　　　　D. 测试电路

4. 丰田普锐斯混合动力汽车的变频器总成不包括（　　）。

A. 增压转换器　　　　　　　B. 整车控制器 VCU

C. DC/AC 逆变器　　　　　　D. DC/DC 变换器

二、判断题

5. 交 - 交变频由于没有中间环节，能量转换效率较高，广泛应用于大功率的三相异步电机和同步电机的高速变频调速。（　　）

6. 变频器有交 - 直 - 交类型，也有交 - 交类型。（　　）

7. 交 - 直 - 交变频器内部分为整流电路部分和逆变电路部分。（　　）

8. 变频器接线要接主电路和控制电路两部分电路。（　　）

9. 变频器只能用来变频，不能用来调速。（　　）

10. 变频器是用来改变电机运行转速的。（　　）

【任务实施】 测量电容与电感的正弦交流电压

实训器材

电气实验箱、万用表、示波器、电气实验箱使用说明书等。

作业准备

检查电气实验箱电子元器件，连接电路，检查电路能否正常通电，评估周围用电风险等级等。

【操作步骤】

一、测量电容的正弦交流电压

序号	操作示意图	操作方法	操作标准
1		按左图所示连接好测量电路	电阻为100Ω，电容为470μF，将电源电压设置为12V

扫一扫

测量电容的正弦交流电压

（续）

序号	操作示意图	操作方法	操作标准
1	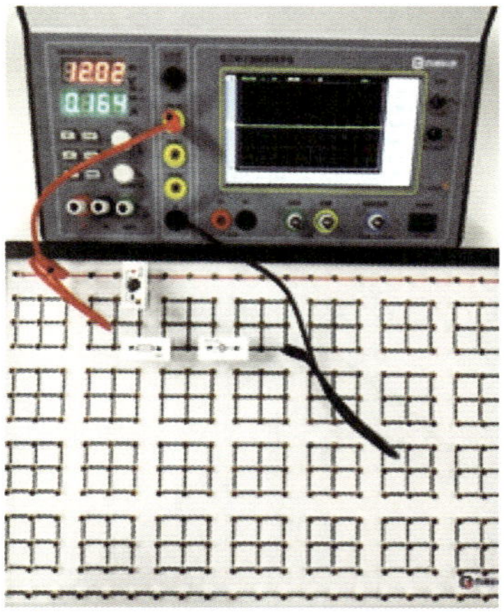	按左图所示连接好测量电路	电阻为100Ω，电容为470μF，将电源电压设置为12V
2	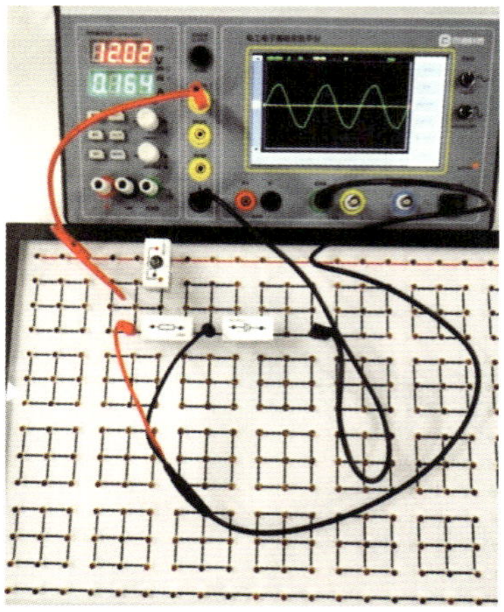	使用电气箱自带示波器测量电阻两端的电压波形。顺着电路电流方向，将示波器红、黑表笔分别接电阻的电流输入端和输出端	调整示波器的幅值和频率，能正确地显示电阻两端的电压波形
3	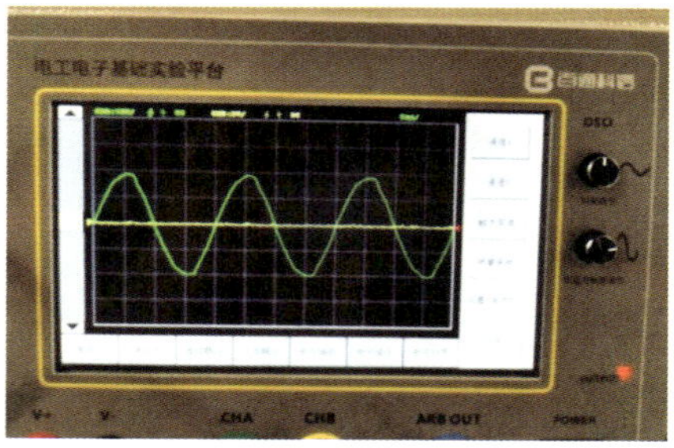	显示电阻两端的电压波形	调整示波器的幅值和频率，将波形调整至合适大小并固定图像
4	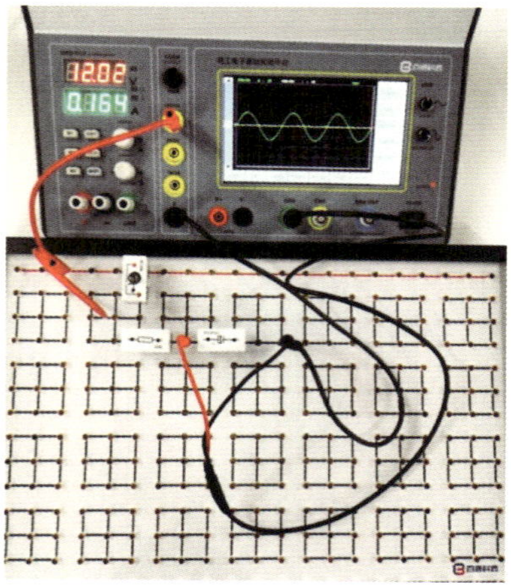	使用电气箱自带示波器测量电容两端的电压波形。顺着电路电流方向，将示波器红、黑表笔分别接电容的电流输入端和输出端	调整示波器的幅值和频率，能正确地显示电容两端的电压波形

（续）

序号	操作示意图	操作方法	操作标准
5		显示电容两端的电压波形	调整示波器的幅值和频率，将波形调整至合适大小并固定图像
6		使用双通道示波器测量电阻、电容两端的电压波形 **小提示：** 注意示波器的通道选择和红、黑表笔的正确接入。	调整示波器的幅值和频率，能正确地显示电阻和电容两端的电压波形
7		对比电阻、电容两端的电压波形 **想一想：** 电路中接入电容后对电路的电压波形有何影响？	调整示波器的幅值和频率，将电阻和电容的电压波形调整至合适大小

二、测量电感的正弦交流电压

序号	操作示意图	操作方法	操作标准
1		按左图所示连接好测量电路	电阻为100Ω，电感为330μH，将电源电压设置为12V

扫一扫

测量电感的正弦交流电压

（续）

序号	操作示意图	操作方法	操作标准
1	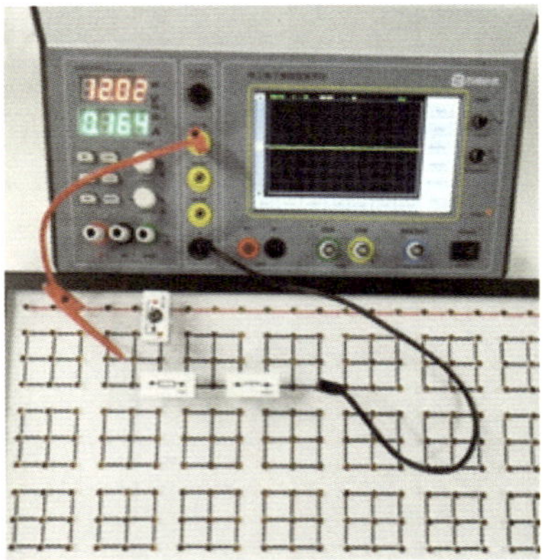	按左图所示连接好测量电路	电阻为100Ω，电感为330μH，将电源电压设置为12V
2	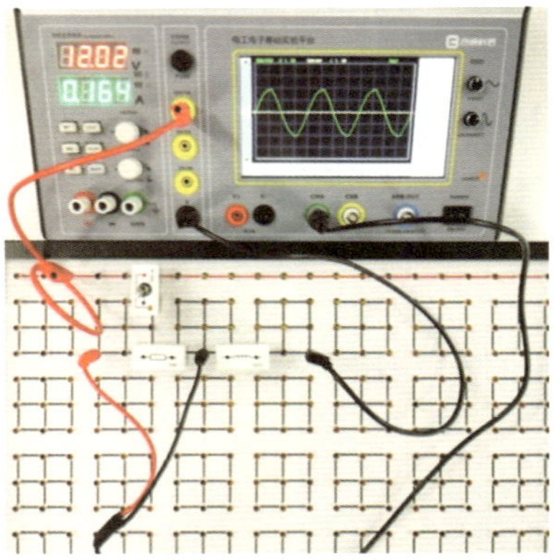	使用电气箱自带示波器测量电阻两端的电压波形。顺着电路电流方向，将示波器红、黑表笔分别接电阻的电流输入端和输出端	调整示波器的幅值和频率，能正确地显示电阻两端的电压波形
3	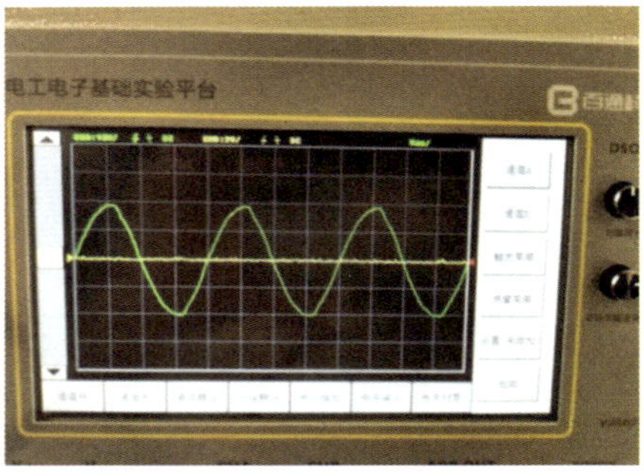	显示电阻两端的电压波形	调整示波器的幅值和频率，将波形调整至合适大小并固定图像
4	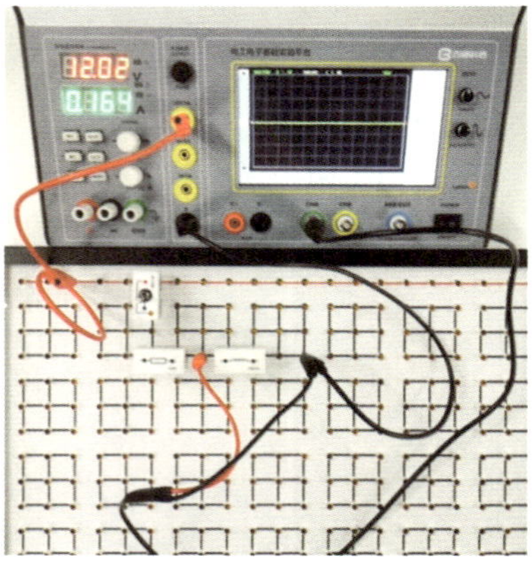	使用电气箱自带示波器测量电感两端的电压波形。顺着电路电流方向，将示波器红、黑表笔分别接电感的电流输入端和输出端	调整示波器的幅值和频率，能正确地显示电感两端的电压波形

（续）

序号	操作示意图	操作方法	操作标准
5	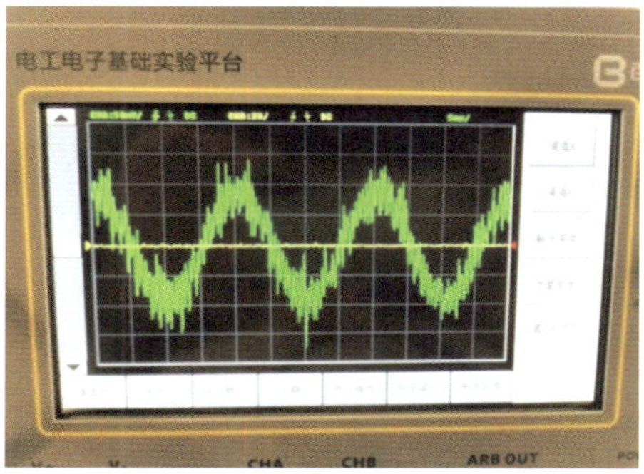	显示电感两端的电压波形	调整示波器的幅值和频率，将波形调整至合适大小并固定图像
6	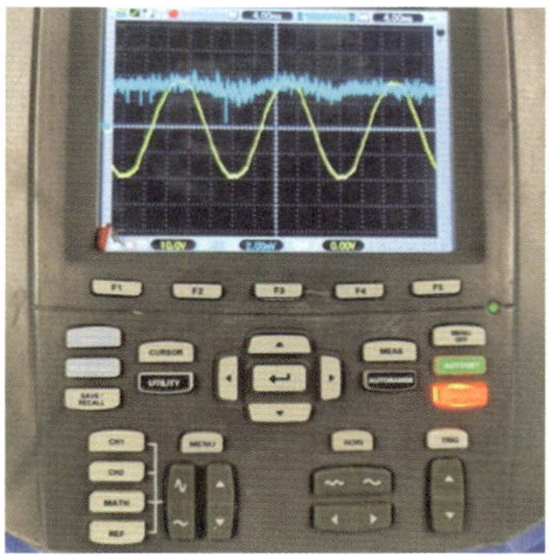	使用双通道示波器测量电阻、电感两端的电压波形 **小提示：** 注意示波器的通道选择和红、黑表笔的正确接入。	调整示波器的幅值和频率，能正确地显示电阻和电感两端的电压波形
7	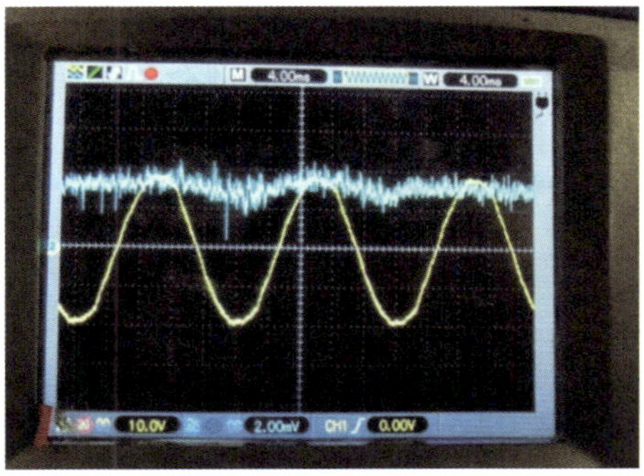	对比电阻、电感两端的电压波形 **想一想：** 电路中接入电感后对电路的电压波形有何影响？	调整示波器的幅值和频率，将电阻和电感的电压波形调整至合适大小

测量电容与电感的正弦交流电压	工作任务单	班级：
		姓名：

1. 作业场地准备

检查电气实验箱及附件是否齐全	□是　□否
检查实验工位通电是否正常	□是　□否
检查万用表和示波器各功能是否正常	□是　□否
评估实验工位区域风险等级是否合格	□是　□否

(续)

2. 记录测量数据

电容的正弦交流电压：

1）画出示波器所显示的电阻和电容对比波形图。

2）根据波形图选出正确选项。电容的电流和电压之间会出现什么样的相移？
☐电流超前电压 90°　☐电流超前电压 45°　☐电流滞后电压 90°　☐电流滞后电压 45°

电感的正弦交流电压：

1）画出示波器所显示的电阻和电感对比波形图。

2）根据波形图选出正确选项。电感的电流和电压之间会出现什么样的相移？
☐电流超前电压 90°　☐电流超前电压 45°　☐电流滞后电压 90°　☐电流滞后电压 45°

3. 作业场地恢复

示波器复位及关闭	☐是　☐否
恢复电气实验箱内元器件及导线	☐是　☐否
清洁、整理场地	☐是　☐否

【课证融通考评单】	测量电容与电感的正弦交流电压	实习日期：	
姓名：	班级：	学号：	教师签名：
自评：☐熟练　☐不熟练	互评：☐熟练　☐不熟练	师评：☐合格　☐不合格	
日期：	日期：	日期：	

序号	评分项	得分条件	分值	评分标准	自评	互评	师评
1	安全/7S/态度	☐1. 能进行工位 7S 操作 ☐2. 能进行设备和工具安全检查 ☐3. 能进行车辆安全防护操作 ☐4. 能进行工具清洁、校准、存放操作 ☐5. 能进行三不落地操作	15	1 项未完成扣 3 分	☐熟练 ☐不熟练	☐熟练 ☐不熟练	☐合格 ☐不合格

（续）

序号	评分项	得分条件	分值	评分标准	自评	互评	师评
2	专业技能能力	□1. 能正确地测量电阻两端的电压波形 □2. 能正确地测量电容两端的电压波形 □3. 能正确地使用双通道示波器测量电阻、电容两端的电压波形 □4. 能正确地测量电感两端的电压波形 □5. 能正确地使用双通道示波器测量电阻、电感两端的电压波形	50	1项未完成扣10分	□熟练 □不熟练	□熟练 □不熟练	□合格 □不合格
3	工具、设备的使用能力	□1. 能正确地使用电气箱 □2. 能正确地使用示波器	10	1项未完成扣5分	□熟练 □不熟练	□熟练 □不熟练	□合格 □不合格
4	资料、信息查询能力	□1. 能正确地选用电子元件 □2. 能正确地使用维修手册查询资料 □3. 能正确地记录测量信息	10	1项未完成扣5分，扣分不得超过10分	□熟练 □不熟练	□熟练 □不熟练	□合格 □不合格
5	数据判断和分析能力	□1. 能判断交流电的幅值、频率、相位 □2. 能判断电阻、电容的电压波形的相位差 □3. 能判断电阻、电感的电压波形的相位差 □4. 能判断示波器通信是否正常	10	1项未完成扣3分，扣分不得超过10分	□熟练 □不熟练	□熟练 □不熟练	□合格 □不合格
6	表单填写和报告撰写能力	□1. 字迹清晰 □2. 语句通顺 □3. 无错别字 □4. 无涂改 □5. 无抄袭	5	1项不符合扣1分	□熟练 □不熟练	□熟练 □不熟练	□合格 □不合格

总分：

任务2　三相电路的应用

【学习目标】

知识目标：

1）熟悉三相电流的定义和应用。

2）了解三相星形联结电路和三相三角形联结电路的布局。

3）了解三相电路在新能源汽车上的应用。

技能目标：

1）具有连接三相星形联结电路和测量单相负载电阻、线间负载电阻的能力。

2）具有连接三相三角形联结电路和测量线间负载电阻的能力。

3）具有分析三相电路单相负载电阻和线间负载电阻之间相互关系的能力。

素养目标：

1）在操作过程中树立电路安全意识。

2）树立团队协作意识。

3）让学生经历科学探究的过程，进一步熟悉三相星形联结电路和三相三角形联结电路的搭建，学会科学分析和处理实验数据的方法，总结物理规律的研究方法。

4）引导学生体验探究过程中的快乐，比较不同电路之间的区别，提升学生的探索精神。

【任务描述】

随着新能源汽车的发展，越来越多的汽车使用三相交流电机作为驱动部件，维修人员需掌握三相电路的工作原理及检测方法。

【获取信息】

一、三相电路的工作原理

1. 三相电的定义

"三相电"为"三相交流电"的简称，其三相电流的相位依次互差120°，如图3-29所示。

2. 三相交流电的产生

三相交流电通常指三相交流电动势。三相交流电动势由三相交流发电机产生，它是在单相交流发电机的基础上发展而来的。

图3-30a是三相发电机的原理图，发电机的转动部分称为转子，在转子的励磁绕组中通以直流电，产生恒定的磁场。

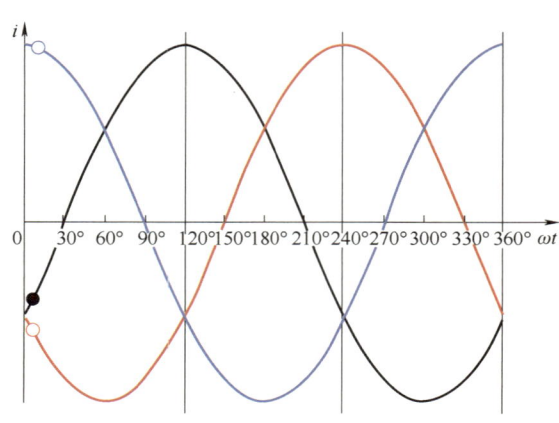

图3-29 三相交流电波形图

发电机的固定部分称为定子，定子铁心的内圆放置电枢绕组。三个尺寸和匝数相同的绕组分别用 U_1U_2、V_1V_2、W_1W_2 表示，称为三相绕组 U 相、V 相、W 相，U_1、V_1、W_1 称为绕组的首端，U_2、V_2、W_2 称为末端。3 相绕组安装在定子铁心槽内，在空间位置上相差 120°。各相绕组的匝数和形状都相同，图3-30b所示为 U 相绕组的示意图。

直流电通过励磁绕组产生一个很强的恒定磁场。当转子由原动机拖动做匀速转动时，三相定子绕组切割磁力线而感应出三相交流电动势。

二、三相电源的连接

三相交流发电机实际有 3 个绕组、6 个接线端，目前采用的是将这三相交流电按照一定的方式，连接成一个整体向外送电。连接的方法通常为星形联结和三角形联结。

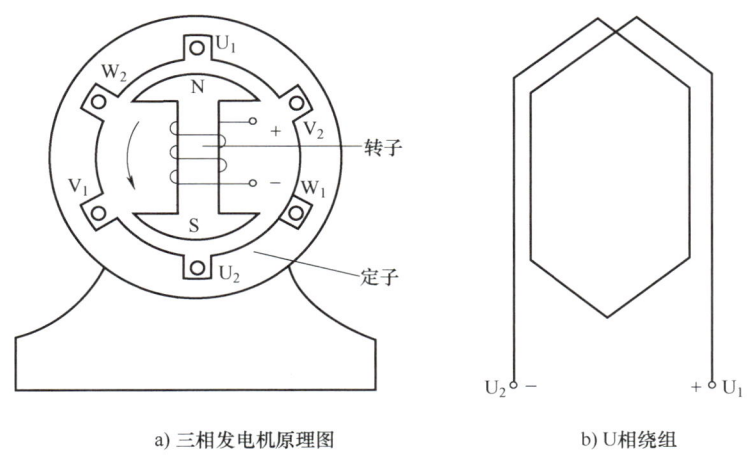

a) 三相发电机原理图　　b) U相绕组

图 3-30　三相交流电动势的产生

1. 三相电源星形联结（Y 接）

（1）三相星形联结电路　将电源的三相绕组末端 U_2、V_2、W_2 连在一起，首端 U_1、V_1、W_1 分别与负载相连，这种方式叫作星形联结，如图 3-31 所示。

（2）中性点、中性线、相线、地线　三相绕组末端相连的一点称中性点或零点，一般用"N"表示。从中性点引出的线叫中性线（简称中线），俗称零线。

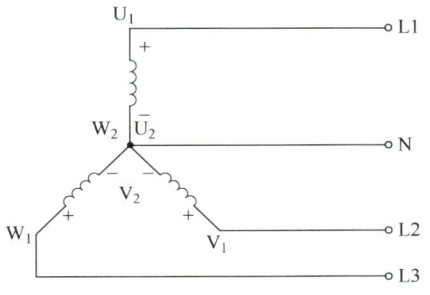

图 3-31　三相电源的三相星形联结（有中性线）

从首端 U_1、V_1、W_1 引出的 3 根导线称为相线（或端线）。由于它与大地之间有一定的电位差，一般俗称火线。相线与中性线共同组成供电回路。在低压电网中用三相四线制输送电力，其中有 3 根相线 1 根中性线。

地线是把设备或用电器的外壳可靠地连接大地的线路，是防止触电事故的良好方案。

为了保证用电安全，在用户使用区改为用三相五线制供电，这第 5 根线就是地线，它的一端是在用户区附近用金属导体深埋于地下，另一端与各用户的地线接点相连起保护作用。

（3）输电方式　由 3 根相线和 1 根地线组成的输电方式称三相四线制（通常在低压配电系统中采用）。只由 3 根相线组成的输电方式称三相三线制（在高压输电时采用较多）。

（4）三相电源星形联结时的电压关系

1）相电压 U_P。每个绕组的相线与中性线之间的电压称为相电压。相电压的有效值用 U_U、U_V、U_W 表示。

2）线电压 U_L。各绕组相线与相线之间的电压，叫作线电压，其有效值分别用 U_{UV}、U_{VW}、U_{WU} 表示。

3）相电压与线电压参考方向的规定。相电压的正方向是由首端指向中性点 N，例如

电压 U_U 是由首端 U_1 指向中点 N；线电压的方向，如电压 U_{UV} 是由首端 U_1 指向首端 V_1，书写时不能颠倒，否则相位相差 180°。

4）线电压 U_L 与相电压 U_P 的关系。三相电源星形联结时的电压相量图如图 3-32 所示。3 个相电压大小相等，相位差 120°。

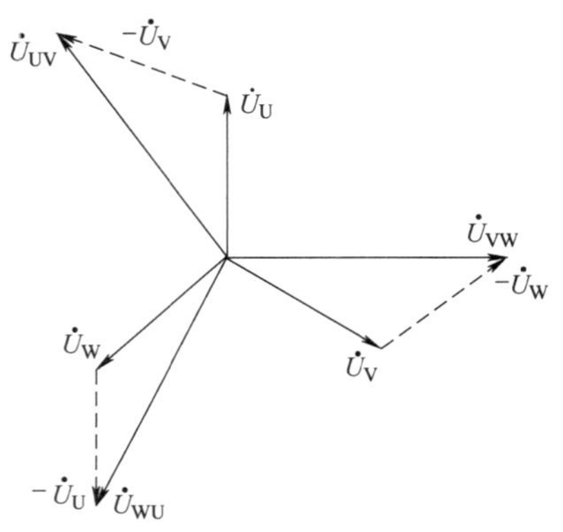

故线电压应该是两个相应的相电压之差，即

$$\dot{U}_{UV} = \dot{U}_U - \dot{U}_V \qquad (3-8)$$

$$\dot{U}_{VW} = \dot{U}_V - \dot{U}_W \qquad (3-9)$$

$$\dot{U}_{WU} = \dot{U}_W - \dot{U}_U \qquad (3-10)$$

图 3-32 三相电源星形联结时的电压相量图

三相对称电源线电压的大小利用几何关系可求得为

$$U_{UV} = 2U_U \cos 30° = \sqrt{3}\, U_U \qquad (3-11)$$

同理可得

$$U_{VW} = \sqrt{3}\, U_V \qquad (3-12)$$

$$U_{WU} = \sqrt{3}\, U_W \qquad (3-13)$$

结论：三相电路中线电压的大小是相电压的 $\sqrt{3}$ 倍，其公式为

$$U_L = \sqrt{3}\, U_P \qquad (3-14)$$

平常我们讲的电源电压为 220V，是指相电压；电源电压为 380V，是指线电压。由此可见：三相四线制的供电方式可以给负载提供两种电压，即线电压 380V 和相电压 220V，因而在实际中获得了广泛的应用。

2. 三相电源的三角形联结（△接）

（1）三角形联结电路　如图 3-33 所示，将电源一相绕组的末端与另一相绕组的首端依次相连（接成一个三角形），再从首端 U_1、V_1、W_1 分别引出端线，这种连接方式叫作三角形联结，如图 3-33a 所示，相量图如图 3-33b 所示。

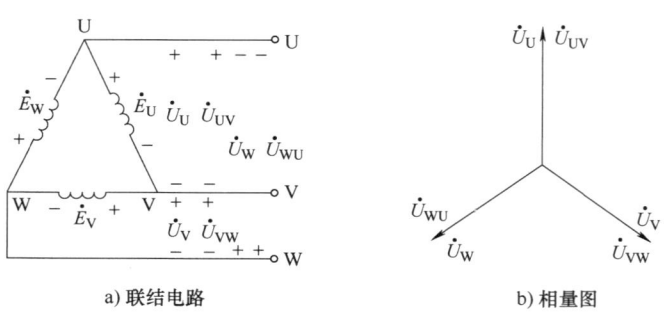

图 3-33 三相三角形联结

（2）三相电源三角形联结时的电压关系　由图中 3-33 可见 $\dot{U}_{UV} = \dot{U}_U$、$\dot{U}_{VW} = \dot{U}_V$、$\dot{U}_{WU} = \dot{U}_W$。所以，三相电源三角形联结时，电路中线电压与相电压大小相等即 $U_L = U_P$。

因此当电源的三相绕组采用三角形联结时，在绕组内部是不会产生环路电流（环流）的。在生产实际中，发电机绕组很少接成三角形联结，通常接成星形联结。

三、三相负载的连接

在三相电路中,如果每相负载的电阻均相等,电抗(且均为容抗或均为感抗)也相等,称为三相对称负载。如果各相负载不同,即不对称的三相负载,如三相照明电路中的负载。负载也和电源一样可以采用两种不同的连接方法,即星形联结和三角形联结。

1. 三相负载星形联结

图 3-34 所示为三相负载星形联结电路,它的接线原则与三相电源星形联结相似,即将每相负载末端连成一点 N′(中性点 N′),首端 U、V、W 分别接到电源线上。这样的连接方式就称为星形联结。

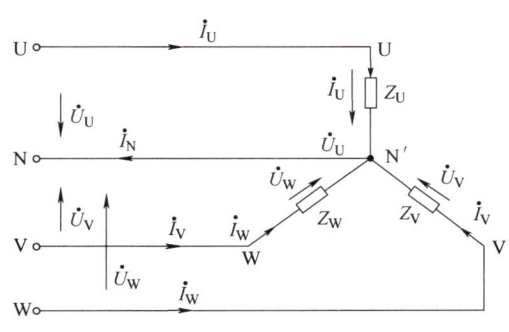

图 3-34 三相负载星形联结电路

由图 3-34 可知,流过中性线的电流 $\dot{I}_N$ 为

$$\dot{I}_N = \dot{I}_U + \dot{I}_V + \dot{I}_W \tag{3-15}$$

若三相负载对称,则在三相对称电压的作用下,流过三相对称负载中每相负载的电流应大小相等,即

$$I_L = I_U = I_V = I_W = \frac{U_P}{|Z_P|} \tag{3-16}$$

此时流过中性线的电流 I_N 为零,此时中性线可以去掉,形成三相三线制电路。但事实上三相负载一般不对称,若断开中性线,将会使有的负载端电压升高,有的负载端电压降低,因而导致负载不能在额定电压下正常工作,甚至可能引起用电设备的损坏。为了确保负载正常工作,对于星形联结的三相不对称负载(例如照明电路)必须接中性线,而且不能把熔断器和其他开关安装在中性线上。图 3-35 所示为三相负载星形联结三相四线制电路,它能提供 220V 和 380V 两种电压。

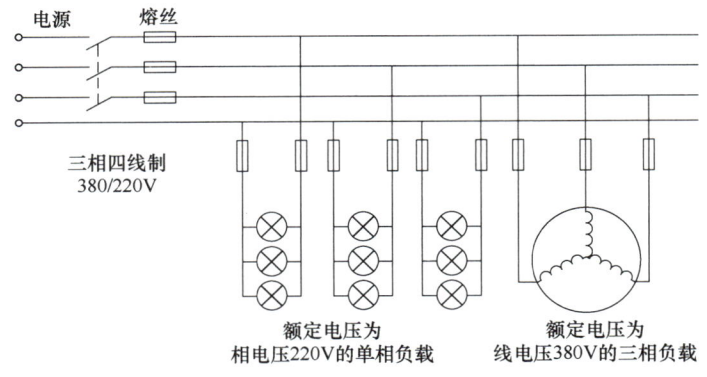

图 3-35 三相负载星形联结三相四线制电路

2. 三相负载三角形联结

如果负载的额定电压等于三相电源的线电压,必须把负载接于两根相线之间。把这样的负载分为三组,分别接于相线 U 与 V、V 与 W、W 与 U 之间,就构成了负载的三角形联结,如图 3-36 所示。

由于三相电源的线电压是对称的,而每相负载直接接于相线之间,因而各相负载所受的电压(也称负载相电压)也总是对称的。

图 3-36 三相负载的三角形联结电路

四、三相电路在新能源汽车中的应用

1. 汽车发电机

发电机可分为直流发电机和交流发电机,交流发电机在许多方面优于直流发电机,直流发电机近乎被淘汰。汽车交流发电机由转子总成、定子总成、整流器和整流板(或称元件板、散热板)、前后端盖、电刷装置、风扇等组成。图 3-37 所示为国产 JF 系列硅整流发电机的结构图。

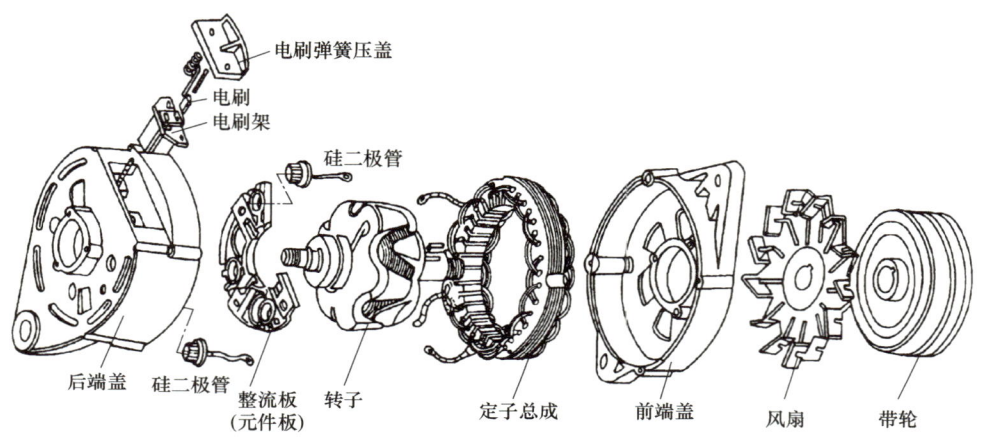

图 3-37 国产 JF 系列硅整流发电机的结构图

交流发电机产生交流电的基本原理是电磁感应原理,即利用产生磁场的转子旋转,使穿过定子绕组的磁通量发生变化,在定子绕组内产生感应电动势。

如图 3-38 所示,发动机带动发电机转子旋转,E、F 外接电源通过电刷,将励磁电流接入转子,励磁绕组产生磁场,转子轴上的两个爪极分别被磁化为 N 极和 S 极。当转子旋转时,磁极交替地在定子铁心中穿过,形成一个旋转的磁场,磁力线和定子绕组之间产生相对运动。定子的三相绕组按一定规律分布在发电机的定子槽中,依次相差 120°,这样就在三相绕组中产生频率相同、幅值相等、相位差为 120° 角的正弦交流感应电动势。交流感应电动势经过整流器(6 只硅二极管)变成直流电由 "B" 输出(B 是发电机的正极)、"E" 输入(E 是发电机的负极)而形成回路。

2. 汽车电动机

电动机的种类很多,分类方法也很多,按运动方式可分为直线电机和旋转电机(直线电机较少应用);按电源性质可分为直流电机和交流电机两种;按运行速度和电源频率的关系可分为异步电机和同步电机。新能源汽车中的感应电机、永磁电机和开关磁阻电机均属于交流电机,目前应用最广泛的是感应电机和永磁同步电机。

(1) 感应电机 感应电机又称异步电机。感应电机由定子(固定部分)和转子(转动部分）两个基本部分组成，它们之间由气隙分开，如图3-39所示。

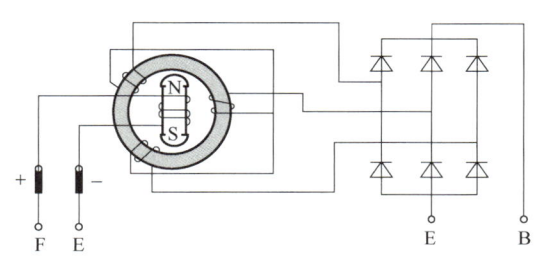

图3-38 发电机的工作原理

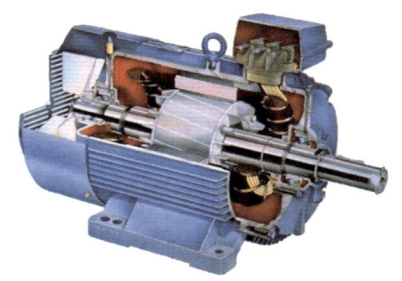

图3-39 感应电机示意图

1）定子绕组。定子绕组由在空间相差120°、对称排列的结构完全相等的三相绕组组成。为了产生多对磁极的旋转磁场，每相绕组可以由多个线圈串联组成。每相绕组的各个导体按照一定的规律分散嵌放在定子铁心槽内。三相定子绕组要与交流电源相接。为此，将三相定子绕组的首、末端都引到固定的电机外壳的接线盒上。

2）转子绕组。转子绕组不需外接电源供电，其电流由电磁感应产生。它有笼型转子和绕线转子两种结构形式。

3）工作原理。当向三相定子绕组中通入对称的三相交流电时，就产生了一个以同步转速 n_1 沿定子和转子内圆空间做顺时针方向旋转的旋转磁场。由于旋转磁场以转速 n_1 旋转，转子导体开始时是静止的，故转子导体将切割定子旋转磁场而产生感应电动势（感应电动势的方向用右手定则判定）。由于转子导体两端被短路环短接，在感应电动势的作用下，转子导体中将产生与感应电动势方向基本一致的感应电流。转子的载流导体在定子磁场中受到电磁力的作用（力的方向用左手定则判定）。电磁力对转子轴产生电磁转矩，驱动转子沿着旋转磁场方向旋转，转子的转速 n 永远小于旋转磁场的同步转速 n_1。若 $n = n_1$，转子导体将不会切割磁力线，也就不产生感应电动势、电流和电磁转矩。

通过上述分析可以总结出电动机工作原理为：当电动机的三相定子绕组（各相差120°）通入三相对称交流电后，将产生一个旋转磁场，该旋转磁场切割转子绕组，从而在转子绕组中产生感应电流（转子绕组是闭合通路），载流的转子导体在定子旋转磁场作用下将产生电磁力，从而在电动机转轴上形成电磁转矩，驱动电动机旋转，并且电动机旋转方向与旋转磁场方向相同。

4）感应电机的应用。感应电机是将转子置于旋转磁场中，在旋转磁场的作用下，获得一个转动力矩，从而转子转动的装置。感应电机的转子上没有线圈，没有永磁体，也没有换向器和电刷，结构简单，无须维护。

感应电机与同功率的直流电机相比质量约减少了一半，而效率更高。在采用矢量控制方法时，可以获得与直流电机相媲美的可控性和调速范围，适用于高速运转。在新能源汽车上应用广泛。

图3-40所示为特斯拉纯电动汽车使用的三相感应电机，能极大减少阻力和能量损耗。同时，相对整车，其电

图3-40 特斯拉驱动电机

机体积非常小。通过高性能信号处理器将制动、加速、减速等需求转换为数字信号，控制转动变频器将动力蓄电池的直流电与交流电相互转换，以带动三相感应电机提供汽车动力。

（2）永磁同步电机　永磁同步电机与感应电机相比，可以显著提高功率因数，减少了定子电流和定子电阻损耗，效率比同规格感应电机提高2%~8%，在轻载运行时节能效果更为显著。

1）永磁同步电机的结构。永磁同步电机主要由机壳、定子和转子组成，定子包括定子铁心和定子绕组，定子绕组镶嵌在定子铁心中，绕组的作用是通电时可以产生磁场，铁心的作用是可以提高磁导率。永磁同步电机定子结构与工作原理与交流异步电机一样，多为4极形式，三相绕组按3相4极布置，通电产生4极旋转磁场。

永磁同步电机与普通三相交流异步电机的不同是转子结构，转子上安装有永磁体磁极。永磁体磁极外凸镶嵌在转子铁心外侧，组成若干对磁极。一块永磁体有一个N极和一个S极。

2）工作原理。当三相电流通入永磁同步电机定子的三相对称绕组中时，电流产生的磁动势合成一个幅值大小不变的旋转磁动势。由于其幅值大小不变，这个旋转磁动势的轨迹便形成一个圆，称为圆形旋转磁动势。

旋转磁场与转子永久磁铁所产生的磁场相互作用产生转矩，拖动转子同步旋转，位置传感器实时读取转子磁铁位置信息传给电机控制器，然后控制逆变器功率器件开关，调节电流频率和相位，使定子和转子磁动势保持稳定的位置关系，产生恒定的转矩。定子绕组中的电流大小是由负载决定的，定子绕组中三相电流的频率和相位随转子位置的变化而变化，使三相电流合成一个与转子同步的旋转磁场，三相电流的换相由逆变电路的电力电子器件开关控制，代替了机械换向器。

3）永磁同步电机的应用。与传统的励磁电机相比，永磁同步电机具有体积小、重量轻、惯性小、响应快、高转矩/惯量比、高速度/重量比、高效率、高起动转矩、高功率因数、省电和运行可靠等显著优点。中国、日本的新能源汽车广泛使用永磁同步电机，永磁同步电机在我国新能源汽车中的使用占比超过90%。

比亚迪纯电动汽车现在使用的电机为交流无刷永磁同步电机，通过采集电机旋变信号进行工作。当车辆行驶时，电机通过旋转变压器检测到电机的位置，位置信号通过电机控制器的处理，发送相关信号给控制器IGBT，逻辑信号控制IGBT开断，控制器输出近似正弦波的交流电。

图3-41所示为比亚迪E5动力总成，采用的是电机控制器、驱动电机、变速器集成在一起的三合一结构，电机控制高压线束采用内部连接，外部直接提供高压直流电，大大节省线束成本。电机额定功率为75kW，最大功率为160kW，最大转矩为310N·m。

图3-42所示为北汽新能源E150EV的永磁同步电机，电机额定功率为20kW，最大功率为45kW，最大转矩为144N·m。控制方式如下：电机控制器将动力蓄电池提供的直流电转化为交流电，然后输出给驱动电机；通过驱动电机的正转来实现整车加速、减速；通过驱动电机的反转来实现倒车。电机控制器通过有效的控制策略，控制动力总成以最佳方式协调工作。

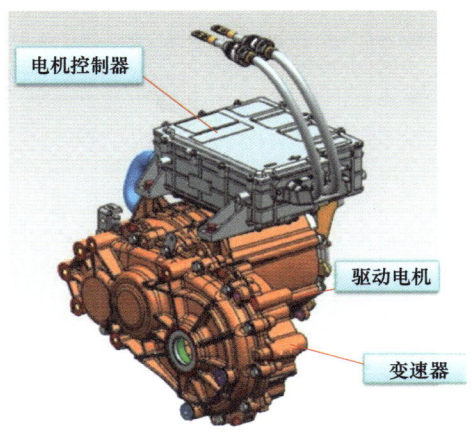

图 3-41　比亚迪 E5 动力总成

图 3-42　E150EV 驱动电机

三相电路的应用	学习任务单	班级： 姓名：

1. 三相交流电的相位互差（　　）。

A. 30°　　　　　B. 60°　　　　　C. 120°　　　　　D. 360°

2. 下面三相电源星形联结陈述正确的是（　　）。

A. 三相电源的线电压大小与相电压大小相等

B. 三相电源的线电压是相电压的 3 倍

C. 三相电源的线电压是相电压的 $\sqrt{3}$ 倍

D. 三相电源的线电压是相电压的 1/3

3. 下图中带中性线三相星形联结电路正确的是（　　）。

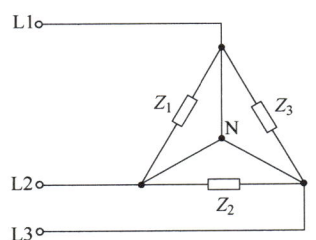 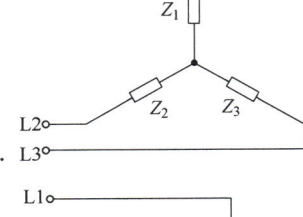

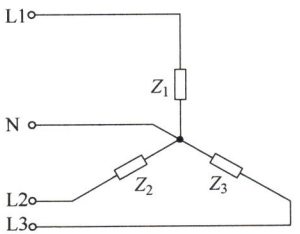 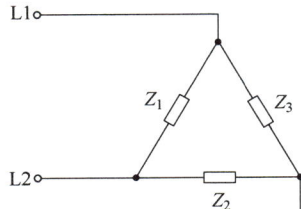

4. 关于三相对称负载三相星形联结电路电流的说法正确的是（　　）。

A. 线电流大于相电流　　　　　B. 相电流大于线电流

C. 线电流与相电流相等

5. 下图中三相三角形联结电路正确的是（　　）。

（续）

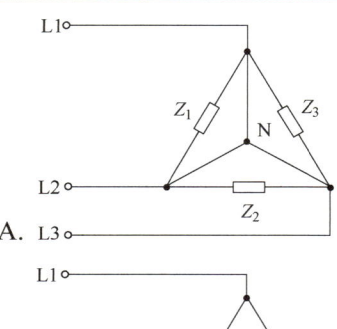   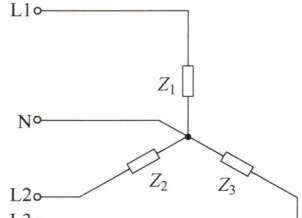

A. L3   B. L3

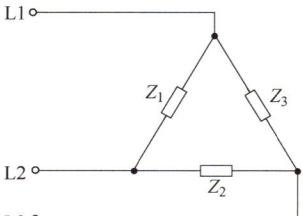   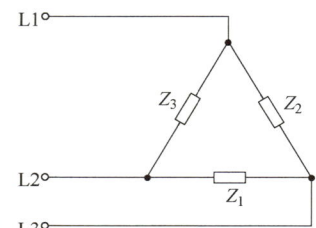

C. L3   D. L3

6. 关于三相三角形联结电路中线电压和相电压的说法正确的是（　　）。

A. 线电压高于相电压　　B. 线电压低于相电压

C. 线电压与相电压相等

7. 在三相不对称负载三相三角形联结电路中，（　　）。

A. 必须连接中性线

B. 可以连接中性线，但仅当不平衡负载为电阻性时需要连接

C. 不可以连接中性线，除非负载为电容性负载

D. 没有中性线

【任务实施】 三相电路的连接

实训器材

电气实验箱、万用表、电气实验箱使用说明书等。

作业准备

检查电气实验箱电子元器件，连接电路，检查电路能否正常通电，评估周围用电风险等级等。

【操作步骤】

一、三相星形联结电路连接

扫一扫

三相星形联结电路连接

序号	操作示意图	操作方法	操作标准
1	（图示）	按左图所示连接好测量电路	电阻为300Ω，也可选用其他电阻

项目三　电力电子技术的应用

（续）

序号	操作示意图	操作方法	操作标准
1		按左图所示连接好测量电路	电阻为300Ω，也可选用其他电阻
2		使用万用表测量三相星形联结电路单相负载电阻。万用表红、黑表笔分别接单相负载电阻两端	使用相同方法分别检测3个单相负载电阻并记录 比较3个单相负载电阻是否相同。可以更换其中1个电阻后再次测量和比较
3		使用万用表测量三相星形联结电路线间负载电阻。万用表红、黑表笔分别接两个三相星形联结电路输入端	使用相同方法分别检测3个线间负载电阻并记录 比较3个线间负载电阻是否相同。可以更换其中一个电阻后再次测量和比较

二、三相三角形联结电路连接

序号	操作示意图	操作方法	操作标准
1		按左图所示连接好测量电路	电阻为300Ω，也可选用其他电阻

扫一扫

三相三角形
联结电路
连接

（续）

序号	操作示意图	操作方法	操作标准
2		使用万用表测量三相三角形联结电路线间负载电阻。万用表红黑表笔分别接两个三相三角形联结电路输入端	记录线间负载电阻
3		使用与第2步相同的方法分别检测3个线间负载电阻	比较3个线间负载电阻是否相同。可以更换其中1个电阻后再次测量和比较

三相电路的连接	工作任务单	班级：
		姓名：

1. 作业场地准备

检查电气实验箱及附件是否齐全	□是	□否
检查实验工位通电是否正常	□是	□否
检查万用表、示波器各功能是否正常	□是	□否
评估实验工位区域风险等级是否合格	□是	□否

2. 记录测量数据

三相星形联结电路连接：

1）测量三相星形联结电路单相负载电阻。

	R_1	R_2	R_3	结论
3个相同负载				
不同负载				
不同负载				

2）测量三相星形联结电路线间负载电阻。

	R_{12}	R_{23}	R_{31}	结论
3个相同负载				
不同负载				
不同负载				

三相三角形联结电路连接：
测量三相三角形联结电路线间负载电阻。

	R_{12}	R_{23}	R_{31}	结论
3个相同负载				
不同负载				
不同负载				

（续）

3. 作业场地恢复	
万用表复位及关闭	□是 □否
恢复电气实验箱内元器件及导线	□是 □否
清洁、整理场地	□是 □否

【课证融通考评单】 三相电路的连接

实习日期：						
姓名：	班级：		学号：		教师签名：	
自评：□熟练 □不熟练	互评：□熟练 □不熟练		师评：□合格 □不合格			
日期：	日期：		日期：			

序号	评分项	得分条件	分值	评分标准	自评	互评	师评
1	安全/7S/态度	□1. 能进行工位7S操作 □2. 能进行设备和工具安全检查 □3. 能进行车辆安全防护操作 □4. 能进行工具清洁、校准、存放操作 □5. 能进行三不落地操作	15	1项未完成扣3分	□熟练 □不熟练	□熟练 □不熟练	□合格 □不合格
2	专业技能能力	□1. 能正确地搭建三相星形联结电路 □2. 能正确地搭建三相三角形联结电路 □3. 能正确地测量三相星形联结电路单相负载电阻 □4. 能正确地测量三相星形联结电路线间负载电阻 □5. 能正确地测量三相三角形联结电路线间负载电阻	50	1项未完成扣10分	□熟练 □不熟练	□熟练 □不熟练	□合格 □不合格
3	工具、设备的使用能力	□1. 能正确地使用电气箱 □2. 能正确地使用万用表	10	1项未完成扣5分	□熟练 □不熟练	□熟练 □不熟练	□合格 □不合格
4	资料、信息查询能力	□1. 能正确地识别常见元件的电路符号 □2. 能正确地使用维修手册查询资料 □3. 能正确地记录测量信息	10	1项未完成扣5分，扣分不得超过10分	□熟练 □不熟练	□熟练 □不熟练	□合格 □不合格
5	数据判断和分析能力	□1. 能比较三相星形联结电路单相负载电阻的关系 □2. 能比较三相星形联结电路线间负载电阻的关系 □3. 能比较三相三角形联结电路线间负载电阻的关系	10	1项未完成扣5分，扣分不得超过10分	□熟练 □不熟练	□熟练 □不熟练	□合格 □不合格
6	表单填写和报告撰写能力	□1. 字迹清晰 □2. 语句通顺 □3. 无错别字 □4. 无涂改 □5. 无抄袭	5	1项不符合扣1分	□熟练 □不熟练	□熟练 □不熟练	□合格 □不合格

总分：

学习情境 3

电力控制电路的应用

电力控制电路包括交流控制电路和直流控制电路，新能源汽车主要使用变压器来进行交流变换控制，使用继电器（接触器）来进行直流控制。本学习情境将讲解变压器和继电器电路等的工作原理。通过导入学习任务，让学生根据具体任务进行练习，完成工作任务，理解变压器和继电器电路在新能源汽车中的应用及检测。

任务 1　变压器电路的应用

【学习目标】

知识目标：

1）了解变压器的分类与结构。

2）掌握变压器的功能。

3）熟练掌握变压器的工作原理。

技能目标：

1）具有识别电路图中的常用电子元件图形符号的能力。

2）具有正确搭建变压器检测电路的能力。

3）具有对变压器参数进行测量和分析的能力。

素养目标：

1）在操作过程中树立电路安全意识。

2）严格执行电工电子基础实验平台操作规范，养成严谨、科学、专注的职业态度。

3）能在工作结束后按照 7S 管理规定整理、恢复作业场地，养成敬业的职业品质。

4）以自查、互查、现场案例引导学生讨论，培养学生合作、创新的职业能力。

5）引导学生体验探究过程中的快乐，养成精益求精的工匠精神。

【任务描述】

修理技师在检测变压器时常见的问题就是不会分析电路图,也就不知道如何连接电路,而且不知道在检测变压器时该如何测量以及测量时要注意什么。所以,经常感觉无从下手。因此,要想准确地检测变压器,需要对变压器的结构、符号、分类、工作原理、电工电子基础实验平台的使用方法了然于心。

【获取信息】

一、变压器的工作原理

1. 概述

(1)变压器的使用范围　变压器应用广泛,常用于输送交流电。而采用高压输电可减小输电线上的电流,大大减少输电线上的电能损耗,提高输电效率。例如,在输电、配电的电力系统中,为了提高传输电能的效率,常用变压器把发电机产生的电压升高,实现远距离高压输电。为了保证用电安全和适合负载对电压的要求,电子设备和仪器中常用小功率电源变压器改变市电电压,再通过整流和滤波得到电路所需直流电。

放大电路中常用耦合变压器传递信号或阻抗匹配。

(2)变压器的分类　变压器根据用途分有:用于远距离输电、配电的电力变压器;用于机床局部照明和控制的控制变压器;用于电子设备和仪表供电的电源变压器;用于传输信息的耦合变压器等。

变压器根据输入端电源相数分有单相变压器和三相变压器两类。

变压器根据电压升降分有升压变压器和降压变压器两类。

变压器根据结构分有芯式和壳式两类。

如图3-43所示,虽然变压器的种类繁多、用途各异,使其电气性能相差悬殊,但其基本结构和工作原理相似。

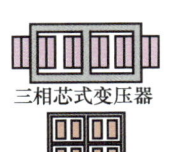

图3-43　变压器的分类

(3)变压器的基本结构　变压器是利用电磁感应原理来改变交流电压的装置。变压器的主体结构是在一个闭合的铁心上绕制两个(或多个)线圈(或称绕组),即由铁心和线圈两大部分构成。

线圈的作用是输入和输出电能。当变压器工作时,与电源相接的是一次线圈,这一侧称为一次侧;与负载相接的是二次线圈,这一侧也称为二次侧,匝数分别为N_1、N_2,

如图 3-44 所示。

变压器中铁心是用铁磁材料制成的，用来增大线圈的电感量，提高效率。常见的铁心材料有硅钢片、坡莫合金、铁氧体等。为了减小铁心的涡流损耗，铁心一般由薄硅钢片或坡莫合金片叠合而成，叠片的两面有绝缘层。

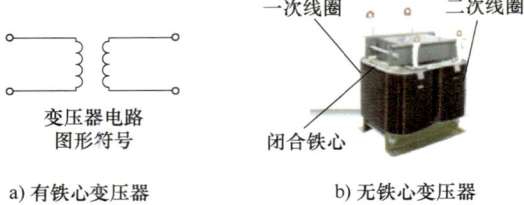

a) 有铁心变压器　　　b) 无铁心变压器

图 3-44　变压器的电路图形符号和结构

2. 变压器的功能及原理

（1）变压器的功能

1）变压器的电压变换作用（变压器空载运行）。将变压器的一次侧接在交流电压 u_1 上，二次侧开路，这种运行状态称为变压器的空载运行，如图 3-45 所示。此时二次线圈中的电流 $i=0$，电压为开路电压 u_{20}，一次线圈通过的电流为空载电流 i_{10}，电压和电流的参考方向如图 3-45 所示。图中 N_1 为一次线圈的匝数，N_2 为二次线圈的匝数。

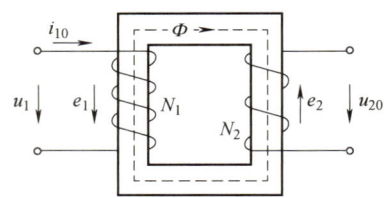

图 3-45　变压器空载运行

二次侧开路时，通过一次侧的空载电流 i_{10} 就是励磁电流。磁动势 $i_{10}N_1$ 在铁心中产生的主磁通 Φ 既穿过一次线圈，也穿过二次线圈，于是在一次、二次线圈中分别感应出电动势 e_1 和 e_2。且 e_1 和 e_2 与 Φ 的参考方向之间符合右手螺旋定则。据法拉第电磁感应定律有

$$e_1 = -N_1 \frac{d\Phi}{dt}$$

$$e_2 = -N_2 \frac{d\Phi}{dt} \tag{3-17}$$

如果忽略漏磁通的影响并且不考虑线圈电阻上的压降时，可认为一次、二次线圈上电动势的有效值近似等于一次、二次线圈上电压的有效值，即

$$\begin{cases} U_1 \approx E_1 = 4.44 f N_1 \Phi_m \\ U_{20} \approx E_2 = 4.44 f N_2 \Phi_m \end{cases} \tag{3-18}$$

式中，f 为交流电源的频率；Φ_m 为主磁通的最大值。

一次、二次线圈的电压之比为

$$\frac{U_1}{U_{20}} = \frac{E_1}{E_2} = \frac{N_1}{N_2} = K \tag{3-19}$$

式 3-19 中，K 称为变压比，简称变比。显然，改变线圈的匝数即可实现电压的变换。且 $K>1$ 为降压器；$K<1$ 时为升压器。

2）变压器的电流变换作用（变压器负载运行）。变压器负载运行时，一次电流 i_0 由变为 i_1，二次侧产生负载电流，而电压 u_{20} 相应变为 u_2：

$$(i_1 N_1 - i_0 N_1) = i_2 N_2 \tag{3-20}$$

$i_0 N_1$ 为负载开路时一次线圈的磁动势，一般情况下，空载电流很小，容易满足 $i_0 \ll i_1$，所以

$$(i_1 N_1 - i_0 N_1) \approx i_1 N_1 = i_2 N_2 \tag{3-21}$$

则

$$\frac{i_1}{i_2} \approx \frac{N_2}{N_1} \approx \frac{1}{K} \tag{3-22}$$

变压器在能量传递过程中损耗很小，因此一次侧和二次侧的容量近似相等，有

$$i_1 u_1 \approx i_2 u_2 \tag{3-23}$$

这是一个能量的传递过程，能量传递过程中，变压器在变换电压的同时也变换了电流。

3）变压器的阻抗变换作用。设变压器二次侧所接负载为 $|Z_L|$，一次侧等效输入阻抗为 $|Z_1|$，则

$$|Z_L|=U_2/I_2 \quad |Z_1|=U_1/I_1 \tag{3-24}$$

（2）变压器的工作原理　一次线圈中通的是大小和方向不断变化的交流电，根据电流的磁效应，产生变化的磁场。由于二次线圈内铁心的磁场与一次线圈同时变化，二次线圈中的磁场 Φ 也不断地变化。根据电磁感应原理在二次线圈中产生交流电压，如图3-46所示。

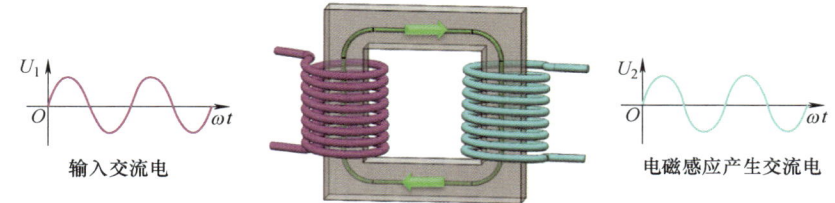

图3-46　电流磁效应产生交变的电流

（3）变压器输入电压与输出电压的关系　二次线圈和一次线圈内磁通的变化率 $\frac{\Delta \Phi}{\Delta t}$ 相等，根据法拉第电磁感应定律可得，感应电压与线圈匝数成正比，如图3-47所示。即

$$\frac{U_1}{U_2}=\frac{N_1}{N_2} \Longrightarrow U_2=\frac{N_2}{N_1}U_1 \tag{3-25}$$

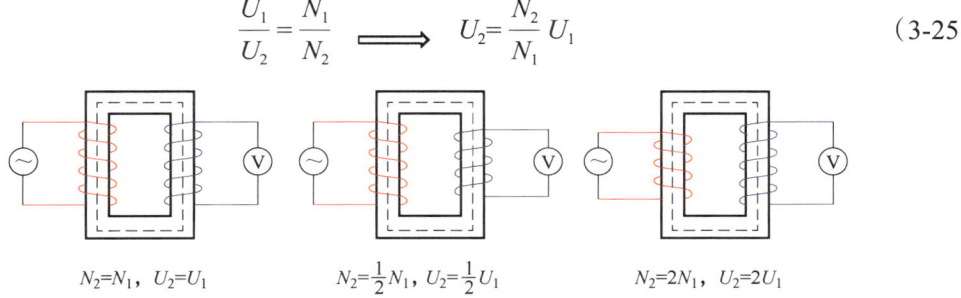

图3-47　感应电压与线圈匝数比

（4）频率响应　频率响应指变压器二次电压随工作频率变化的特性。

如果变压器在中间频率的输出电压为 U_0，当输出电压（输入电压保持不变）下降到 $0.707U_0$ 时的频率范围，称为变压器的通频带 B。

二、变压器在新能源汽车中的应用

为了达到驱动电机静止起动和全转速范围内转矩波动控制的目的，需要利用旋转变压器（某些车型称为"解角传感器"）精确地测量驱动电机转子磁极位置和速度。如图3-48所示，其关键参数与变压器类似，比如额定电压、额定频率、变压比。

与变压器不同之处是它的一次侧与二次侧不是固定的，而是有相对运动。随着两者相对角度的变化，在输出侧就可以得到幅值变化的电压波形。

旋转变压器就是基于以上原理设计的：输出信号幅值随位置变化而变化，但频率不变。旋转变压器在实际应用中，设置了两组输出线圈，两者相位差 90°，从而可以输出幅值为正弦绕组 sin 与余弦绕组 cos 变化的两组信号，端子号为 S1~S4。旋转变压器内部结构如图 3-49 所示。

输入电压频率是高频信号，一般在 10kHz 左右，励磁绕组端子号是 R1/R2。这个频率是旋转变压器的工作频率，如果频率高，阻抗就大，输出信号强度不够；如果频率低，电流就大，可能使旋转变压器损毁。这样加大调频励磁输入后，输出侧有同样频率的输出，再加上角度旋转，输出侧的幅值也发生变化，最终输入输出电压波形如图 3-50 所示。

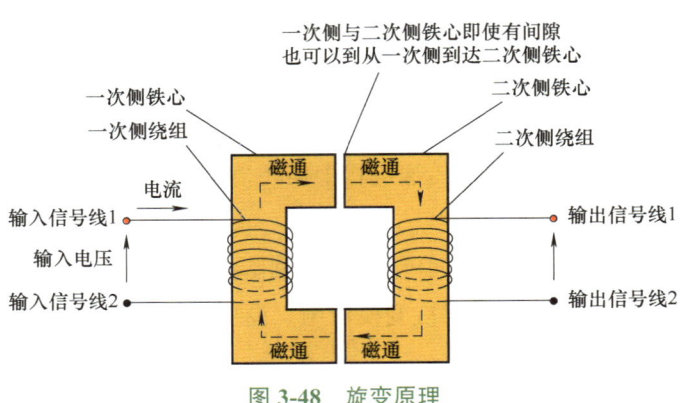

图 3-48 旋变原理

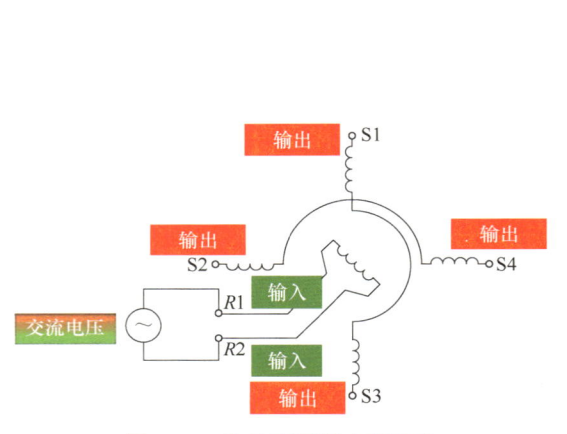

图 3-49 旋转变压器内部结构

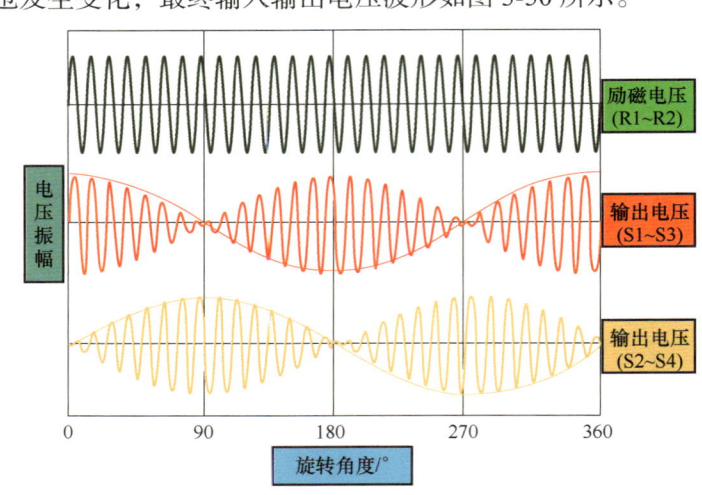

图 3-50 旋转变压器输出电压波形

变压器电路的应用	学习任务单	班级：
		姓名：

1. 感应电动势产生的两个条件是（ 　　 ）。

A. 有电源　　　　B. 磁通量改变　　　　C. 闭合回路　　　　D. 有电压降

2. 在下图中填写变压器各部分的结构名称。

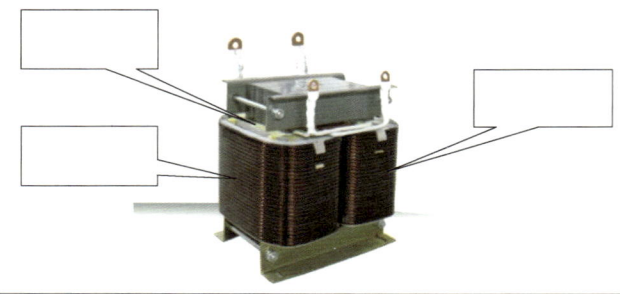

（续）

3. 在下图中填写变压器名称。

_____   _____   _____

【任务实施】 变压器的检测

实训器材

电工电子基础实验平台。

作业准备

检查电气实验箱电子元器件，连接电路，检查电路能否正常通电，评估周围用电风险等级等。

【操作步骤】

输入匝数是输出匝数 2 倍的变压器的测量

序号	操作示意图	操作方法	操作标准
1	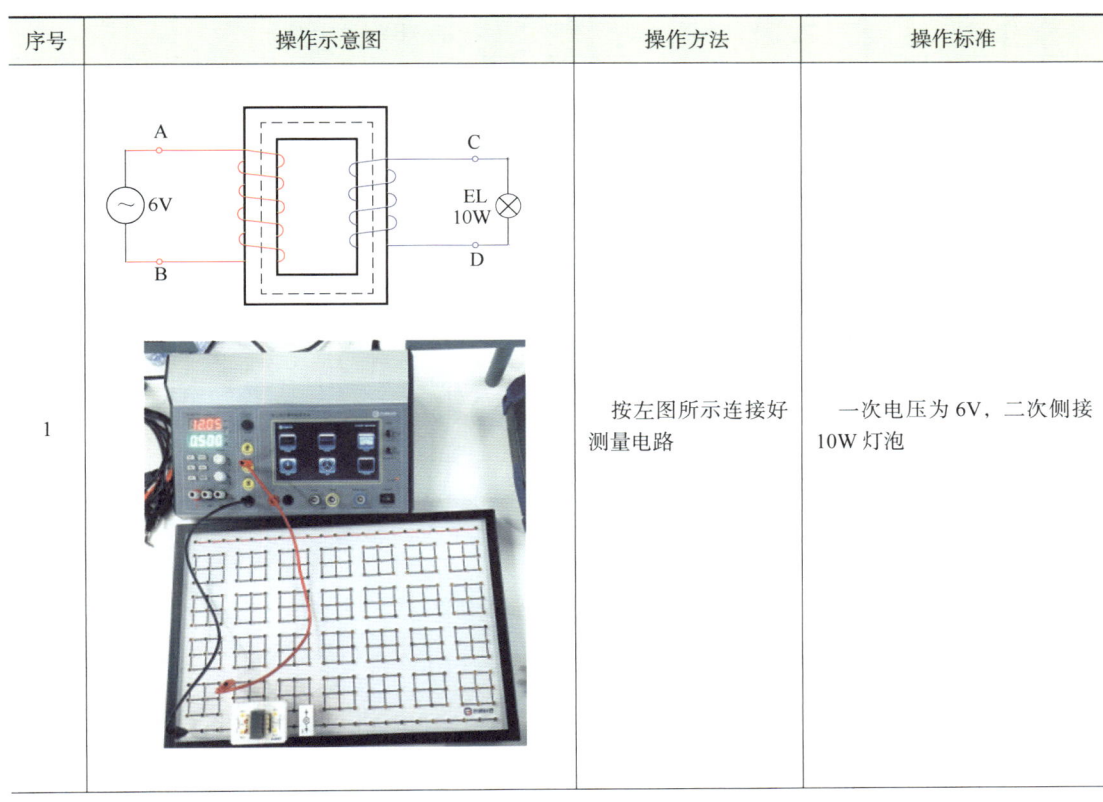	按左图所示连接好测量电路	一次电压为6V，二次侧接10W灯泡

扫一扫

输入匝数是输出匝数2倍的变压器的测量

（续）

序号	操作示意图	操作方法	操作标准
2		接通电路，测量输入电压和波形	测得输入电压和输入波形
3		接通电路，测量输出电压和波形	测得输出电压和波形后，切断电路，恢复电气实验箱内的元器件和导线。按照 7S 管理规定整理、恢复作业场地

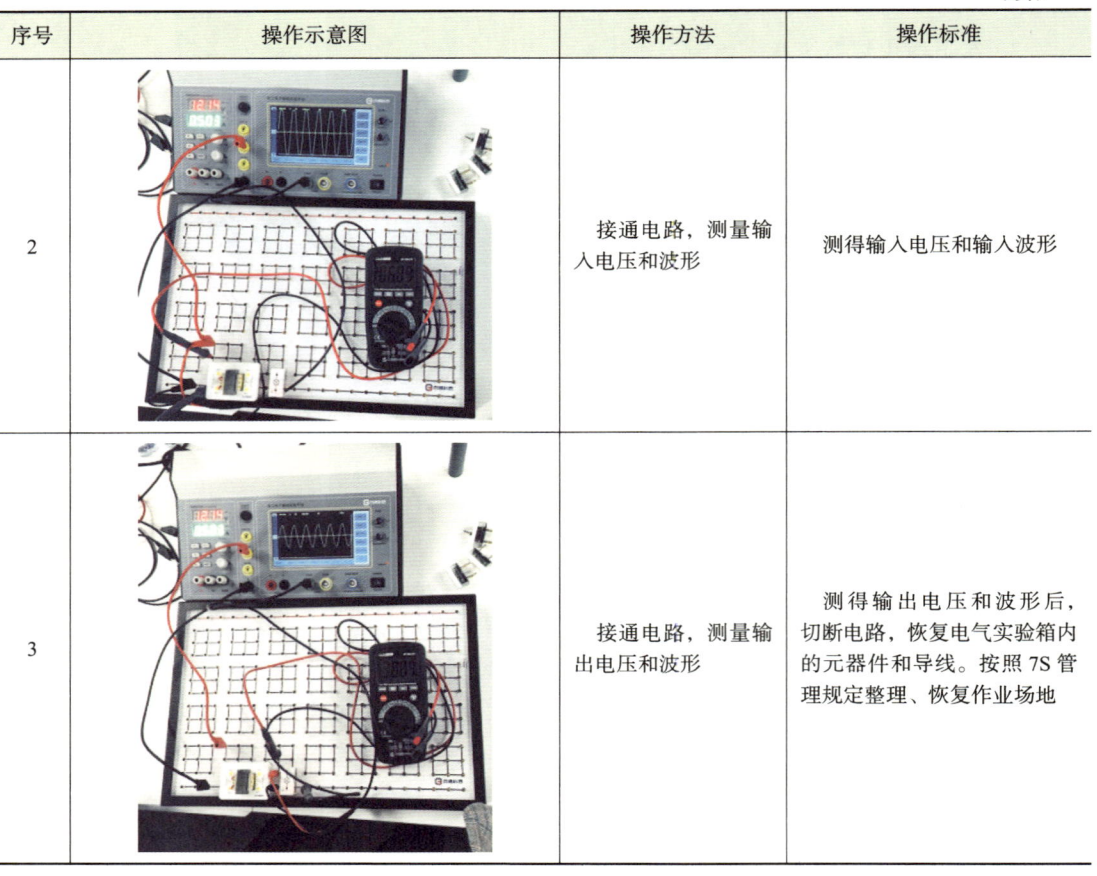

变压器的检测	工作任务单	班级：
		姓名：

1. 作业场地准备

检查电气实验箱及附件是否齐全	□是 □否
检查实验工位通电是否正常	□是 □否
检查万用表各功能是否正常	□是 □否
评估实验工位区域风险等级是否合格	□是 □否

2. 记录测量数据

变压器的检测

● 测量电压

A-B 电压：__ V

C-D 电压：__ V

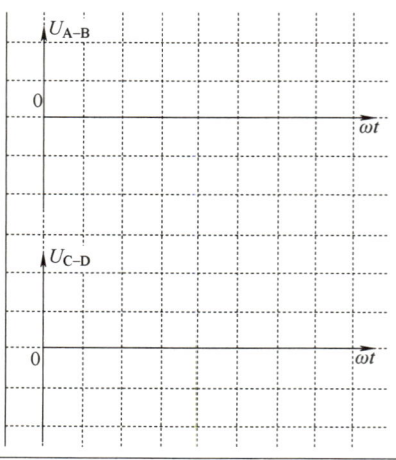

（续）

结论：
输入绕组匝数是输出绕组匝数的 2 倍时，输入与输出电压之比等于（□ 1/2　□ 2　□ 1），功率之比约等于（□ 1/2　□ 2　□ 1）。

3. 作业场地恢复	
万用表复位及关闭	□是　□否
恢复电气实验箱内元器件及导线	□是　□否
断电检查	□是　□否
清洁、整理场地	□是　□否

【课证融通考评单】 变压器的检测			实习日期：			
姓名：		班级：		学号：		教师签名：
自评：□熟练　□不熟练		互评：□熟练　□不熟练		师评：□合格　□不合格		
日期：		日期：		日期：		

序号	评分项	得分条件	分值	评分标准	自评	互评	师评
1	安全/7S/态度	□ 1. 能进行工位 7S 操作 □ 2. 能进行设备和工具安全检查 □ 3. 能进行工位安全防护操作 □ 4. 能进行工具清洁、校准、存放操作 □ 5. 能进行三不落地操作	15	1 项未完成扣 3 分	□熟练 □不熟练	□熟练 □不熟练	□合格 □不合格
2	专业技能能力	□ 1. 能正确地判定灯泡的亮度变化 □ 2. 能正确地测量变压器的电压 □ 3. 能正确地测量变压器的波形 □ 4. 能正确地搭建变压器的测量电路	50	1 项未完成扣 15 分，扣分不得超过 50 分	□熟练 □不熟练	□熟练 □不熟练	□合格 □不合格
3	工具、设备的使用能力	□ 1. 能正确地使用电气箱 □ 2. 能正确地使用万用表	10	1 项未完成扣 5 分	□熟练 □不熟练	□熟练 □不熟练	□合格 □不合格
4	资料、信息查询能力	□ 1. 能正确地识别常见元件的电路符号 □ 2. 能正确地使用说明书查询资料 □ 3. 能正确地记录测量信息	10	1 项未完成扣 5 分，扣分不得超过 10 分	□熟练 □不熟练	□熟练 □不熟练	□合格 □不合格
5	数据判断和分析能力	□ 1. 能判断变压器输入、输出匝数比 □ 2. 能判断变压器的类型 □ 3. 能判断变压检测电路连接是否准确 □ 4. 能判断变压器功能是否正常 □ 5. 能判断电工电子基础实验平台功能是否正常	10	1 项未完成扣 2 分	□熟练 □不熟练	□熟练 □不熟练	□合格 □不合格
6	表单填写和报告撰写能力	□ 1. 字迹清晰 □ 2. 语句通顺 □ 3. 无错别字 □ 4. 无涂改 □ 5. 无抄袭	5	1 项不符合扣 1 分	□熟练 □不熟练	□熟练 □不熟练	□合格 □不合格

总分：

任务 2　继电器电路的应用

【学习目标】

知识目标：

1）了解继电器的符号、结构和外形。
2）掌握电磁式继电器的结构及工作原理。
3）了解干簧式继电器的符号及工作原理。

技能目标：

1）具有识别电路图中常用电子元器件图形符号的能力。
2）具有正确搭建继电器检测电路的能力。
3）具有对继电器参数进行测量并进行分析的能力。

素养目标：

1）在操作过程中树立电路安全意识。
2）严格执行电工电子基础实验平台规范，养成严谨、科学、专注的职业态度。
3）能在工作结束后按照 7S 管理规定整理、恢复作业场地，养成敬业的职业品质。
4）以自查、互查、现场案例引导学生讨论，培养学生合作、创新的职业能力。
5）引导学生体验探究过程中的快乐，养成精益求精的工匠精神。

【任务描述】

修理技师在检测继电器时常见的问题是不会分析电路图，也就不知道如何连接电路；而且不知道在检测继电器时该如何测量以及测量时要注意什么。所以，经常感觉无从下手。因此，要想准确地检测继电器，需要对继电器的结构、符号、工作原理、电工电子基础实验平台的使用方法了然于心。

【获取信息】

汽车继电器可分为电磁式继电器和干簧式继电器。电磁式继电器成本较低，多被控制电路采用；干簧式继电器反应灵敏，多作为信号采集使用。汽车控制电路大多采用电磁式继电器作为控制执行部件，采用干簧式继电器作为传感器。

一、继电器的工作原理

1. 继电器的符号、外形

继电器是具有隔离功能的自动开关元件，当输入量（电、磁、声、光、热）达到一定值时，输出量将发生跳跃式变化。继电器一般由电磁铁、触点、衔铁和复位弹簧等部分组成。触点系统包括回位弹簧和触头。电磁式继电器是以电磁系统为主体构成的,成本较低。图 3-51 所示为电磁式继电器的结构示意图和电路符号,按其触点位置可分为动合(NO 型)继电器、动断(NC 型)继电器和混合型继电器 3 类。

常见继电器的电路符号和外形如图 3-52 所示,继电器线圈管脚通常用 85 和 86 表示,动触点管脚用 30 表示,静触点常开的用 87 表示,常闭的用 87a 表示。

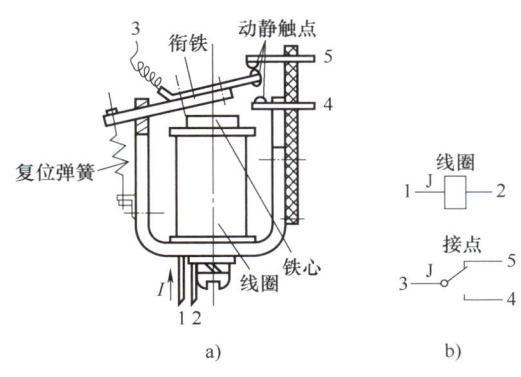

图 3-51 电磁式继电器的结构示意图和电路符号

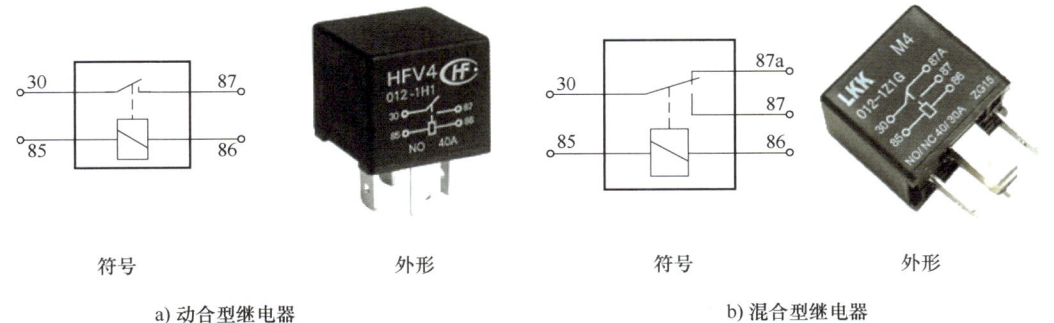

a) 动合型继电器　　　　　　　　b) 混合型继电器

图 3-52 常见继电器的电路符号和外形

2. 电磁式继电器的结构和工作原理

(1) 电磁式继电器的结构　由触点(包括动触点 30、静触点 87)、线圈(85、86)和复位弹簧等组成,如图 3-53 所示。

(2) 电磁式继电器的工作原理　如图 3-54 所示,当线圈两端加上直流电压时,就会有电流流过线圈,线圈周围产生磁场。当铁心的吸引力克服复位弹簧的弹力而使衔铁(动铁心)吸向静铁心时,带动动断触点断开,而动合触点闭合。当线圈断电后,磁力消失,衔铁(动铁心)在复位弹簧的作用下返回原来位置,使动断触点恢复闭合,动合触点恢复打开。

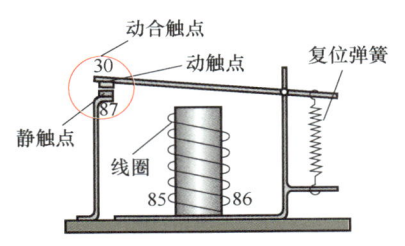

图 3-53 电磁式继电器的结构

线圈通电时,触点闭合,灯亮(红色箭头);线圈断电时,触点断开,灯灭。

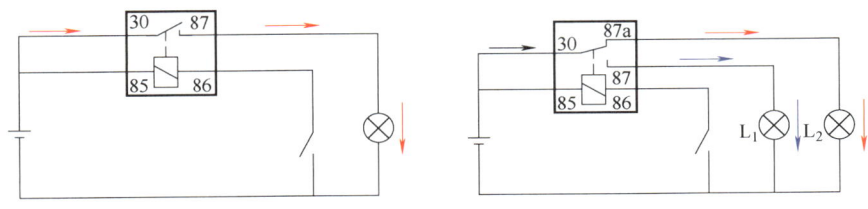

图 3-54 电磁式继电器的工作原理

3. 干簧式继电器

干簧式继电器与电磁式继电器的主要区别是干簧式继电器的触点是一个或几个干簧

管，如图3-55所示。它的符号与电磁式继电器一样。当继电器线圈通以电流时，在线圈中心工作气隙中形成磁通回路，从而使干簧管的一对触点吸合。

除了电磁式继电器和干簧式继电器之外，随着电子技术的不断发展，电子继电器越来

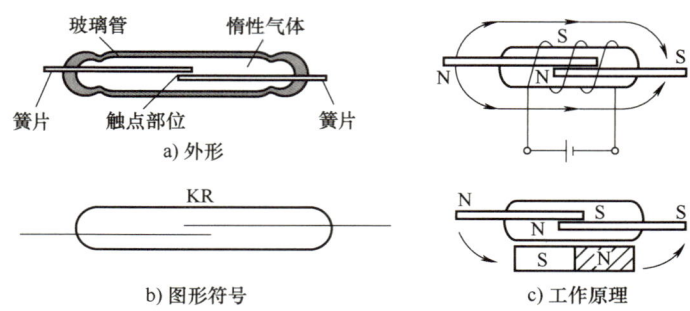

图3-55 干簧式继电器的外形、图形符号及工作原理

越多地应用到汽车上，电子继电器相当于一个大电流的开关晶体管。另外，在有些汽车电路中还应用到一些结构和工作原理比较简单的双金属继电器，这里不进行介绍。

二、低压继电器在新能源汽车上的应用

继电器的作用是用小电流控制大电流，并在电路中与其他元器件组成安全保护机制或转换电路，对电路和开关起保护作用。

低压继电器是一种控制元件，主要功能是用低电压远程控制高电压电路的通断（用安全低电压12~72V控制300~1000V的高电压）。

只要掀起机舱盖找到继电器安装盒，就可以找到继电器。汽车灯光、刮水器、起动机、空调、电动座椅、电动门窗、防抱死制动装置、悬架控制、音响等都要用到继电器。

三、高压继电器在新能源汽车上的应用

高压继电器将新能源汽车的动力蓄电池连接到变频器。具有充电功能的新能源汽车还采用充电高压继电器将动力蓄电池连接到车载充电器。所有这些部件对技术人员都有潜在危险，这些部件同时还是更大的系统的组成部分。对这些系统的充分了解是进行维护、诊断、对高压继电器和/或插式充电系统进行维修作业的一个先决条件。

1. 高压继电器的功能

高压继电器是用小电流控制大电流的一种开关。在高压电路中有自动调整、安全保护、接通电路等功能。高压继电器控制电路主要通过检测触点端的开/闭状态来判断高压继电器工作状态是否符合技术要求，防止在高压继电器断开的情况下给高压回路通电以及在高压回路通电的状态下突然断开高压继电器。通过触点的检测可以精准地判断高压继电器粘接情况，防止在触点粘接时误操作损坏高压回路组件。同时，在规定的条件下操作高压继电器（断开/闭合）可以延长继电器的使用周期。高压继电器触点的检测方法采用自带辅助触点，也可以单独设计辅助触点检测电路，主要通过电压降法检测高压继电器两端的电压来判断触点的断开/闭合状况。

2. 高压继电器的种类

高压继电器有陶瓷密封高压继电器和环氧树脂密封高压继电器两种，如图3-56所示。陶瓷密封高压继电器是将继电器的接触点密封，与外界空气隔离以获得高的耐压用于高压继

电器，常用于高压电路中。另外，真空中触点不可能被氧化。陶瓷密封高压继电器在搬运或更换过程中可能会使陶瓷外表面沾有汗液等，会出现表面飞弧或漏电现象，所以在搬运或更换过程中要保持陶瓷表面的干燥。安装时，一定不要使继电器的密封及固定部位受到过大的横向力或转矩。环氧树脂密封高压继电器如图 3-56b 所示。其气密性等各种性能跟陶瓷密封高压继电器无差异，甚至在抗振性和耐冲击性上要优于陶瓷密封高压继电器，在新能源汽车电流突变的使用上，环氧树脂密封高压继电器的表现要优于陶瓷密封高压继电器，另外环氧树脂密封高压继电器的稳定性和批量供货能力要优于陶瓷密封高压继电器，成本更低。

新能源汽车的动力蓄电池通过高压继电器与车辆的变频器相连。此高压继电器一般被称为接触器。大多数新能源汽车制造商使用 3 个接触器，如图 3-57 所示。其中，两个接触器被并联安装在动力蓄电池与变频器之间电路的正极侧或负极侧。1 个是预充接触器，另外 1 个是高压主接触器。第 3 个高压接触器被安装在与前两个高压接触器相反的位置。即预充接触器和高压主接触器如果被并联安装在动力蓄电池与变频器之间高压电路的正极侧，则第 3 个接触器将被安装在动力蓄电池和变频器之间高压电路的负极侧，反之亦然。通过这种设计，电路的两侧都受到接触器保护。这是新能源汽车中最常见的高压接触器组合方式。

a) 陶瓷密封高压继电器

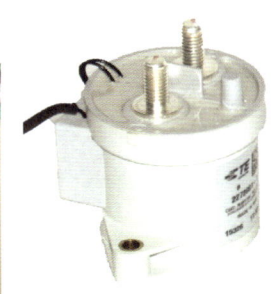
b) 环氧树脂密封高压继电器

图 3-56　高压继电器

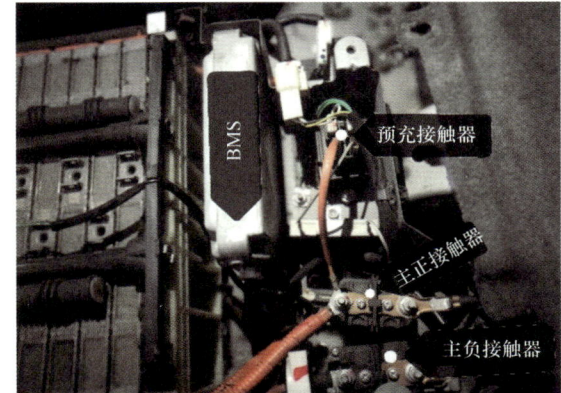

图 3-57　3 个接触器系统

继电器电路的应用	学习任务单	班级：
		姓名：

1. 将下列继电器的类型与对应的符号连接起来。

动合型继电器　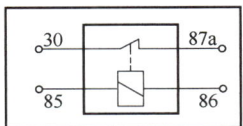

混合型继电器　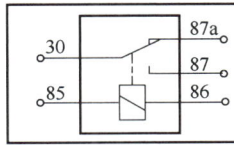

动断型继电器　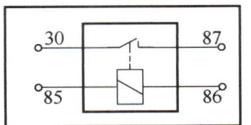

(续)

2. 在下图框中填入继电器各组成部分的名称。

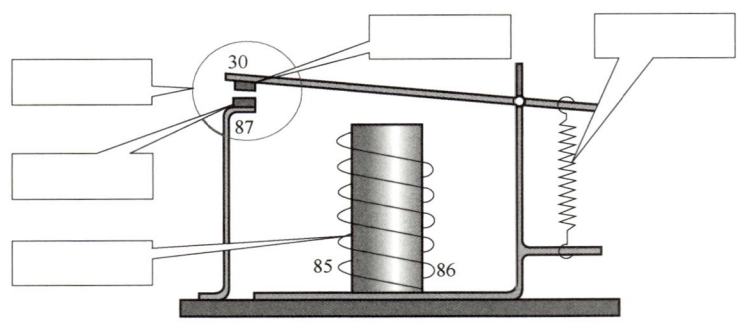

【任务实施】 继电器的检测

实训器材

电工电子基础实验平台。

作业准备

检查电气实验箱电子元器件,连接电路,检查电路能否正常通电,评估周围用电风险等级等。

【操作步骤】

常开型继电器的检测

扫一扫

常开型继电器的检测

序号	操作示意图	操作方法	操作标准
1	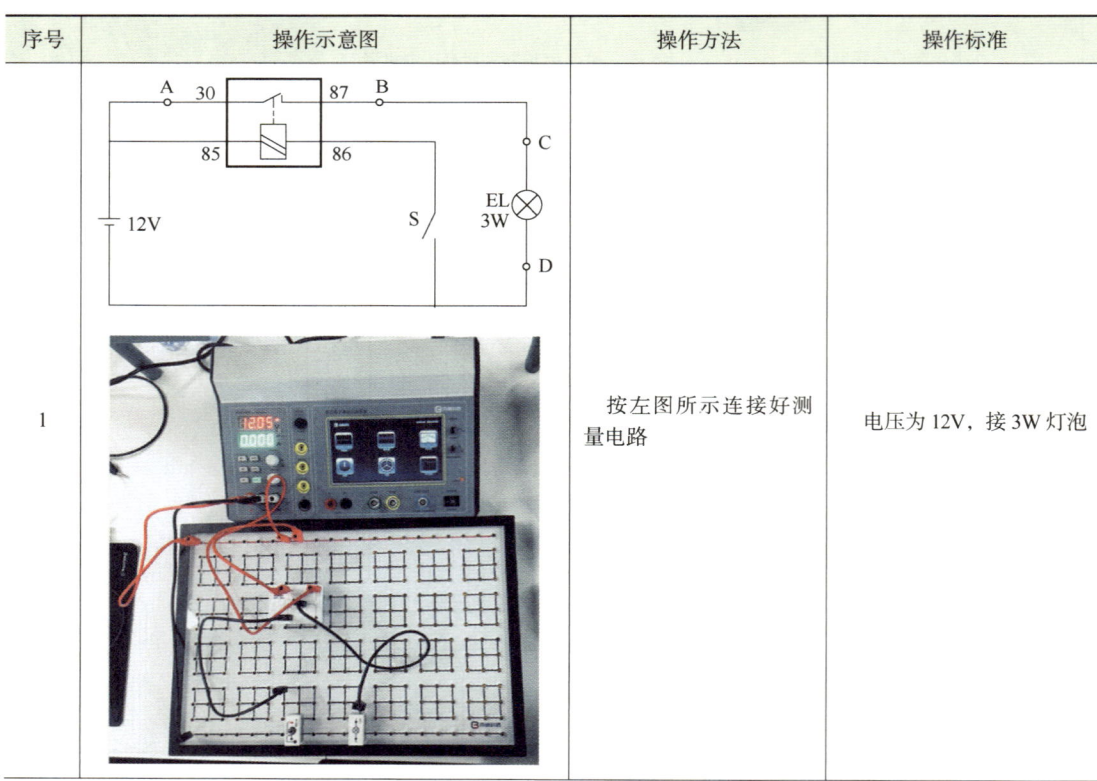	按左图所示连接好测量电路	电压为12V,接3W灯泡

项目三 电力电子技术的应用

（续）

序号	操作示意图	操作方法	操作标准
2	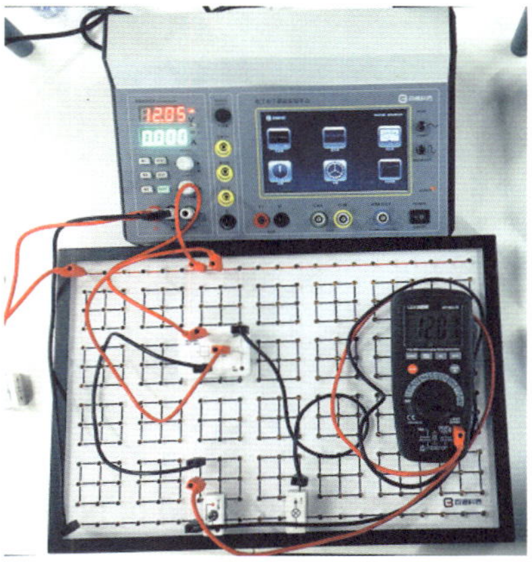 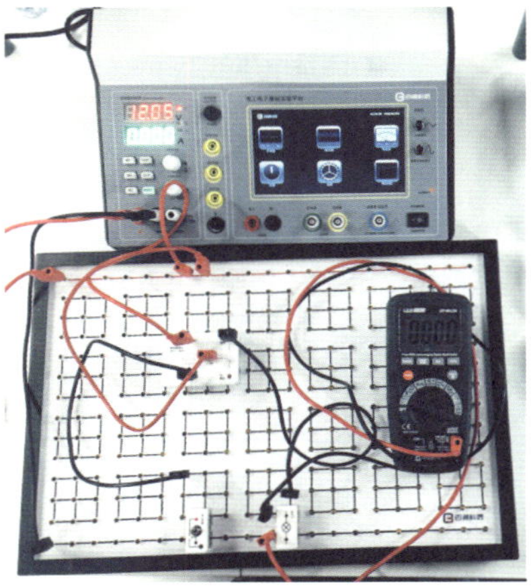	在开关断开时测量电压，观察灯泡亮灭情况	观察灯泡的亮灭情况
3	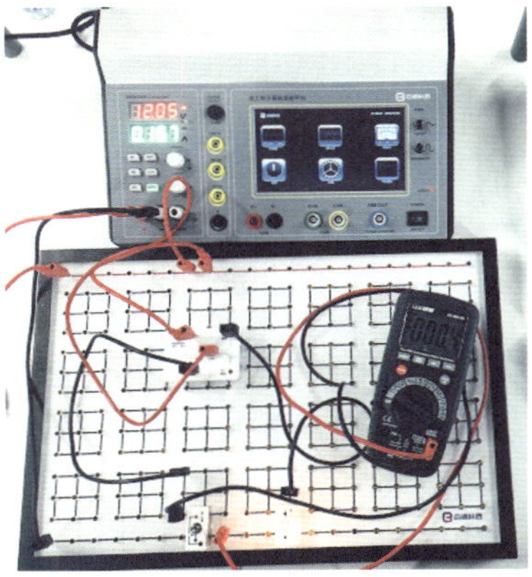 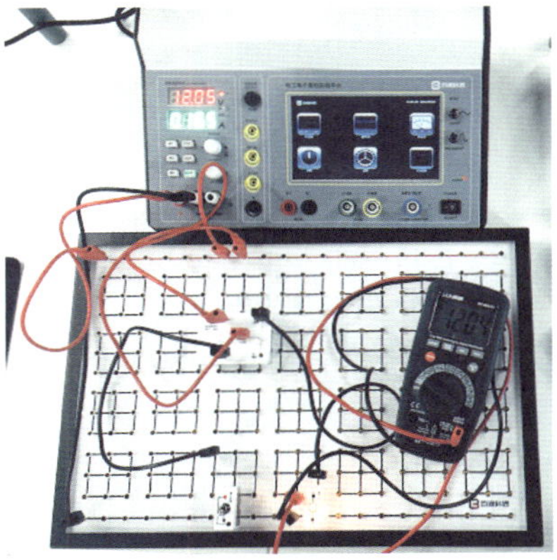	在开关闭合时测量电压，观察灯泡亮灭情况	实验完成后，切断电路，恢复电气实验箱内的元器件和导线。按照 7S 管理规定整理、恢复作业场地

183

继电器的检测	工作任务单	班级：
		姓名：

1. 作业场地准备

检查电气实验箱及附件是否齐全	□是 □否
检查实验工位通电是否正常	□是 □否
检查万用表各功能是否正常	□是 □否
评估实验工位区域风险等级是否合格	□是 □否

2. 记录测量数据

继电器的检测：

- 观察现象（闭合开关）
  灯泡 L：□亮　□不亮

- 测量电压
  A-B 电压：＿＿＿＿＿＿V
  C-D 电压：＿＿＿＿＿＿V

- 观察现象（断开开关）
  灯泡 L：□亮　□不亮

- 测量电压
  A-B 电压：＿＿＿＿＿＿V
  C-D 电压：＿＿＿＿＿＿V

结论
1）常开型继电器线圈不通电时，动合触点（□吸合　□断开），灯泡不亮。
2）常开型继电器线圈通电时，动合触点（□吸合　□断开），灯泡亮。

3. 作业场地恢复

万用表复位及关闭	□是 □否
恢复电气实验箱内元器件及导线	□是 □否
断电检查	□是 □否
清洁、整理场地	□是 □否

【课证融通考评单】 继电器的检测			实习日期：			
姓名：	班级：		学号：		教师签名：	
自评：□熟练　□不熟练	互评：□熟练　□不熟练		师评：□合格　□不合格			
日期：	日期：		日期：			

序号	评分项	得分条件	分值	评分标准	自评	互评	师评
1	安全/7S/态度	□1. 能进行工位 7S 操作 □2. 能进行设备和工具安全检查 □3. 能进行工位安全防护操作 □4. 能进行工具清洁、校准、存放操作 □5. 能进行三不落地操作	15	1项未完成扣3分	□熟练 □不熟练	□熟练 □不熟练	□合格 □不合格
2	专业技能能力	□1. 能正确地判定灯泡的亮度变化 □2. 能正确地测量继电器断开时的电压 □3. 能正确地测量继电器闭合时的电压 □4. 能正确地搭建继电器测量电路	50	1项未完成扣15分，扣分不得超过50分	□熟练 □不熟练	□熟练 □不熟练	□合格 □不合格
3	工具、设备的使用能力	□1. 能正确地使用电气箱 □2. 能正确地使用万用表	10	1项未完成扣5分	□熟练 □不熟练	□熟练 □不熟练	□合格 □不合格

（续）

序号	评分项	得分条件	分值	评分标准	自评	互评	师评
4	资料、信息查询能力	☐ 1. 能正确地识别常见元件的电路符号 ☐ 2. 能正确地使用说明书查询资料 ☐ 3. 能正确地记录测量信息	10	1项未完成扣5分，扣分不得超过10分	☐熟练 ☐不熟练	☐熟练 ☐不熟练	☐合格 ☐不合格
5	数据判断和分析能力	☐ 1. 能判断继电器的类型 ☐ 2. 判断继电器检测电路连接是否准确 ☐ 3. 能判断继电器功能是否正常 ☐ 4. 能判断电工电子基础实验平台功能是否正常	10	1项未完成扣2分	☐熟练 ☐不熟练	☐熟练 ☐不熟练	☐合格 ☐不合格
6	表单填写和报告撰写能力	☐ 1. 字迹清晰 ☐ 2. 语句通顺 ☐ 3. 无错别字 ☐ 4. 无涂改 ☐ 5. 无抄袭	5	1项不符合扣1分	☐熟练 ☐不熟练	☐熟练 ☐不熟练	☐合格 ☐不合格

总分：

参 考 文 献

[1] 冯津，钟永刚. 新能源汽车电力电子技术 [M]. 北京：机械工业出版社，2020.
[2] 马骏杰，王旭东. 电力电子技术在汽车中的应用 [M]. 2版. 北京：机械工业出版社，2020.
[3] 王瑜. 新能源汽车电力电子技术 [M]. 北京：高等教育出版社，2020.
[4] 张燕宾. 变频器应用教程 [M]. 3版. 北京：机械工业出版社，2020.
[5] 周渊深. 电力电子技术 [M]. 4版. 北京：机械工业出版社，2021.
[6] 阮新波. 电力电子技术 [M]. 北京：机械工业出版社，2021.